Sportwissenschaft studieren
Band 3

Sportdidaktik
Ein Lehrbuch in 12 Lektionen

Ein besonderer Dank gilt den Kollegen am Dortmunder Institut für Sport und seine Didaktik, Dirk Blotzheim, Uli Fischer, Jürgen Swoboda und Jörg Thiele und den studentischen Mitarbeiterinnen und Mitarbeitern Yvonne Harttung, Svenja Kamper, Diana Kranemann, Andreas Neugebauer und Gregor Wesolly. Wolf-Dietrich Brettschneider und Detlef Kuhlmann bin ich zu Dank verpflichtet, weil sie mir durch ihre Anfrage als Reihenherausgeber den Anstoß gegeben haben, ein Wunschprojekt in die Tat umzusetzen. Den Mitarbeiterinnen und Mitarbeitern des Meyer & Meyer Verlags danke ich für ihre Unterstützung.

Die Reihe

Sportwissenschaft studieren richtet sich vor allem an Sportstudierende, aber auch an alle im Sport Lehrenden und an diejenigen, die an sportwissenschaftlichen Themen und ihrer Vermittlung interessiert sind. Alle Bände der Reihe *Sportwissenschaft studieren* sind als Lehrbücher in Lektionen abgefasst. Ihr durchgängiger Fragencharakter bahnt einen Dialog mit dem Leser/der Leserin an. Die Lehrbücher haben Einführungscharakter und sind demnach: komprimiert im Inhalt, klar strukturiert im Aufbau, verständlich geschrieben und übersichtlich gegliedert. Die Reihe *Sportwissenschaft studieren* eignet sich zum Selbststudium sowie als begleitende Lektüre (z. B. in Vorlesungen) oder als Diskussionsgrundlage (z. B. in Seminaren).

Bereits erschienen:
Eckart Balz & Detlef Kuhlmann: Sportpädagogik (Band 1)
Gerhard Trosien: Sportökonomie (Band 2)
Dorothee Alfermann: Sportpsychologie (Band 4)
Rainer Wollny: Bewegungswissenschaft (Band 5)
Kuno Hottenrott & Georg Neumann: Trainingswissenschaft (Band 7)
Ansgar Thiel, Klaus Seiberth & Jochen Mayer: Sportsoziologie (Band 8)

Für 2015 in Vorbereitung sind:
Andreas Lau & Henning Plessner: Sozialpsychologie und Sport (Band 9)
Markus Gerber: Pädagogische Psychologie im Sportunterricht (Band 10)

Sportwissenschaft studieren
Band 3

Michael Bräutigam

Sportdidaktik

Ein Lehrbuch in 12 Lektionen

Meyer & Meyer Verlag

Herausgeber:
Prof. Dr. Wolf-Dietrich Brettschneider und Dr. Detlef Kuhlmann

Die Deutsche Bibliothek – CIP-Einheitsaufnahme

Sportdidaktik:
Ein Lehrbuch in 12 Lektionen / Michael Bräutigam.
– Aachen : Meyer und Meyer, 2003
(Sportwissenschaft studieren, Band 3)
ISBN 3-89124-849-0

Bibliografische Information der Deutschen Bibliothek

Die Deutsche Bibliothek verzeichnet diese Publikation in der Deutschen Nationalbibliografie; detaillierte bibliografische Details sind im Internet über <www.dnb.de> abrufbar.

5. Auflage 2015
Auckland, Beirut, Dubai, Hägendorf, Hongkong, Indianapolis, Kairo, Kapstadt,
Manila, Maidenhead, Neu-Delhi, Singapur, Sydney, Teheran, Wien
Gesamtherstellung (Druck): Bookwire, Frankfurt, www.bookwire.de

FSC www.fsc.org MIX Papier | Fördert gute Waldnutzung FSC® C083411

Member of the World Sport Publishers' Association (WSPA)
ISBN 978-3-89124-849-2

Hersteller im Sinne der GPSR:
Meyer & Meyer Fachverlag & Buchhandel GmbH
Von-Coels-Straße 390, 52080 Aachen
www.dersportverlag.de
E-Mail: kontakt@m-m-sports.com

Inhalt

Einleitung Worum geht es in diesem Buch? 7

Lektion 1 Was hat ein Sportlehrer zu tun? 11
Aufgaben und Ansprüche

Lektion 2 Wie wichtig ist die Arbeit von Sportlehrern? 27
Die Legitimation des Sports als Schulfach

Lektion 3 Unter welchen Bedingungen findet Schulsport statt? 53
Sport in der Institution Schule

Lektion 4 Welcher Leitidee kann der Schulsport folgen? 73
Die Lehrpläne und ihre Aussagen

Lektion 5 Gibt es konkrete Anleitungen zum Handeln? 91
Die Vielfalt sportdidaktischer Entwürfe

Lektion 6 Was soll im Sportunterricht gemacht werden und wozu? 113
Ziele und Inhalte des Faches

Lektion 7 Wie kann Sport vermittelt werden? 135
Methoden im Sportunterricht

Lektion 8 Was ist vor dem Unterricht zu tun? 151
Die Analyse und Planung von Sportunterricht

Lektion 9 Wie sieht die Unterrichtspraxis aus? 169
Schüler und Lehrer im alltäglichen Sportunterricht

Lektion 10 Was ist nach dem Unterricht zu tun? 193
Auswerten und Bewerten

Lektion 11 Wie kommt die Sportdidaktik zu ihren Erkenntnissen? 215
Arbeitsweisen und Forschungsmethoden

Lektion 12 Was ist Sportdidaktik? 233
Geschichte, Gegenstand und Aufgaben eines sportwissenschaftlichen Arbeitsbereichs

Einleitung
Worum geht es in diesem Buch?

Das Buch ist eine *Einführung* in die Sportdidaktik. Wer einen Einblick in wichtige Fragen des Schulsports gewinnen will, findet eine erste Orientierung und grundlegendes Wissen. In vier Schwerpunkten geht es darum, ein differenziertes Verständnis für die Aufgaben und Probleme des Sportlehrerberufs zu entfalten (Lektion 1, 2 und 3), die Analyse und Reflexion des pädagogischen Auftrags des Schulsports und seiner Ziele, Inhalte und Methoden anzubahnen (Lektion 4, 5, 6 und 7), den theoretischen Grundstein für die Planung, Durchführung und Auswertung des Sportunterrichts zu legen (Lektion 8, 9 und 10) und die Stellung der Sportdidaktik als sportwissenschaftlicher Arbeitsbereich zu klären (Lektion 11 und 12).

Das Buch versteht sich als *Lehrbuch.* Es kann als Begleit- oder Basistext in Lehrveranstaltungen eingesetzt werden, und es soll das Selbststudium anleiten und unterstützen. Die Gestaltung des Textes entspricht diesem Charakter. Es werden Strukturierungshilfen gegeben, wichtige Begriffe und Aussagen sind hervorgehoben. Dies geschieht mit der gebotenen Zurückhaltung, um die beabsichtigte Eigenständigkeit des Zugangs auf den Text und der Erschließung seiner Inhalte nicht über Gebühr einzuengen. Wer an einer Vertiefung der Themen interessiert ist, findet am Ende eines jeden Kapitels Hinweise und Anregungen. Außerdem ist die Lektüre der verwendeten Primärquellen zu empfehlen, die für jede Lektion gesondert ausgewiesen sind. Aus dem Lehrbuchcharakter ergibt sich auch der Verzicht darauf, durch geeignete Schreibweisen beiden Geschlechtern gerecht zu werden. Es ist weniger umständlich und erleichtert die Lesbarkeit des Textes, wenn von Sportstudenten, Lehrern und Schülern im Sinne von Berufs- oder Funktionsbezeichnungen gesprochen wird. Alle Sportstudentinnen und -studenten, alle Lehrerinnen und Lehrer und alle Schülerinnen und Schüler werden um Verständnis gebeten.

Das Buch ist vor allem für *Studienanfänger* geschrieben, die noch keine wissenschaftlichen Vorkenntnisse besitzen. Die Ausführungen nehmen jeweils Fragestellungen auf, die – vermutlich – so oder ähnlich zu Beginn eines Sportstudiums gestellt werden oder gestellt werden müssten. Auf wörtliche Zitate und Literaturverweise im Text ist verzichtet worden. In dem Bemühen, knapp und verständlich zu bleiben, ist manche Differenzierung, Problematisierung und kritische Bewertung ausgeblieben. Eine Einführung in die Sportdidaktik setzt darauf – und nur so ergibt sie schließlich Sinn –, dass eine Weiterführung und Vertiefung folgt.

Das Buch beschäftigt sich mit der *Theorie des Schulsports*. Zwischen der Theorie und der Praxis des Schulsports bestehen zwar enge Bezüge, grundsätzlich jedoch unterscheiden sie sich. Die Praxis ist gekennzeichnet durch den unmittelbaren Handlungsvollzug. Wer in einer konkreten Situation unter Entscheidungs- und Handlungszwang steht, greift auf handfeste Lösungen zurück, die für die erfolgreiche Bewältigung der Aufgabe die größtmögliche Sicherheit versprechen. Die eigenen Erfahrungen haben sich zumeist bewährt und spielen in der Praxis die zentrale Rolle. Anders die Theorie: Sie führt Erkenntnisse und Einsichten zusammen, die aus der gedanklichen Beschäftigung mit bestimmten Ereignissen, Sachverhalten und Fragestellungen hervorgegangen sind. Die Reflexion schafft Distanz, und aus der Distanz kann man die Dinge intensiv und differenziert beleuchten. In dem Bemühen, Problemsichten zu schärfen, Hintergründe und Zusammenhänge aufzudecken, Alternativen sichtbar zu machen, ruft die Theorie eher Zweifel und Unsicherheiten hervor. Letztlich ist die Qualität der Erkenntnisse entscheidend, und mit dem Ziel, Erkenntnisse zu gewinnen, führt die Theorie oft von der Praxis weg und nicht zwingend auf sie zu.

Was kann ein Praktiker dann mit Theorie anfangen? Oder konkreter: Was hat der Sportlehrer von der Sportdidaktik? Die Antwort ist zunächst: unmittelbar nichts! Denn Theorien geben keine Handlungsanweisungen an die Praxis. Mittelbar jedoch sind Theorien für die Praxis von unverzichtbarem Gewinn. Sie stellen das für jede Praxis notwendige Aufklärungs- und Orientierungswissen bereit, sie geben Praktikern Hinweise zum Nachdenken und Anregungen zum Handeln.

Die Inhalte des vorliegenden Buches zielen auf die *Sportlehrer*, genauer: auf die Theorie, über die sie subjektiv verfügen. Diese ist auszubilden und bewusst fortzuentwickeln. Warum ist das so wichtig? Die Gründe liegen auf der Hand: Die Berufstätigkeit des Sportlehrers stellt ein reichlich komplexes und widersprüchliches Praxisfeld dar. Die in Schule und Sportunterricht gestellten Aufgaben lassen sich nicht kompetent lösen, wenn man als Lehrer ausschließlich über ein begrenztes Erfahrungswissen verfügt. Wer verantwortungsvoll handeln will, muss über die Bedingungen und Möglichkeiten seines Handelns aufgeklärt sein und sein Handeln begründen können. Dazu sind differenzierte Erkenntnisse und Einsichten nötig, die das praktische Handeln theoretisch fundieren, anleiten und rechtfertigen können. Auf eine knappe Formel gebracht: Nichts ist für eine gute Praxis so nützlich wie eine gute Theorie.

Literatur

GRÖßING, S. (2001). *Einführung in die Sportdidaktik* (8., überarbeitete Aufl.). Wiebelsheim: Limpert.

GÜNZEL, W. & LAGING, R. (Hrsg.). (1999). *Neues Taschenbuch des Sportunterrichts. Bd. 1: Grundlagen und pädagogische Orientierungen*. Baltmannsweiler: Schneider.

GÜNZEL, W. & LAGING, R. (Hrsg.). (1999). *Neues Taschenbuch des Sportunterrichts. Bd. 2: Didaktische Konzepte und Unterrichtspraxis*. Baltmannsweiler: Schneider.

MARTIN, K. (2000). *Sportdidaktik zum Anfassen.* Schorndorf: Hofmann.

SÖLL, W. (1996). *Sportunterricht – Sport unterrichten.* Schorndorf: Hofmann.

WOLTERS, P., EHNI, H., KRETSCHMER, J., SCHERLER, K. & WEICHERT, W. (2000). *Didaktik des Schulsports*. Schorndorf: Hofmann.

Lektion 1
Was hat ein Sportlehrer zu tun? Aufgaben und Ansprüche

Diese Lektion gibt einen Überblick über die Berufstätigkeit des Sportlehrers. Es soll deutlich werden, wie vielfältig und komplex seine Arbeit in Schule und Sportunterricht ist, welche Ansprüche sich aus den gestellten Aufgaben ergeben und welche Kompetenzen ein Sportlehrer für eine erfolgreiche Berufsausübung benötigt.

Ausgangspunkt ist der Versuch, das Bild eines typischen Sportstudenten zu zeichnen, der mit einer ausgeprägten Motivation und Erwartungshaltung sein Lehramtsstudium aufnimmt. Die Beschäftigung mit der Situation eines Studienanfängers ist besonders wichtig: Es besteht eine enge Verbindung zwischen der persönlichen Erfahrungsgeschichte eines (angehenden) Sportlehrers und seinen (zukünftigen) Berufsorientierungen. Ein professionell arbeitender Sportlehrer muss über diesen grundlegenden Zusammenhang Bescheid wissen und imstande sein, seine subjektiven Erfahrungs- und Wissensbestände zu thematisieren, selbstkritisch zu bewerten und systematisch weiterzuentwickeln.

Der erste Abschnitt dieser Lektion ist in der Absicht geschrieben, das Nachdenken über die eigene Person anzuregen. Im Zuge einer reflexiven Zuwendung auf die subjektiven Vorstellungen über Ausbildung und Beruf können die Voraussetzungen dafür geschaffen werden, ein kompetenter Sportlehrer zu werden und zu bleiben. Im weiteren Verlauf dieser Lektion geht es darum, das Aufgabenfeld des Sportlehrers zu beschreiben. Zunächst erfolgt die Übersicht über die allgemeinen Arbeitsanforderungen, die im Prinzip für Lehrer aller Fächer gelten. Daran schließen sich die Ausführungen an, die auf die besondere Situation und Anforderungsstruktur des Sportlehrerberufs Bezug nehmen. Insgesamt werden fünf Fragestellungen aufgenommen: Warum studiert man Lehramt Sport? Welche Anforderungen stellt der Arbeitsplatz Schule? Wie sieht der Arbeitsplatz des Sportlehrers aus? Welche Kompetenzen benötigen Sportlehrer? Was zeichnet einen guten Sportlehrer aus?

1 Warum studiert man Lehramt Sport?

Wer Sport studiert, um Lehrer zu werden, hat sich die Entscheidung mehr oder weniger gründlich überlegt. Die Motive für die Studien- und Berufswahl sind in der eigenen Biographie verankert. Aus verschiedenen Untersuchungen ist bekannt, dass die Mehrzahl der Studierenden des Faches sportlich engagiert ist – nicht selten schon über lange Zeit und in der Regel mit gutem Erfolg. Die Idee, das Hobby zum Beruf zu machen, ist nahe liegend, und es reift der Entschluss, das zu studieren, was den eigenen Begabungen und Interessen entspricht.

An die Entscheidung für das Sportstudium sind Erwartungen geknüpft. Man rechnet damit, dass sich das eigene Sporttreiben in der Ausbildung fortsetzen lässt. Es bietet sich – so die Vorstellung – im Sportstudium die attraktive Möglichkeit, das eigene sportpraktische Können zu vertiefen und um solche Kompetenzen zu erweitern, die für die Vermittlung des Sports an andere hilfreich sind. Die vorhandene emotionale Bindung an den Sport und die positiven Gedanken, die mit Sport assoziiert werden – wie Freizeit, Abwechslung, Erlebnis, Spannung, Fitness und Erfolg –, spielen sich in die Erwartungen an das Studium ein. Man geht davon aus, dass der Spaß am eigenen Sporttreiben sich im Spaß an den Studieninhalten fortsetzt. Gleichsam in einer Verlängerung dieser Annahme besteht die Zuversicht, dass auch die spätere Berufstätigkeit als Sportlehrer Spaß machen wird. Schließlich ist das Fach bei den Schülern beliebt und lässt sich gut unterrichten, da der Sport mit seinen weithin bekannten und eindeutigen Anforderungen klar konturierte Vorgaben für die Unterrichtsarbeit liefert und die eigene praktische Kompetenz eine sichere Basis für die erfolgreiche Weitervermittlung sportlicher Fertigkeiten und Fähigkeiten an die Schüler abgibt.

Auf den ersten Blick erscheinen die Voraussetzungen für den Start in das Sportstudium viel versprechend: Motivation ist gegeben, ausgeprägte Interessen und positive Erwartungen liegen vor und in bestimmten Sportbereichen ist eigenes Können bereits vorhanden. Wo ist das Problem? Der Knackpunkt ist der, dass vor allem der Wunsch nach sportlicher Eigenrealisation die Entscheidung für ein sportwissenschaftliches Studium bestimmt, während das theoretische Interesse am Fach deutlich geringer ausgebildet ist. Studienanfänger sehen sich nun mit der Erfahrung konfrontiert, dass in ihrer Ausbildung Sport nicht betrieben, sondern studiert wird. Es besteht die Gefahr, dass Erwartungen enttäuscht werden, die Motivation sinkt und die Beschäftigung vor allem mit denjenigen Studienanforderungen vernachlässigt wird, die für die erfolgreiche Bewältigung der zukünftigen Berufsaufgaben entscheidend sind: der Erwerb wissenschaftlichen Wissens über das zukünftige Berufsfeld und seine Bedingungen, die Einübung in die Fähigkeit, Berufsaufgaben und -tätigkeiten zu reflektieren und die Ausbildung einer geschärften Urteilskraft, die erforderlich ist, um eine präzise Sicht für die Schwierigkeiten in der Berufspraxis zu entwickeln und konkrete Problemlösungen zu erkennen.

Ehe ein Sportlehrer zu der Souveränität findet, die ihn als Experten in seinem Beruf auszeichnet, hat er einen entscheidenden Schritt zu vollziehen: Er muss einen **Perspektivenwechsel vom Sportler zum Sportlehrer** vornehmen. Diese Umorientierung wird ohne die gedankliche Auseinandersetzung mit den Anforderungen und Ansprüchen des Berufs nicht gelingen: (1) Es bedarf der Klärung der persönlichen Studien- und Berufsmotivation und daran schließt sich die Frage nach der Tauglichkeit und Angemessenheit der eigenen Erwartungen an. Je nachdem, wie die Antworten ausfallen, sind erhebliche Korrekturen an den Berufsvorstellungen notwendig. Häufig wird der Schwierigkeits- und Anspruchsgrad einer professionellen Ausübung des Sportlehrerberufs falsch eingeschätzt. (2) Es ist notwendig, die eigenen Erfahrungen im Sport aufzudecken und zu analysieren, welche Sichtweisen auf den Sport entstanden sind und wie damit umzugehen ist. Oft hat sich ein verkürztes Bild vom Sport entwickelt. Feste Vorstellungen davon, was Sport ist oder zu sein hat, sind aufzubrechen, damit sich die Bereitschaft ausbilden kann, Sport unter verschiedenen pädagogischen Perspektiven in den Blick zu nehmen und für didaktische Zwecksetzungen neu zu arrangieren. (3) Es ist unumgänglich, die eigene Schülerbiographie zu entschlüsseln und nach der Einseitigkeit der persönlichen Erfahrungen in Schule und Sportunterricht zu fragen. Man hat nur eine Auswahl an Sportlehrern erlebt und ihr Handeln aus der subjektiven Perspektive wahrgenommen. Die Begrenztheit der eigenen Erfahrungen gilt es zu erkennen und neues Wissen über die objektiven Anforderungen an die Rolle des Sportlehrers zu erwerben. Erst differenzierte Einsichten in die Aufgaben des Sportlehrerberufs schaffen die Voraussetzungen dafür, ein grundlegendes Verständnis für die Notwendigkeit eines umfangreichen Kompetenzerwerbs zu entwickeln.

Insgesamt zeigt sich deutlich: Der Schlüssel für die Umorientierung vom Sportler zum Sportlehrer liegt in der Bereitschaft und Fähigkeit, sich selbst in Frage zu stellen und zu prüfen, welche Aufgaben und Ansprüche in dieser

Funktion an einen gestellt sind. Es ist offenkundig, dass die Suche nach neuen Orientierungspunkten ohne Theoriearbeit nicht gelingen kann. Der deutlich begrenzte eigene Horizont, der sich aus der Subjektivität der bisherigen Erlebnisse ergibt, erweitert sich nur, wenn eine reflexive Beschäftigung mit den Themen Schulsport und Sportlehrerberuf stattfindet. Die Sportdidaktik liefert dazu den Stoff.

Empirische Daten über die Motive und Einstellungen von Studienanfängern liefert die Untersuchung von Rüdiger HEIM (1996). Die Frage nach der eigenen Studienmotivation eröffnet einen ersten Zugang auf die Auseinandersetzung mit eingespielten Bildern von Sport und Sportunterricht. Diese systematisch zu analysieren und aus der Distanz zu betrachten, ist der Schlüssel für die Berufsausbildung zum Sportlehrer. Eine Anleitung dazu findet sich in dem Buch der FRANKFURTER ARBEITSGRUPPE (1982, bes. S. 24-57) mit dem Titel „Offener Sportunterricht – analysieren und planen".

2 Welche Anforderungen stellt der Arbeitsplatz Schule?

Im Mittelpunkt der Berufstätigkeit eines Lehrers steht das **Unterrichten**. Unterricht ist eine schulische Veranstaltung, deren wesentliche Merkmale das Lehren und Lernen sind. Im Alltag fallen Lehr-Lern-Prozesse gelegentlich auch unsystematisch, planlos, improvisiert und zufällig aus. Im Unterricht ist das Lehren und Lernen weitgehend beabsichtigt und zielorientiert angelegt. Es wird versucht, Unterricht wirkungsvoll zu arrangieren und so zu organisieren, dass die Lehraktivitäten des Lehrers und die Lernaktivitäten der Schüler wechselweise ineinander übergehen. Man kann sagen: Unterricht ist eine organisierte Interaktion von Lehr- und Lernvorgängen.

Die Aufgabe des Lehrers ist nicht auf die Organisation des Unterrichts begrenzt. Ziel seiner Bemühungen ist es, die Schüler am Ende ihrer Schulzeit in die Selbstbestimmung entlassen zu können. Dazu müssen die zunächst noch erforderlichen Maßnahmen der Fremdbestimmung Schritt für Schritt zurückgenommen und Schülern zunehmend Gelegenheiten für eigenverantwortliches Handeln eingeräumt werden. Mit dieser Aufgabe ist der Anspruch verbunden, die Persönlichkeitsentwicklung der Heranwachsenden zu fördern. Die bewusste Einflussnahme auf die Entwicklung der Schüler wird üblicherweise **Erziehen** genannt und gehört zum Aufgabenspektrum des Lehrers.

Lehrer haben weitere Funktionen: Sie sind aufgefordert, ihre Schüler in fachlicher Hinsicht, bei Ausbildungs- und Schulproblemen und bei Fragen der Berufs- und Lebensplanung nach Möglichkeit zu **beraten**. Im Verantwortungsbereich der Schulen liegt außerdem die Zuteilung von Abschlüssen und Berechtigungsnachweisen. **Diagnostizieren** und **Beurteilen** sind daher wesentliche Elemente der Lehrertätigkeit. Zuletzt sind Lehrer umfassend gefordert, an der Qualitätssicherung und Weiterentwicklung der Arbeit an Schulen mitzuwirken. Grundlage dafür sind soziale und politische Fähigkeiten, etwa bei der Kooperation im Kollegium, organisatorische Fähigkeiten bei der Umsetzung von Modellmaßnahmen und die Bereitschaft, die eigene berufliche Kompetenz zu überprüfen, zu überdenken und ständig auszubauen. Dieses Aufgabenfeld wird mittlerweile zusammengefasst als **Evaluieren** bezeichnet.

Die Komplexität der Lehrerarbeit ist aber nicht nur durch die Breite und Vielfalt der Tätigkeiten verursacht. Aus der Typik der Berufsaufgaben resultieren außerdem hohe Anforderungen an die Arbeitsqualität. Besondere Schwierigkeiten der Berufstätigkeit ergeben sich (1) aus der Widersprüchlichkeit der gestellten Anforderungen und (2) aus der Unvorhersehbarkeit des beruflichen Alltagsgeschäfts.

(1) Lehrer befinden sich in einer für ihren Beruf typischen Grundspannung: Sie sind einerseits der individuellen Förderung und Entwicklung ihrer Schüler verpflichtet, andererseits handeln sie im Auftrag der Gesellschaft, die von der Schule verlangt, gemeinsame kulturelle Inhalte und verlässliche Qualifikationen zu vermitteln, die Integration des Einzelnen in die Gesellschaft zu sichern und die Selektion nach anerkannten Leistungskriterien vorzunehmen. Die Widersprüchlichkeit dieser verschiedenen Ansprüche und Erwartungen durchzieht das berufliche Handeln des Lehrers bis hinein in die konkrete Unterrichtspraxis: Die heterogenen Interessen aller Schüler aufeinander abzustimmen, zugleich den Anforderungen des Lehrplans zu genügen, die eigenen Ansprüche zu realisieren, die sich nicht immer mit denen der Kollegen decken, den fachlichen Erfordernissen gerecht zu werden und ihnen gegen den erklärten Willen der Schüler Geltung zu verschaffen, die berechtigten Wünsche der Schüler zu berücksichtigen, auch wenn die Möglichkeiten der Schule das nicht immer zulassen – es ist offensichtlich, dass es für den Lehrerberuf keine einheitlichen Zielvorgaben geben kann. Die beruflichen Anforderungen sind aufgrund struktureller Bedingungen widersprüchlich, konfliktgeladen und spannungsreich.

(2) Lehrer stoßen bei ihren Anstrengungen, die Ereignisse und Vorgänge in ihrem Berufsfeld umfassend und im Detail zu durchschauen, schnell auf Grenzen. Dies liegt nicht nur an der prinzipiellen Eingeschränktheit der menschlichen Wahrnehmungsfähigkeit, sondern auch daran, dass das reale Geschehen in Schule und Unterricht in der Tat hochkomplex ist: Die Interaktions- und Kommunikationsprozesse zwischen Lehrern und Schülern sind vielschichtig und nicht vollständig zu entschlüsseln; die Einflüsse, die von außen auf die Ereignisse einwirken, sind umfangreich und verringern die Möglichkeit des Lehrers, die Situation zu steuern und das Umfeld zu kontrollieren; die Erziehungs- und Unterrichtspraxis entwickelt eine Eigendynamik und im gleichen Maße, in dem sich die Unvorhersehbarkeit des Geschehens erhöht, verringert sich die Möglichkeit des Lehrers, das eigene Handeln auf zuverlässige Prognosen zu stützen und damit die Erfolgsaussichten zu steigern.

Insgesamt wird deutlich: Das Berufsfeld Schule stellt an Lehrer hohe Anforderungen mit entsprechenden Konsequenzen für das Anspruchsniveau an eine erfolgreiche Bewältigung. Die kompetente Berufsausübung erfordert Qualitätsstandards, die üblicherweise an **professionelles Handeln** angelegt werden. Der professionelle Charakter der beruflichen Tätigkeit des Lehrers ergibt sich aus dem Umstand, dass sein Handeln nicht programmierbar und standardisierbar ist – obwohl der Lehrer selbstverständlich auch auf eingespielte Gewohnheiten und Rituale zurückgreift. Ein Lehrer kann sich nicht damit begnügen, auswendig gelerntes Standardwissen mit routinierten Handlungsrezepten zu verknüpfen und dann einfach auf Situationen und Personen anzuwenden. Die jeweiligen Besonderheiten der wechselnden Situationen, die Unterschiedlichkeit der einzelnen Aufgabenstellungen und die Komplexität der Ansprüche markieren deutlich die Notwendigkeit, dass die Ausübung des Lehrerberufs nur auf der Basis eines theoretisch fundierten Handlungs- und Reflexionswissens gelingen kann.

Der Lehrer ist für sein berufliches Handeln in besonderer Weise verantwortlich. Die Übernahme von Verantwortung bezeichnet die Verpflichtung, auf Fragen an das eigene Handeln – ganz im Wortsinn von Verantwortung – Antworten zu geben, die vernünftig und überzeugend sind. Auskünfte über die Qualität der Berufsausübung des Lehrers erwarten vor allem die Schüler, die Eltern, die Kollegen und stellvertretend für Staat und Gesellschaft die Schulaufsichtsbehörden und Ministerien. In erster Linie ist es jedoch der Lehrer selbst, der sich und seine Arbeit zu befragen und darauf schlüssige Antworten zu geben hat. Zur Einlösung dieser Anforderung bedarf es auf Seiten des

Lehrers einer grundlegenden reflexiven Kompetenz: Er hat die Fähigkeit zu entwickeln, sein Können und Wissen bewusst wahrzunehmen, sein Denken und Handeln kritisch zu betrachten, Korrekturen an seinen Verhaltensweisen und Einstellungen selbst vorzunehmen und sich auf diese Weise eigenständig weiterzuentwickeln. Diese Reflexivität ist ein zentrales Strukturmerkmal des Lehrerhandelns. Ein professionell arbeitender Lehrer übernimmt dies als Maßstab in sein berufliches Selbstverständnis und handelt danach. Wenn – wie dies mittlerweile oft geschieht – von dem Berufsethos des Lehrers gesprochen wird, dann ist dieser Selbstanspruch des Lehrers gemeint, die eigene Arbeit an einem hohen Niveau von Handlungs- und Reflexionskompetenz zu orientieren.

Nicht selten empfinden Lehrer die Widersprüchlichkeiten der an sie gestellten Ansprüche, die Unsicherheiten über die Qualität der eigenen Arbeit und die Ungewissheit über die Wirkungen ihres Tuns als besondere berufliche Belastungen. Die Vielfalt und Komplexität der beruflichen Aufgaben machen es schwer, Kriterien für den Erfolg der eigenen Berufsausübung zu definieren. Fehlende Erfolgserlebnisse können die Entwicklung einer Berufszufriedenheit stören, die wiederum eine wichtige Voraussetzung für engagiertes und motiviertes Arbeiten ist. Andererseits: Gerade anspruchsvolle Berufstätigkeiten sind besonders reizvoll und attraktiv. Wer es schafft, schwierige Aufgaben erfolgreich zu bewältigen, zieht daraus einen besonderen Gewinn: die Erfahrung eigener Kompetenz und Selbstwirksamkeit sowie die Anerkennung und Wertschätzung durch andere.

Nach dem „Strukturplan für das Bildungswesen“ von 1970 sind die fünf Aufgaben eines Lehrers das Lehren, Erziehen, Beurteilen, Beraten und Innovieren (DEUTSCHER BILDUNGSRAT, 1970, S. 217-220). Diese Auffassung findet sich heute noch in aktuellen Leitbildern für den Lehrerberuf wieder (TERHART, 2000, S. 44-56). Wer sich gründlich in Fragen der Berufsausbildung und Berufsausübung von Lehrern einarbeiten will, dem ist die Lektüre der Kapitel 3 „Aneignungsschwierigkeiten didaktischen Theoriewissens“ und 8 „Professionalisierung in der Lehrerbildung“ des Buches von Hilbert MEYER (2001) anzuraten.

3 Wie sieht der Arbeitsplatz des Sportlehrers aus?

Sportlehrer befinden sich in einer widersprüchlichen Grundsituation: Sie vertreten ein Fach, dessen Bedeutung in der Öffentlichkeit, unter Fachleuten und wohl auch unter Sportlehrern selbst kontrovers diskutiert wird. Der Sport erfährt in der Schule eine besondere Aufwertung bei gleichzeitiger Geringschätzung des Faches im Gesamt des schulischen Fächerkanons. Die Aufwertungsdebatte gewinnt ihre Argumente über Befunde, nach denen die veränderten Bedingungen des Aufwachsens offensichtlich zu Bewegungsdefiziten bei Kindern und Jugendlichen führen. Unter diesen Umständen kommt der Schule in zunehmendem Maße eine pädagogische Verantwortung zu: Sie soll die für die körperliche Entwicklung der nachwachsenden Generation notwendigen Bewegungs- und Belastungsreize sicherstellen und hat Schülern zu zeigen, welche Möglichkeiten Bewegung, Spiel und Sport für eine gesunde Lebensführung bieten. Die Abwertungsdebatte nimmt Analysen auf, die auf rasante Entwicklungen in der aktuellen Berufs- und Lebenswelt hinweisen. Wenn Schulen die Zukunftschancen der jungen Menschen sichern wollen, sind sie dazu verpflichtet, ihre Anforderungen auf die veränderten Bedingungen der modernen Zeit abzustimmen. In Konsequenz sind nicht nur die Curricula einzelner Fächer zu korrigieren, sondern das gesamte Unterrichtsangebot gehört auf den Prüfstand. Der Konkurrenzdruck unter den Schulfächern steigt und geht u. a. auf Kosten der so genannten musischen Fächer wie Kunst, Musik und Sport, die für mehr oder weniger entbehrlich gehalten werden. In diesem Zuge werden Stimmen laut, die für eine Reduktion der Pflichtstunden oder sogar die Abschaffung des Faches Sport plädieren. Vor diesem Hintergrund wird verständlich, dass der Status des Sportlehrers zwiespältige Züge aufweist. Einerseits trägt er eine hohe Verantwortung, andererseits tritt er für ein Fach ein, dessen Ansehen vergleichsweise gering ist.

Spannungen besonderer Art ergeben sich für den Sportlehrer aus der paradoxen Situation, dass der Sport, der außerhalb der Schule getrieben wird, weil und solange er Spaß macht, in der Schule als Unterrichtsfach einen durchaus ernsthaften Charakter annimmt. Der Sport ist außerhalb der Schule eine Freizeitaktivität und zeichnet sich durch Freiwilligkeit aus. In der Schule wird er zum Pflichtfach, in dem sportliche Leistungen bewertet und zensiert werden. Diese Spannung so auszubalancieren, dass Sportunterricht weder zur läppischen Spielerei noch zum übertriebenen Drill wird, verlangt vom Sportlehrer das besondere Vermögen, ernsthaftes Engagement und humorvolle Gelassenheit miteinander zu verbinden.

In der Praxis des Unterrichts stehen Sportlehrer im Unterschied zu Lehrern anderer Fächer, die üblicherweise im Klassenzimmer unterrichten, vor typischen Problemen. Sport- und Bewegungsaktivitäten der Schüler sind umso schwieriger zu regulieren und zu kontrollieren, je raumgreifender und intensiver sie angelegt sind und je mehr Personen daran teilnehmen. Nicht selten befinden sich Sportlehrer in der merkwürdigen Situation, dass mit der zunehmenden Qualität ihrer Arbeit zugleich der eigene Stress wächst: Hohe Aktivitätsgrade der Schüler sind erwünscht und angezielt, zugleich erschweren sie die Übersicht und Ordnung im Unterricht, erhöhen den Lärmpegel und sind zuletzt mit Verletzungsrisiken verbunden; Gruppenprozesse und Emotionen werden bewusst initiiert, zugleich erhöht sich mit deren Intensität die Gefahr, dass übliche Toleranzschwellen überschritten werden, weil Affekte und Konflikte außer Kontrolle geraten. Das enge Beziehungs- und Kommunikationsgeflecht zwischen Lehrer und Schülern, wie es die fachspezifischen Besonderheiten des Sportunterrichts mit sich bringen, ist eine Erleichterung und Erschwernis zugleich. Einerseits ermöglicht der enge Kontakt zu Schülern, der bei gemeinsamen Sport- und Bewegungsaktivitäten entsteht, eine entspannte und motivationsförderliche Unterrichtsatmosphäre und kann die gegenseitige Akzeptanz und Wertschätzung fördern. Andererseits sieht sich der Sportlehrer tagtäglich vor die Schwierigkeit gestellt, persönliche Nähe und notwendige Distanz zu seinen Schülern so auszugleichen, dass das geforderte Maß an Respekt und Autorität nicht verloren geht.

Untersuchungen machen deutlich, dass bei den typischen Belastungen im Sportunterricht Disziplinschwierigkeiten, unzureichende räumliche und materielle Ausstattung, Motivations- und Benotungsprobleme, unangemessene Lehrplanvorgaben, Leistungs- und Interessensheterogenität der Schüler, Probleme bei der Absprache mit Kollegen und körperliche Beanspruchungen des Lehrers an vorderer Stelle rangieren (HEIM & KLIMEK, 1999). Wir wissen zudem, dass sich die Situation der Sportlehrerinnen von der ihrer männlichen Kollegen unterscheidet. Geschlechtsspezifische Diskriminierungen und Machtkämpfe mit Schülern, die die Fachkompetenz von Lehrerinnen grundsätzlich anzweifeln, stellen besondere Belastungen dar. Ausführlich beschrieben sind diese Gegebenheiten bei Michaela FIRLEY-LORENZ (1998) sowie bei Heidi SCHEFFEL & Birgit PALZKILL (1994).

4 Welche Kompetenzen benötigen Sportlehrer?

Im Mittelpunkt der Berufstätigkeit eines Sportlehrers steht das Unterrichten. Für die Ausübung dieser Tätigkeit sind bestimmte Kompetenzen erforderlich. Eine alltägliche Szene aus dem Sportunterricht macht deutlich, worum es geht:

Die Schüler einer 4. Klasse spielen Basketball – sieben gegen sieben auf großem Feld. Die meisten Kinder sind immer dort, wo gerade der Ball ist. Dieser ist im ständigen Gewühl kaum zu sehen. Die Schüler schreien aufgeregt durcheinander. Jeder möchte den Ball haben. Sogar zwei Spieler aus einer Mannschaft kämpfen darum. Der Gewinner stürmt mit dem Ball davon, von allen anderen verfolgt. In der Hektik vergisst er das Prellen. Wütende Protestschreie der Gegner, selbst von Seiten der Mitspieler. Der Ballbesitzer stutzt, wird eingeholt und umzingelt. Es entbrennt ein erneuter Kampf um den Ball, der plötzlich seitlich aus der Spielertraube herausrollt. Ein Spieler stürzt sich auf den Ball, ein Zweiter über ihn. Ein Dritter entreißt beiden den Ball und stürmt mit großen Sätzen auf den Korb zu. Er wirft, aus viel zu großer Entfernung, und trifft nicht einmal das Brett. Der Lehrer steht am Spielfeldrand. Er beobachtet den Spielverlauf und ruft ab und zu laut dazwischen: „Mehr abgeben, gebt doch ab!" – „Prellen, das Prellen nicht vergessen!" – „Freilaufen, lauft euch doch frei!" Einzelne Spieler, die an ihm vorbeilaufen, nimmt er gelegentlich zur Seite und redet auf sie ein. Zweimal unterbricht er das Spiel, versammelt die Schüler um die Wandtafel in der Besprechungsecke der Sporthalle, weist sie auf technische und taktische Regeln hin und schreibt die Anweisungen in Kurzform auf. Doch das nützt nicht viel. Sobald der Ball wieder im Spiel ist, läuft alles wie gehabt ...

Für jeden erkennbar handelt es sich um eine Situation aus dem Sportunterricht. Es wird **Sport** getrieben, in diesem Fall Basketball gespielt. Basketball ist ein Mannschaftsspiel, das auf Dauer nur befriedigend gelingt, wenn der Ballbesitz zwischen den Spielern einer Mannschaft wechselt, durch ein geordnetes Zusammenspiel eine korbnahe Wurfposition erreicht und der Ball schließlich erfolgreich in den Korb geworfen wird. Die gegnerische Mannschaft versucht, dies zu verhindern. Damit sie die Chance hat, ohne den im Basketball verbotenen Körperkontakt selbst in Ballbesitz zu kommen, müssen die Spieler mit dem Ball während des Laufens dribbeln. So sind die Regeln des Spiels, ohne die ein für alle verständliches Miteinander und Gegeneinander nicht möglich ist.

Der **Lehrer** fordert die Spieler auf, den Ball häufiger abzuspielen. Damit dies möglich ist, gibt er die Anweisung, sich freizulaufen. Er macht wiederholt auf die Schrittzahlregel aufmerksam, die es verbietet, mit dem Ball in der Hand zu laufen, ohne zu dribbeln. Seine Hinweise gibt er an einzelne Spieler und zweimal an die gesamte Gruppe weiter. Der Lehrer kennt das Spiel und seine Regeln. Er ist bemüht, sein Wissen an die Schüler weiterzugeben.

Die **Schüler** spielen nach ihren eigenen Vorstellungen und Regeln. Der Ball ist für alle das begehrte Objekt. Jeder möchte ihn für sich und nicht etwa für die Mannschaft haben. Um ihn in seinen Besitz zu bringen, muss man hinter ihm herlaufen und nicht etwa von ihm weg. Freilaufen, wie das der Lehrer nennt, macht da keinen Sinn. Und wer nach großen Mühen endlich selbst in Ballbesitz gelangt ist, möchte ihn natürlich so lange wie möglich behalten. Ihn freiwillig abzuspielen, erscheint da eher widersinnig.

Das Geschehen findet in der **Schule** statt. Die Akteure sind Schüler einer 4. Klasse, die in ihrer Sportstunde unter der Anleitung und Verantwortung ihres Sportlehrers Basketball spielen. Dies ist so vorgesehen, weil es der Lehrplan empfiehlt, den schulinternen Absprachen der Sportfachkonferenz entspricht oder Lehrer und Schüler sich darauf verständigt haben. Um bei der großen Anzahl von Schülern möglichst viele am Spiel zu beteiligen, wird sieben gegen sieben gespielt. Die in der Sporthalle angebrachte Tafel ist der Ort, der üblicherweise als Treffpunkt für Demonstrationen, Besprechungen, Mannschaftsbildungen etc. dient.

Der systematische Blick auf die Unterrichtsszene macht deutlich, dass die Tätigkeit des Sportlehrers vier wesentliche Bezugspunkte aufweist (vgl. Abb. 1). Sein Handeln bezieht sich auf die Sache, auf die eigene Person, auf die Schüler und auf die Institution Schule.

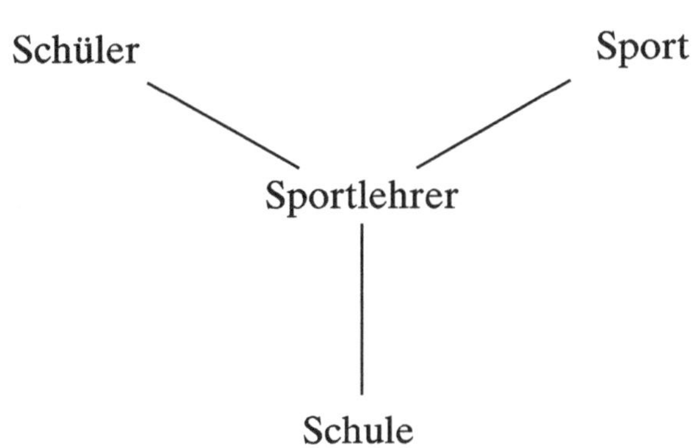

Abb. 1: Der sportdidaktische Stern (nach SCHERLER)

Es liegt auf der Hand, dass der Sportlehrer für die professionelle Bewältigung seiner Berufsaufgaben Kompetenzen benötigt, in denen sich diese Handlungsbezüge konsequent widerspiegeln: Er benötigt Sachkompetenz, die ihn in den Stand setzt, die Anforderungsstrukturen des Sports zu erkennen und daraufhin eine geeignete Auswahl, Aufbereitung und Darbietung des Lehr- und Unterrichtsstoffs vorzunehmen. Er ist auf Selbstkompetenz angewiesen, die ihn zur bewussten Auseinandersetzung mit den eigenen Möglichkeiten und Ansprüchen befähigt, auch in Form von gezielter Selbstevaluation. Er muss über Sozialkompetenz verfügen, die seine Kommunikations- und Interaktionsfähigkeit sichert und auf die Verständigung und Zusammenarbeit mit seinen Schülern ausgerichtet ist. Er wird nicht ohne Schulkompetenz auskommen, die Voraussetzung dafür ist, die institutionelle Rahmung der pädagogischen Arbeit in Schule und Sportunterricht angemessen aufzunehmen und konstruktiv zu optimieren. Ein Sportlehrer kann seiner Aufgabe gerecht werden, wenn er um die Zusammenhänge weiß, in die seine Tätigkeiten eingebunden sind. Er hat sich in seinem Denken und Handeln auf den Sport, die Schüler, die Schule und sich selbst zu beziehen und dazu eine begründete Position auszubilden.

Die in diesem Kapitel vorgetragenen Überlegungen sind weitgehend von Karlheinz SCHERLER übernommen. Der didaktische Stern ist ursprünglich seine Idee. In seinem Beitrag in der Zeitschrift „Körpererziehung" (SCHERLER, 1996) nimmt er dieses Denkmodell auf und erläutert die vier Bezüge, in die jede Unterrichtshandlung des Lehrers eingebunden ist.

5 Was zeichnet einen guten Sportlehrer aus?

Der gute Sportlehrer ist fachlich kompetent, kann gut vormachen, verständlich erklären und hilfreiche Korrekturen geben. Er pflegt einen verständnisvollen Umgang mit den Schülern, ist gerecht und zuverlässig, zeigt Engagement, sein Unterricht ist abwechslungsreich und motivierend. Er ist sportlich, tritt sicher auf, hat Spaß an seinem Beruf, zeigt Geduld und Humor und kann über sich selbst lachen. Insgesamt zeichnen einen guten Sportlehrer besondere fachliche und soziale Kompetenzen aus. Der schlechte Sportlehrer dagegen ist unzugänglich für die persönlichen Probleme der Schüler, verträgt keine Kritik, ist rechthaberisch, ungeduldig und einseitig interessiert. Er hat weder Schwung noch Abwechslung in seinem Unterricht und zeigt wenig Verständnis für die Schüler.

Ein gutes Verhältnis zu den Schülern gibt den Ausschlag dafür, ob ein Sportlehrer ankommt oder nicht. Schüler nehmen ihren Lehrer als Gesamtperson wahr und registrieren all seine Verhaltensweisen und Fähigkeiten: Ob er gut oder schlecht gelaunt ist, ob er ausgeglichen oder aggressiv ist, ob er Schüler sympathisch findet oder ablehnt, ob das Unterrichtsthema für ihn spannend oder langweilig ist, ob er ein engagierter Sportlehrer ist oder lustlos seinen Job abreißt. Schließlich wissen die Schüler sogar, welche Einstellungen und Wertorientierungen ihr Lehrer vertritt. Zusammenfassend lässt sich dieses Fazit ziehen: Schüler sehen nicht nur, was ihr Lehrer tut, sie erkennen auch, wer er ist. Jeder Sportlehrer ist, ob er das will oder nicht, ein Vorbild. Das verlangt von ihm die Bereitschaft und Fähigkeit, sich dieser Rolle bewusst zu sein und das eigene Handeln und Wirken daraufhin zu kontrollieren.

Sportlehrer – und dies gilt im Grundsatz für alle Lehrer – haben einen pädagogischen Auftrag. Ihre Aufgabe ist es, Schüler kompetent in die Welt des Sports einzuführen und ihnen dabei mehr und mehr Gelegenheiten zu geben, sich in eigenständiges und verantwortungsvolles Handeln einzuüben. Dem guten Sportlehrer gelingt es, Schule und Sportunterricht als einen Ort der Vermittlung anzulegen zwischen den Ansprüchen des Individuums auf Entfaltung seiner Möglichkeiten und Fähigkeiten einerseits und den Ansprüchen der Gesellschaft andererseits, dass die Heranwachsenden zu vernunftgeleitetem und mündigem Handeln in sozialer Verantwortung zu befähigen sind. Der gute Sportlehrer besitzt das Vermögen, die Gestaltung der Schul- und Unterrichtspraxis an der Idee von Demokratie und politischer Verantwortung zu orientieren.

Die Ausführungen in diesem Kapitel sind aus zwei Gründen nicht unproblematisch. Im Prinzip ist davon auszugehen, dass es keine einheitliche und verbindliche Vorstellung, sondern nur verschiedene Auffassungen davon geben kann, was einen Sportlehrer auszeichnen soll. Jeder Versuch, das Bild eines guten Sportlehrers zu entwerfen, argumentiert von einer besonderen normativen Perspektive aus und ist jeweils kritisch einzuordnen. Wer die Frage vertiefen will, was einen guten Sportlehrer auszeichnet, kann sich an die Überlegungen von Jürgen FUNKE-WIENEKE (1997) halten und den grundlegenden Beitrag von Inge BERNDT und Bernd TRENNER (1998) lesen. Ein zweiter Hinweis ist notwendig: Es ist nicht zu erwarten, dass Sportlehrer allen Ansprüchen und Aufgaben in idealer Weise gerecht werden. Wie in jedem anderen Berufsfeld gibt es von Person zu Person erhebliche Kompetenz- und Qualitätsunterschiede. Einen Überblick über verschiedene Typen von Sportlehrern – und zwar aus der Sicht von Schülern – gibt Michael BRÄUTIGAM (1999).

Literatur

BALZ, E. & KURZ, D. (1995). Elf Regeln für das Studium der Sportwissenschaft. In R. HEIM & D. KUHLMANN (Hrsg.), *Sportwissenschaft studieren* (S. 7-23). Wiesbaden: Limpert.

BAUR, J. (1995). Vom Akteur zum Arrangeur: Stationen in der Normalkarriere von Sportstudierenden. In R. HEIM & D. KUHLMANN (Hrsg.), *Sportwissenschaft studieren* (S. 25-37). Wiesbaden: Limpert.

BERNDT, I. & TRENNER, B. (1998). Was macht einen guten Sportlehrer, eine gute Sportlehrerin aus? In BIELEFELDER SPORTPÄDAGOGEN, *Methoden im Sportunterricht* (S. 237-252). Schorndorf: Hofmann.

BILDUNGSKOMMISSION NRW (1995). *Zukunft der Bildung – Schule der Zukunft.* Neuwied: Luchterhand.

BRÄUTIGAM, M. (1997). Leitlinien zur Sportlehrerausbildung. In G. FRIEDRICH & E. HILDENBRANDT (Hrsg.), *Sportlehrer/in heute – Ausbildung und Beruf* (S. 115-122). Hamburg: Czwalina.

BRÄUTIGAM, M. (1999). „So schlecht ist er auch wieder nicht!" Erste Zugänge auf die Frage nach dem „schlechten" Sportlehrer aus Schülersicht. *sportunterricht, 48* (3), 100-111.

DEUTSCHER BILDUNGSRAT (1970). *Empfehlungen der Bildungskommission. Strukturplan für das Bildungswesen.* Stuttgart: Klett.

FIRLEY-LORENZ, M. (1995). Beruflicher Alltag und Orientierungen von Sportlehrerinnen in der Schule. In M.-L. KLEIN (Hrsg.), *„Karrieren" von Mädchen und Frauen im Sport* (S. 93-105). Sankt Augustin: Academia.

FIRLEY-LORENZ, M. (1998). Situation von Sportlehrerinnen an der Schule. In LANDESINSTITUT FÜR SCHULE UND WEITERBILDUNG (Hrsg.), *Mädchen und Jungen im Schulsport* (S. 96-108). Bönen: Kettler.

FRANKFURTER ARBEITSGRUPPE (1982). *Offener Sportunterricht – analysieren und planen.* Reinbek: Rowohlt.

FUNKE-WIENEKE, J. (1997). Der Sportlehrer als Beispiel. In J. FUNKE-WIENEKE, *Vermitteln zwischen Kind und Sache* (S. 95-113). Seelze: Kallmeyer.

HEIM, R. (1996). Problemsituation Studienbeginn. *sportunterricht, 45* (2), *52-59.*

HEIM, R. & GERLACH, E. (1998). Burnout – Auch ein Thema im Sportlehrerberuf? *Körpererziehung, 48* (10), 330-337.

HEIM, R. & KLIMEK, G. (1999). Arbeitsbelastungen im Sportlehrerberuf – Entwicklung eines Instruments zur Erfassung fachunterrichtlicher Stressoren. *Psychologie und Sport, 6* (2), 35-45.

KÖPPE, G. (1998). Was muß ein Sportlehrer alles können? *Körpererziehung, 48* (10), 338-345.

KUGELMANN, C. & KLUPSCH-SAHLMANN, R. (2000). Sportlehrerinnen und Sportlehrer – heute und morgen. *sportpädagogik, 24* (1), 4-12.

MEYER, H. (2001). *Türklinkendidaktik. Aufsätze zur Didaktik, Methodik und Schulentwicklung*. Berlin: Cornelsen.

MIETHLING, W.-D. (2000). Zwischen Traum und Alptraum. *sportpädagogik, 24* (1), 41-47.

SCHEFFEL, H. & PALZKILL, B. (1994). Macht und Ohnmacht von Sportlehrerinnen im koedukativen Unterricht. *sportunterricht, 43* (4), 159-166.

SCHERLER, K. (1996). Sportlehrer/-innen heute: Selbstbezüge des Unterrichtens. *Körpererziehung, 46* (5), 165-172.

TERHART, E. (1996). Kompetenzen von Lehrkräften in einer Schule der Zukunft. In LANDESINSTITUT FÜR SCHULE UND WEITERBILDUNG (Hrsg.), *Bewegungserziehung/Sport in der Lehreraus- und Lehrerfortbildung* (S. 14-29). Soest: Verlag für Schule und Weiterbildung.

TERHART, E. (Hrsg.). (2000). *Perspektiven in der Lehrerbildung in Deutschland.* Weinheim: Beltz.

TREUTLEIN, G., JANALIK, H. & HANKE, U. (1996). *Wie Sportlehrer wahrnehmen, denken, fühlen und handeln* (4., überarbeitete Aufl.). Köln: Strauß.

ULICH, K. (1996). *Beruf: Lehrer/in*. Weinheim: Beltz.

Lektion 2
Wie wichtig ist die Arbeit von Sportlehrern? Die Legitimation des Sports als Schulfach

Von einem professionell arbeitenden Sportlehrer wird erwartet, dass er nicht nur weiß, was er tut, sondern auch weiß, warum er dies tut. Die Erwartung an ihn besteht zu Recht, schließlich hat er einen pädagogischen und fachlichen Auftrag mit hohem Anspruch zu erfüllen. Die Forderung an den Sportlehrer, sein Handeln zu begründen, ist nicht nur eine Selbstverpflichtung. Wer von der Notwendigkeit seines Tuns nicht überzeugt ist, wird unsicher sein und ohne Selbstbewusstsein auftreten. Wer die Gründe und Hintergründe seines Tuns nicht kennt, wird sein Handeln nicht beurteilen und weder sich selbst noch anderen gegenüber rechtfertigen können. Mit der Fähigkeit, die Anliegen und Ziele seines Berufs als bedeutsam ausweisen zu können, gewinnt der Sportlehrer Motivation und Souveränität.

Diese Fähigkeit ist nicht isoliert zu sehen und hängt eng mit anderen Aufgaben zusammen. Eine erste besteht darin, die für das Fach ausgewiesenen Ziele in die Praxis des Sportunterrichts umzusetzen. Eine zweite Aufgabe ist es, die Ziele des Schulsports programmatisch zu entwerfen und in differenzierter Weise zu verdeutlichen. Eine dritte Verpflichtung – um diese geht es in dieser Lektion – verlangt, Aufgaben und Ansprüche des Schulsports zu begründen und den schlüssigen Nachweis für die Berechtigung des Sports als Schulfach zu erbringen. Diese Bemühungen zielen auf die Legitimation des Faches.

Bei der Behandlung der Legitimationsfrage werden in dieser Lektion drei Ausgangspunkte gewählt:

- eine anthropologische Grundlegung, die die Bedeutung von Leiblichkeit, Bewegung und Spiel für eine ganzheitlich ausgerichtete Erziehung in der Schule heraushebt;
- eine vom Kind und vom Jugendlichen her zu begründende Notwendigkeit, mit den fachspezifischen Möglichkeiten des Schulsports die Bildung, Erziehung und Entwicklung der Heranwachsenden insgesamt zu fördern;
- eine von der Sache her, d. h. der gesellschaftlichen und individuellen Bedeutung des Sports her zu rechtfertigenden Verpflichtung, in der Schule auf dieses Handlungsfeld vorzubereiten und Schüler zu einer Handlungsfähigkeit im Sport zu führen.

In einem abschließenden Kapitel wird die Tauglichkeit der Argumente für eine kontrovers geführte Debatte untersucht.

1 Warum ist Schulsport unverzichtbar?

Das Fach Sport weist eine Besonderheit auf, durch die es sich von allen anderen Schulfächern unterscheidet: Schulsport versteht sich als Anwalt für die körperlich-motorische Entwicklung und Ausbildung der Kinder und Jugendlichen. Daraus erwächst nicht nur ein besonderer Erziehungsauftrag, darin ist auch seine Unverzichtbarkeit begründet, da kein anderes Fach diesen Erziehungsanspruch übernehmen kann.

Die Schule steht unter der pädagogischen Verpflichtung zu einer ganzheitlichen Bildung und Erziehung. Schulen sind nicht nur für die Entwicklung und Förderung intellektueller, sondern auch körperlich-motorischer Fähigkeiten verantwortlich. Die Einlösung dieser Anforderung sichert das Fach Sport. Die Besonderheit des Faches wird deutlich, wenn man in diesem Zusammenhang auf anthropologische Grundgedanken zurückgreift. Die Anthropologie ist die Lehre vom Menschen. Sie sucht Klärung über Eigenschaften, die den Menschen in ihrer Existenzform wesensgemäß sind. Das zentrale Thema der Anthropologie ist das „So-Sein" des Menschen: so, wie der Mensch ist, und so, wie er in der Welt ist.

(1) Als eine grundlegende anthropologische Einsicht gilt: Ein Wesensmerkmal des Menschen ist seine leibliche Verfasstheit. Meine Existenz ist in fundamentaler Weise durch meinen Leib bestimmt. Zwar weiß ich nicht immer um meine **Leiblichkeit**. Mein Körper fällt mir gar nicht weiter auf, wenn ich mich nicht auf ihn konzentriere und mir besondere körperliche Zustände und Befindlichkeiten nicht bewusst werden. Der Körper bleibt im alltäglichen Handeln oft in der Anonymität des Selbstverständlichen verborgen. Doch auch in solchen Situationen ist unser Leib immer mit dabei. Solange wir leben, ist er bei uns und wir in ihm. Insofern trifft die Aussage zu: Der Mensch ist Leib.

In Fällen allerdings von Behinderungen und Störungen meldet sich unser Körper und wir werden uns seiner bewusst. Wir spüren körperliche Zustände der Ermüdung, des Unvermögens und des Schmerzes. Die selbstverständliche Übereinstimmung mit dem Leib geht dann verloren. Wir wenden uns unserem eigenen Körper zu. Für diesen Fall, der übrigens auch in Situationen von Glück und Euphorie positiv ausgerichtet sein kann, gilt die Formel: Der Mensch hat Körper.

Die anthropologische Doppelformel, dass der Mensch Leib ist und Körper hat, bleibt nicht folgenlos. Es ist leicht zu erkennen, dass wir mit der Entwicklung unserer körperlichen Potenziale und Fähigkeiten unser eigenes Selbst erschließen. Dies zum einen, und zum anderen: Auf unsere leibliche Verfasstheit gründet sich auch der unmittelbare Zugang zu unserer Umwelt. Über leibliche Erfahrungen vermitteln sich die Gegenstände, die uns in der äußeren Welt umgeben. Zugleich erschließen sich über diese Erfahrungen wiederum eigene Möglichkeiten und Fähigkeiten. Der Leib ist das Instrument, der Fühler und das Medium. Er vermittelt zwischen dem eigenen Selbst und der Umwelt. Er bestimmt die Art und Weise der Erfahrungsprozesse und am Ende deren Ergebnisse. Die Wege, über die solche Erfahrungen führen, stehen in einem direkten Zusammenhang mit den menschlichen Wahrnehmungssystemen. Die Wahrnehmung seiner Welt und die Wahrnehmung seiner selbst gewinnt man über die Sinne. Dabei kommt den körpernahen Sinnen besondere Bedeutung zu. Erst das Tasten, Berühren und Bewegen schaffen die Voraussetzungen dafür, Gehörtes und Gesehenes abzusichern und dauerhaft in der Erfahrung zu verankern. Dies sind Erfahrungen gleichsam „aus erster Hand“.

Der Leib ist keine abgegrenzte Unterabteilung des Menschen. Leiblichkeit ist vielmehr ein Aspekt, der in allen menschlichen Aktivitäten ständig mit anwesend ist. Deshalb sind leibliche Erfahrungen für jeden Menschen elementare Grunderfahrungen, und alle Erfahrungen, die der Mensch macht, sind mit seiner Leiblichkeit verknüpft. Grundsätzlich gilt: Der Mensch ist als eine Gesamtheit zu sehen. Körperlich-motorische, emotional-affektive und kognitiv-intellektuelle Elemente sind zwar unterscheidbar, aber im Menschen selbst unmittelbar aufeinander bezogen und miteinander vernetzt. Viele Erfahrungen aus der konkreten Lebenspraxis verweisen auf diese **Ganzheitlichkeit** des Menschen: Körperliche Verletzungen und Krankheiten mindern nicht selten die geistige Leistungsfähigkeit und provozieren psychische Missstimmungen. Intensive geistige Arbeit und seelische Belastungen führen zu körperlicher Müdigkeit und Erschöpfung. Körperliche Überforderung vermindert die Konzentrationsfähigkeit.

Die anthropologischen Befunde von der Leiblichkeit und Ganzheit des Menschen weisen nicht nur beschreibend auf Zusammenhänge hin. Es liegt auf der Hand, dass die Einsichten zu pädagogischen Forderungen führen: Da Heranwachsende ein Anrecht auf eine umfassende und ganzheitliche Förderung ihrer Anlagen, Potenziale und Fähigkeiten haben, sind Bemühungen um eine angemessene und optimale Entwicklung unvollständig, wenn sie das Thema Leib und Leiblichkeit auslassen.

(2) Betrachtet man die Leiblichkeit des Menschen nicht so sehr als grundlegendes Kennzeichen menschlicher Existenz, sondern eher als Vorgang und Prozess, dann kommt die Fähigkeit des Leibes in den Blick, sich zu bewegen. Die menschliche **Bewegung** als ein Vermögen, das auf Leiblichkeit beruht, ist eine weitere – zweite – anthropologische Grundkategorie. Bewegung stattet den Menschen mit einem besonderen Potenzial aus: Mithilfe der Bewegung kann sich der Mensch sich selbst und der Welt gegenüber in einer aktiven und sinnvollen Weise verhalten. Über Bewegung aktiviert, entwickelt und verbessert er seine eigenen Möglichkeiten. Durch Bewegung macht er sich seine Umwelt in ihren Sach- und Bedeutungszusammenhängen nicht nur aktiv zugänglich, er wirkt auf sie ein, gestaltet und verändert sie. In dieser aktiven Auseinandersetzung mit sich selbst und seiner Umwelt entwickelt er sich weiter, erschließt sich zunehmend vielfältiger und differenzierter die eigenen Fähigkeiten und seine räumliche, materiale und soziale Umwelt.

Aus pädagogischer Sicht ist die Entfaltung des menschlichen Bewegungspotenzials nicht nur möglich und wünschenswert, sondern notwendig und lebenswichtig. Die Gründe dafür liefern wiederum anthropologische Einsichten. Der Mensch kommt nicht mit voller Lebens- und Handlungsfähigkeit auf die Welt, sondern als „Mängelwesen". Dies trifft selbstverständlich auch für die Fähigkeit zu, sich gekonnt zu bewegen. Das Tier etwa ist im Unterschied zum Mensch mit einem sicheren Instinkt ausgestattet und verfügt von Geburt an über die meisten Bewegungsweisen, die es zum Überleben benötigt. Was auf den ersten Blick wie ein Vorteil aussehen könnte, erweist sich jedoch als entscheidende Einschränkung. Denn die angeborenen Fähigkeiten der Tiere beziehen sich auf eine besondere Umwelt. Ihre Lebensfähigkeit ist auf diese spezifischen Umweltbedingungen begrenzt. Der Mensch dagegen ist **(um)weltoffen**. Zwar muss er zunächst alle lebensnotwendigen Handlungsweisen erwerben – eben auch seine Bewegungsfähigkeit ausbilden –, aber genau dafür ist er auch ausgestattet: Er ist entwicklungs- und lernfähig. Mithilfe dieses Vermögens kann er sich nicht nur an verschiedene und wechselnde Umweltbedingungen anpassen, er nimmt aktiv Einfluss auf seine Umwelt und gestaltet und verändert sie produktiv mit. Entwicklungsbedürftigkeit und Entwicklungsfähigkeit des Menschen sind unmittelbar miteinander verknüpft. Dies gilt uneingeschränkt auch für die Bewegungsentwicklung.

Aus diesem Umstand ergibt sich eine bedeutsame pädagogische Verpflichtung: Da Heranwachsende ein Anrecht auf die volle Verfügbarkeit ihrer Fähigkeiten haben, sind die für die Entwicklung von Kindern und Jugendlichen unverzichtbaren Körper- und Bewegungserfahrungen anzuregen und die für eine selbstbestimmte und verantwortungsvolle Lebensführung notwendigen Bewegungsfertigkeiten auszubilden.

(3) Neben der Leiblichkeit und der Bewegung ist das **Spiel** ein drittes Grundphänomen. Anthropologisch gedeutet ist der Mensch von seinem Wesen her darauf angelegt, zu spielen und sich im Spiel und durch Spiel zu entwickeln. Als eine elementare Lebenskategorie wird das Spiel häufig als Gegenwelt zum Alltag und zur Arbeit ausgewiesen und durch die Ungebundenheit und Freiheit des Tuns charakterisiert. Die Besonderheit des Spiels wird dann über die Konstruktion eines grundlegenden Gegensatzes herausgestellt: Im Unterschied zu menschlichen Tätigkeiten, die zur Lebenssicherung notwendig sind und ernsthaften Charakter haben, ist das Spiel – nach Auffassung dieser Position – überflüssig und zweckfrei, findet freiwillig statt und ermöglicht ein unverbindliches und offenes Handeln.

Solche Sichtweisen sind überarbeitet worden. Aktuelle Ansätze sehen das Wesen des Spiels eher durch seine besonderen Gegenläufigkeiten und Widersprüche bestimmt. Diese werden im Spiel in einen Handlungszusammenhang gestellt und dort vereint. Das Spiel ist als ein Prozess zu verstehen, der zwischen polaren Gegensätzen Spannungen erzeugt. Man spricht von einer dialektischen Struktur des Spiels und meint damit das wechselweise Einwirken widersprüchlicher Momente wie Ordnung und Unordnung, Erfolg und Misserfolg, Miteinander und Gegeneinander, Sieg und Niederlage, Sicherheit und Unsicherheit, Freiheit und Gebundenheit. Tätigkeiten, die derartige Spannungsmomente beinhalten, werden als reizvoll oder sogar als lustvoll erlebt. Der Reiz liegt in der Tätigkeit selbst, die Befriedigung wird im Augenblick des Tuns erlebt: Man spielt um des Spielens willen.

Die besondere pädagogische Bedeutung des Spiels besteht darin: Gerade weil sich das menschliche Dasein nicht nur auf seine biologische Existenz begrenzt, sind „überflüssige“ Lebensäußerungen wie das Spiel möglich und notwendig. Spiele bieten die ausgezeichnete pädagogische Chance, die Erfahrung einer erfüllten Gegenwart und eines sich selbst motivierenden Handelns hervorzubringen. Heranwachsende haben ein Anrecht darauf, dass ihnen auch in der Schule intensive und vielfältige Erlebnisse der unmittelbaren Freude am Tun ermöglicht und der lebensbereichernde Genuss solcher Situationen erschlossen werden, wie das bei den vielfältigen Spielaktivitäten im Schulsport geschieht.

Die pädagogische Bedeutung des Spiels reicht weiter. Der Mensch ist ein soziales Wesen. Die anthropologische Grundkategorie der **Soziabilität** sagt aus: Der Mensch als Individuum existiert und kann nur existieren in der Gemeinschaft mit anderen Menschen. Er ist auf seine Mitmenschen angewiesen. Sein eigenes Handeln ist maßgeblich bestimmt durch das soziale und kulturelle Feld, dem er angehört, und durch die Werte und Normen, die dort vorherrschen. Der Zusammenhang zwischen dieser anthropologischen Grundbestimmung des Menschen und dem Spiel liegt auf der Hand: Spiele nehmen Grundmuster unseres gemeinsamen Lebens auf. Situationen und Aufgaben, die auch in anderen Lebensbereichen typisch sind, können im Spiel modellhaft dargestellt und sozusagen probeweise durchgespielt werden. Auf diesem Weg können in Spielen die Handlungsweisen und -regeln erworben werden, wie sie ebenfalls im Rahmen eines geordneten und vernünftigen Zusammenlebens üblich und sinnvoll sind. Der Sportunterricht bietet dazu geeignete Anlässe.

Die dargestellten anthropologischen Zusammenhänge liefern nun das grundsätzliche Argument für die Rechtfertigung des Faches Sport an Schulen: Eine volle und umfangreiche Verfügbarkeit des Menschen über seine körperlichen Leistungsmöglichkeiten und seine Bewegungs- und Spielfähigkeiten ist grundlegendes Ziel jeder Erziehung. Da die Entwicklung dieser Fähigkeiten nicht nur für sich genommen notwendig ist, sondern unter dem Aspekt der Ganzheitlichkeit im Zusammenwirken mit den intellektuellen, sozialen und emotionalen Aspekten auch die Gesamtentwicklung des Menschen nachhaltig fördert, ist der Sportunterricht für die Erziehung der Heranwachsenden unbedingt notwendig. Er ist verantwortlich dafür, dass in der Schule Leibes-, Bewegungs- und Spielerziehung stattfinden.

Anthropologische Annahmen und Aussagen zu Körper, Bewegung und Spiel sind in unserem Fach vor allem von Ommo GRUPE formuliert worden. Die Grundgedanken lassen sich in seinen Beiträgen von 1985 und 1995 nachlesen. In der Sportpädagogik stellen anthropologische Erkenntnisse mittlerweile ein zentrales Leitthema dar (vgl. GRUPE & KRÜGER, 1997; PROHL, 1999).

2 Welchen Beitrag kann der Sport zu den Erziehungsaufgaben der Schule leisten?

Die Schule ist eine pädagogische Institution. Sie hat einen Bildungs- und Erziehungsauftrag. Er besteht darin, die Schüler ihren Voraussetzungen und Fähigkeiten entsprechend zu fördern und für die aktive Teilhabe am gesellschaftlichen Leben zu qualifizieren. Alle Schulfächer stehen in der Verantwortung, an diesem Gesamtauftrag mitzuarbeiten. Wenn sie also den Nachweis führen wollen, dass sie mit Recht in der Schule verankert sind, müssen sie schlüssige Antworten auf die eine Frage vorlegen: Welchen Beitrag leistet das Fach für die Einlösung schulischer Erziehungsaufgaben?

Was für alle Fächer gilt, trifft selbstverständlich auch auf den Sport zu. Gefragt ist nach dem fächerübergreifenden Erziehungspotenzial des Sportunterrichts. Der schulische Stellenwert des Sports ist davon abhängig, welchen Beitrag er zur Gesamterziehung des jungen Menschen leistet. Nun ist Sportunterricht aus vielen Perspektiven stichhaltig begründbar:

Leistungserziehung: Eigenes Können ist ein wesentlicher Baustein der Persönlichkeitsentwicklung. Leistungs- und Erfolgserlebnisse ermöglichen dem Individuum, sich selbst kennen zu lernen und eine sichere Identität zu entwickeln.

Wie kaum ein anderes Fach bietet der Sportunterricht die Chance, die Entwicklung leistungsmotivierten Handelns zu fördern: Ausbildung von Vertrauen in die eigene Leistungsfähigkeit und Zuversicht in das Vermögen, Anforderungen und Belastungen kraft eigener Anstrengung bewältigen zu können; Unterstützung beim Aufsuchen von Herausforderungen; Entwicklung von Motivation und Bereitschaft, sich Ziele zu setzen und diese konsequent und kontinuierlich zu verfolgen, sich dabei anzustrengen und bei Erfolg die Ergebnisse des Handelns auf die eigenen Fähigkeiten zurückzuführen. Der Sport hält eine Fülle von attraktiven und anregenden Situationen für leistungs- und erfolgsorientierte Tätigkeiten bereit.

Zunächst ist grundsätzlich festzuhalten: Zur Leistung wird eine Handlung, wenn sie nach der Maßgabe anerkannter Kriterien bewertet wird. Der qualifizierende Akt des Bewertens bedeutet, dass ein Handlungsresultat zu einem Maßstab in Beziehung gesetzt wird. Leisten hat damit zu tun, dass Handlungen verglichen werden. Diesen Vergleich kann man mit sich selbst, mit anderen oder mit bestimmten sachlichen Bezugsnormen anstellen. In diesem Verständnis sind

Leistungen sowohl aus gesellschaftlicher wie aus individueller Sicht etwas Wünschens- und Erstrebenswertes. Es gibt in allen Bereichen einer Gesellschaft Leistungen, die für das soziale Leben besonderen Wert besitzen und deshalb angestrebt und öffentlich hervorgehoben werden, und für viele Bereiche des sozialen Lebens gelten weithin bekannte und notwendige Mindeststandards für jene, die in diesen gesellschaftlichen Feldern aktiv sind und Verantwortung tragen. Die Aufnahme etwa in das Berufsleben ist aus guten Gründen mit dem Nachweis bestimmter Leistungsvoraussetzungen verknüpft.

Das Verständnis des Leistungsbegriffs ist aber noch unvollständig. Es geht nicht nur um fremdgestellte Anforderungen, sondern auch um die Freude an selbstgewählten Tätigkeiten. Jedes Individuum hat das – wohl unterschiedlich ausgeprägte – Bedürfnis, selbst etwas zu vollbringen und zu bewirken, sowie den Wunsch, dieses Tun gut zu realisieren. Der Mensch sucht sich selbst in der Tätigkeit zu erfahren und zu verwirklichen. Er braucht – und genießt – die Faszination einer erfolgreichen Tätigkeit und die Bestätigung des Erfolgs durch andere.

Mit der Vielfalt und Differenziertheit sportlicher Betätigungsformen ergibt sich für den Schulsport ein erhebliches pädagogisches Potenzial für Erfahrungen mit den eigenen Fähigkeiten. Sportunterricht zeigt auf, wozu man imstande ist, was man zu leisten vermag – und was (noch) nicht. Man kann seine eigenen Voraussetzungen und Möglichkeiten erkennen und individuelle Maßstäbe ausbilden, man kann sich selbst einschätzen und sein Können realistisch beurteilen. Wer sich als Könner erfährt, stärkt und stabilisiert sein Selbstbewusstsein. Mit der Erfahrung der eigenen Kompetenz entwickelt sich das Gefühl des eigenen Werts. Gesteigertes Selbstwertgefühl lässt einen optimistischer und zuversichtlicher an neue Aufgaben und Anforderungen herangehen, als dies bei Unsicherheit und Ängstlichkeit der Fall ist. Positive Erlebnisse und die damit verbundenen persönlichen Sicherheiten geben eine günstige Grundlage dafür ab, Aktivitäten gemeinsam mit anderen aufzunehmen und erfolgreich zu gestalten.

Viele Leistungen im Sport haben einen enormen Vorteil: Sie sind klar und eindeutig, zumeist problemlos zu erkennen, manchmal sogar messbar. Körperliches Vermögen, Geschicklichkeit, Bewegungsfähigkeit und sportliches Können sind in der Regel für sich selbst und für andere unumstößlich nachweisbar: Wie schnell und wie lange kann ich laufen und wie verändert sich das von Schuljahr zu Schuljahr? Die Ergebnisse sind handfeste Beweise für Fortschritte in der eigenen Entwicklung als Heranwachsender. Und die Maßstäbe können Erwachsene – wie es in manchen anderen Bereichen möglich ist – nicht weg- oder schönreden. Man kann sich sogar ohne ihre Hilfe verständigen, wer geschickter, schneller, stärker und erfolgreicher ist. Wie weit und wie hoch kann man springen und wie verändert sich dies durch Training der Sprungkraft und Üben der Sprungtechnik? Die Ergebnisse sind handfeste Beweise für die eigene Leistungsfähigkeit und dokumentieren die Erfahrung, dass man sich durch eigene, kontinuierliche Anstrengung verbessern kann. Sport eignet sich zur verlässlichen Selbstevaluation.

Der Sport profitiert von seiner Verbreitung, seinem Bekanntheitsgrad und der Akzeptanz und Allgemeingültigkeit seiner Leistungsmaßstäbe und Bezugsnormen. Was im Sport etwas wert ist, bedarf keiner komplizierten und im Ergebnis unverständlichen Verhandlungsprozedur. Aber genauso gilt: Die Gütemaßstäbe im Sport beruhen auf Vereinbarungen. Aus den prinzipiell unendlich vielen Bewegungsmöglichkeiten hat der Sport eine begrenzte Anzahl herausgegriffen. Diese sind weithin – ja international – nicht nur bekannt, sondern anerkannt, können aber auch jederzeit verändert werden – und darin liegt ein Teil der Attraktivität und Faszination des Sports.

Der qualifizierende Akt des Bewertens verlangt zwar einen Maßstab, dieser kann aber selbstgewählt und an die individuellen Möglichkeiten angepasst sein. Zur Feststellung der Leistung sind messbare Vergleiche möglich, aber nicht zwingend notwendig. Im Grunde zählt die Erlebnisqualität der Könnenserfahrungen. Das Gütekriterium lässt Spielraum für individuelle Interpretationen und ergibt sich aus der Aufgabe selbst. Die Bewältigung eines Skihangs, das Gelingen einer Kunstfertigkeit auf dem Skateboard, das prickelnde Gefühl beim Sprung vom 10-m-Turm – der Sport bietet ein großes Feld für sehr dichte, unmittelbare und ich-bedeutsame Erlebnisse und Erfahrungen eigenen Könnens mit erheblichen Wirkungen für die Entwicklung eines zuversichtlichen und realistischen Selbstbildes und eines positiven Selbstwertgefühls. Für die Überzeugung eigener Kompetenz und Selbstwirksamkeit ist dies unverzichtbar. Aufgrund der persönlichen Bedeutung dieser positiven Erfahrungen ist es nicht ausgeschlossen, dass im Sport erworbene Muster auf andere Lebensbereiche übertragen werden.

Sozialerziehung: Ein humanes Zusammenleben setzt voraus, dass die einzelnen Gesellschaftsmitglieder soziale Werte anerkennen, zur Leitlinie ihres Handelns machen und zu gemeinschaftlichem Handeln fähig sind. Der Erwerb und die Verfügbarkeit sozialer Kompetenzen sind daher von großer Bedeutung. Erziehung und Bildung sind ohne soziales Lernen nicht denkbar.

Schulsport gibt ein geradezu ideales Feld für soziale Lernprozesse ab. Wie kaum ein anderes Schulfach kann der Sportunterricht den Schülern Modelle für geeignete Formen des sozialen Miteinanders und Zusammenlebens liefern und ihnen Erfahrungen und Qualifikationen vermitteln, die für ein kooperatives, rücksichtsvolles, faires und tolerantes Handeln notwendig sind.

Soziales Verhalten ist ein öffentliches Thema. Beklagt wird, dass die Bedeutung sozialer Werte insgesamt für ein ziviles Zusammenleben in unserer Gesellschaft geringer geworden sei und nicht mehr die Wertschätzung genieße, die für den Zusammenhalt in der Gesellschaft notwendig ist. Vor allem wird angemahnt, dass es Kindern und Jugendlichen an den notwendigen sozialen Kompetenzen fehle. Dies macht sich nicht nur in Schulen bemerkbar, in denen das unzureichende Sozialverhalten der Schüler zu einem massiven Problem geworden ist. Auch außerhalb der Schule finden sich zunehmend Verhaltensweisen, die durch ein übertriebenes Konkurrenzdenken und die rücksichtslose Durchsetzung eigener Interessen auf Kosten anderer bestimmt sind.

Schwindende soziale Kompetenzen gehen offenbar mit den gewandelten Bedingungen des Aufwachsens einher. Festgestellt wird ein Trend zu einer stärkeren Individualisierung und ein Anstieg selbstbezogener Interessen. Glück und Genuss des Einzelnen sind wichtiger als Werthaltungen wie Hilfsbereitschaft, Rücksichtnahme und Verantwortungsbewusstsein. Im Zuge dieser Entwicklungen werden Forderungen laut: Die Schule müsse sich verstärkt dieser Erziehungsaufgabe annehmen und mehr Zeit für das soziale Lernen aufwenden, sie solle die sozialen Kompetenzen der Schüler fördern und Fähigkeiten vermitteln, die für ein verträgliches Zusammenleben notwendig sind.

Bei der Vermittlung sozialer Kompetenzen, Einstellungen und Werthaltungen kann der Sport einen grundlegenden Beitrag leisten: Im Sport sind motorisches und soziales Handeln eng miteinander verknüpft. Einerseits sind motorische Qualifikationen Voraussetzung für gemeinsame Aktionen (Passen und Fangen, Block stellen etc.), andererseits bestimmen soziale Qualifikationen das motorische Handeln (den Ball an den besser postierten Mitspieler abspielen). Im Sport ist das soziale Miteinander kein mehr oder weniger freiwilliges und überflüssiges Anhängsel. Soziale Aktionen stellen im Sport eine Notwendigkeit dar. Sie ergeben sich aus seiner Anforderungsstruktur, und vielfach bestimmen sie seine charakteristischen Aufgaben. Ein Sportspiel kann erst stattfinden, wenn mehrere Spieler zusammenkommen, sich absprechen und auf Regeln einigen. Die aktive Teilnahme an Spielen und Wettkämpfen verlangt die Bereitschaft und praktische Fähigkeit zum regelgerechten, gemeinsamen Handeln. Der Sport ist daher ein ideales Feld sozialen Lernens.

Da es im Sport darum geht, miteinander zu handeln, ist ein kooperatives und auf Verständigung ausgerichtetes Vorgehen nötig. Interaktions- und Kommunikationsprozesse durchdringen den Sport. Sie finden nicht nur während der Aktivitäten, sondern auch vorher und nachher statt. Sinnverständigung, Handlungsabsprachen, Regelübereinkommen, Konfliktlösungen, Kompromissvereinbarungen sind allesamt Voraussetzung und Bestandteil des Sporttreibens. Falls ein befriedigendes Sporttreiben nicht gelingt, kann diese Situation Anlass und Ausgangspunkt sein, sich neu zu verständigen. Dabei lernt man, seine eigenen Bedürfnisse und Ideen vorzubringen, die Interessen und Wünsche anderer zu verstehen, sich in deren Lage und Sichtweise hineinzuversetzen und auch dann noch mitzumachen, wenn die eigenen Vorstellungen nicht vollständig realisiert werden. Sport ist im Prinzip dem Gedanken der Fairness verpflichtet. Soziale Werthaltungen wie Anerkennung der Regeln, Achtung des Gegners, Ehrlichkeit und Verzicht auf unerlaubte Vorteilnahme sind eng mit dem Sport verbunden. Diese Gedanken sind nicht nur Leitlinien sportlichen Handelns, sondern grundlegend für eine Gesellschaft, die sich als Gemeinwesen versteht und an sozialen Werten orientiert.

Im Unterschied zu anderen Schulfächern besteht die besondere Möglichkeit des Sportunterrichts darin, dass soziale Werte und Einstellungen nicht nur auf dem Wege der verbalen Vermittlung und theoretisch-reflexiven Aufarbeitung, sondern in der handelnden Auseinandersetzung mit praktischen Aufgaben vermittelt werden. Soziale Prozesse werden leibhaftig und umso intensiver erlebt.

Gesundheitserziehung: Körperliche Leistungsfähigkeit, Gesundheit und Wohlbefinden sind maßgebliche Voraussetzungen für ein sinnerfülltes und zufrieden stellendes Leben. Für eine gesunde Lebensführung sind Fähigkeiten und Kompetenzen notwendig, mit deren Hilfe die Anforderungen und Belastungen des Alltags zu bewältigen sind. Der erfolgreiche Umgang mit den gestellten Lebensaufgaben steigert das Selbstwertgefühl und fördert ein positives Selbstkonzept.

Der herausragende Beitrag des Schulsports zur Gesundheitserziehung ist darin zu sehen, dass er Mittel und Wege zeigt, wie die eigene Gesundheit nachhaltig zu stärken ist. Sportliche Bewegung gehört zu den wirksamsten Gesundheitspraktiken mit nachweislichen Folgen nicht nur für die körperliche Verfassung, sondern auch für die psychosoziale Befindlichkeit. Im Schulsport kann auf geeignete Weise die Überzeugung vermittelt werden, dass die eigene Gesundheit aktiv zu beeinflussen und zu stabilisieren ist.

Gesundheit ist ein individueller und gesellschaftlicher Wert von außerordentlicher Bedeutung. Allerdings wird dem Einzelnen für eine gesunde Lebensführung einiges abverlangt. Gesund zu leben setzt anspruchsvolle Fähigkeiten voraus, die nicht ohne besondere Anstrengungen zu erwerben sind. Denn hinter Gesundheit verbirgt sich ein aufwendiger und komplexer Balanceakt zwischen den gegebenen Lebensumständen und den eigenen Möglichkeiten, die Lebensaufgaben angemessen zu bewerkstelligen.

Für die eine Person stellen die Aufgaben und Anforderungen des Lebensalltags Belastungen dar. Ohne entsprechende eigene Fähigkeiten werden sie als Überforderungen wahrgenommen und lösen Stress aus. Wenn es nicht gelingt, Bewältigungsstrategien zu erwerben und kompetent einzusetzen, kann das gesundheitliche Gleichgewicht gestört sein. Andere sehen in Anforderungen positive Herausforderungen. Vorausgesetzt, man verfügt über Kompetenzen zur Bewältigung der Belastungen und ist von der eigenen Fähigkeit überzeugt, diese Kompetenzen wirksam einsetzen zu können, werden Aufgaben nicht nur gelöst, sie werden als sinnvoll und lebensbereichernd wahrgenommen. Also: Gesundheit ist als ein dynamisches Gleichgewicht zu verstehen. Dieser Zustand ist gegeben, wenn die Person sich in Einklang mit den eigenen Möglichkeiten und Zielvorstellungen und in Einklang mit den gegebenen äußeren Lebensbedingungen befindet. Die Gesundheit ist beeinträchtigt, wenn sich Anforderungen ergeben, die von der Person nicht bewältigt werden können. Gesundheit ist ein Balancezustand, der zu jedem lebensgeschichtlichen Zeitpunkt immer neu hergestellt werden muss.

Bei der Gesundheitserziehung wird es darauf ankommen, Fähigkeiten für die Aufrechterhaltung des Balancezustandes auszubilden. Mit diesen Fähigkeiten verfügt eine Person über die Ressourcen, mit deren Hilfe sie auf Belastungen und Anforderungen kompetent reagieren, mit Spannungszuständen und Konflikten positiv umgehen sowie das eigene Wohlbefinden selbst herstellen kann. Gesundheitsressourcen beziehen sich auf die physischen, psychischen und sozialen Voraussetzungen für eine gesunde Lebensführung. Dazu bietet der Sport ausgezeichnete Möglichkeiten. Es ist bekannt, dass Bewegungsaktivitäten entscheidend zur Stärkung der physischen Gesundheitsressourcen beitragen.

Das größte menschliche Organ, das Muskelsystem, wird durch Sport angeregt und in folge dessen werden gesundheitsrelevante Anpassungsprozesse des gesamten Organismus ausgelöst. Darüber hinaus gibt es eine Fülle von Sportaktivitäten, die in besonderer Weise geeignet sind, die psychosozialen Gesundheitsressourcen zu stärken.

Die pädagogischen Möglichkeiten des Schulsports sind nicht darauf begrenzt, Gesundheitspraktiken zu vermitteln und einzuüben. Sie gehen weiter: Im Sportunterricht können Schüler unmittelbar spüren, welche Bewegungen ihnen gut tun, und zugleich begreifen, warum dies so ist. Eigene Handlungserfahrungen sind nach wie vor die wichtigsten, weil überzeugendsten Informationsquellen. Wer die konkrete Erfahrung gemacht hat, dass sportliche Aktivität die körperliche Leistungsfähigkeit steigert und das Wohlbefinden verbessert, entwickelt die Erwartungshaltung, dass dieses Verhalten auch in Zukunft die gleichen Erfolge erzielt. Wer die konkrete Erfahrung gemacht hat, wie Sport anzulegen ist, damit er die gewünschten Effekte für die eigene Fitness hat, wird die Gewissheit entwickeln, dies auch in Zukunft mit Erfolg zu verwirklichen. Wer diese Erfahrungen reflektiert und zu geordneter Erkenntnis macht, weiß auch in Zukunft genau, was zu tun ist, wenn Sporttreiben die eigene Gesundheit fördern soll. Bemerkenswerte pädagogische Chancen des Sportunterrichts erschließen sich dadurch, dass Sport eine Aktivitätsform ist, bei der man sogar mit großer Freude etwas für seine Gesundheit tun kann.

Ästhetische Erziehung: Gerade in der modernen, durch Medien dominierten Welt erfahren wir die Wirklichkeit in zunehmendem Maße „aus zweiter Hand“. An die Stelle eigener Erfahrung tritt immer mehr eine medial aufbereitete und inszenierte Wirklichkeitsvermittlung. Bewegung, Spiel und Sport bieten günstige Anlässe, authentische Erfahrungen zu eröffnen und die Voraussetzungen für diese Erfahrungen durch die Entwicklung des individuellen Bewegungsrepertoires zu fördern. In Zeiten oft stillgelegter Körperlichkeit und eingeschränkter Bewegungs- und Wahrnehmungsgelegenheiten wächst die Verantwortung der Schulen zur ästhetischen Erziehung.

Ästhetisches Handeln heißt, Dinge über die sinnliche Wahrnehmung zu erfassen und Dinge auf diese Wahrnehmung hin hervorzubringen und zu gestalten. Ästhetische Erfahrungen sind somit von grundlegender Bedeutung. Indem sie das sinnliche Wahrnehmungsvermögen des Menschen herausfordern, liefern sie eine eigenständige Zugangsweise zur Wirklichkeit und bilden die Grundlage jeder eigenen Erfahrung. Unmittelbar – sozusagen leibhaftig – erlebte Erfahrungen sind untrennbar an die eigene Person geknüpft und stellen einen sicheren und beständigen Grundstock eigener Erkenntnis und Einsicht.

Schulen können ihrer Verpflichtung zur ästhetischen Erziehung ohne den Beitrag des Schulsports kaum gerecht werden. Der Sportunterricht bietet günstige und reichhaltige Voraussetzungen, sich mit dem sinnlichen Erfahrungsvermögen zu beschäftigen und sich um die Entwicklung und Gestaltung sinnlicher Ausdrucksformen zu bemühen. Bewegung, Spiel und Sport aktivieren auf intensive Weise Wahrnehmungsprozesse und das Zusammenspiel aller Sinne. Die Sensibilität für die eigene Wahrnehmungsfähigkeit wird angeregt und erhöht. Körper- und Bewegungserfahrungen werden intensiv empfunden und lösen eigenartige Stimmungen aus. Tiefe Gefühle mit den üblichen Mitteln unserer Sprache zum Ausdruck bringen zu wollen, stößt verständlicherweise schnell an eine Grenze. Um etwa „unsagbares" Leid und „unbeschreibliche" Freude mitzuteilen, hat der Mensch ästhetische Ausdrucksformen entwickelt und kultiviert. Im Sportunterricht besteht die Möglichkeit, über Bewegung etwas zum Ausdruck zu bringen. Gleichklang, Harmonie, Eleganz und Rhythmus der Bewegung spielen dabei eine bedeutende Rolle.

Mit den dargestellten Erziehungsaufgaben des Schulsports haben sich eine ganze Reihe von Autoren beschäftigt. Nicht alle können aufgeführt und für die im Folgenden Genannten kann nicht auf alle ihrer einschlägigen Beiträge verwiesen werden. Ralf ERDMANN (1995) & Gerburgis WESSLING-LÜNNEMANN (1985) haben sich mit Fragen der Leistungserziehung, Eckart BALZ (1998), Uwe PÜHSE (1990) & Ulrike UNGERER-RÖHRICH (1984) mit dem Thema soziales Lernen beschäftigt. Das Thema Gesundheitserziehung haben Dieter BRODTMANN (1998) sowie Lutz KOTTMANN & Doris KÜPPER (1999) und die ästhetische Erziehung Ursula FRITSCH (1999) bearbeitet. Einen Überblick über die verschiedenen Erziehungspotenziale gibt das von Eckart BALZ & Peter NEUMANN (1997) herausgegebene Buch mit dem Titel „Wie pädagogisch soll der Schulsport sein?". Auf die besonderen Beiträge, die der Schulsport zur interkulturellen Erziehung (DIETRICH, 1994), Friedenserziehung (GÜNZEL, 1999), Geschlechtererziehung (KUGELMANN, 1999), Umwelterziehung (KRONBICHLER & KUHN, 2000) und Sicherheitserziehung (HÜBNER & HUNDELOH, 1997) leisten kann, sei an dieser Stelle nur hingewiesen.

3 Soll Schule zur Handlungsfähigkeit im Sport qualifizieren?

Zum Erziehungsauftrag der Schulen gehört es, die nachwachsende Generation in die kulturellen Traditionen der Gesellschaft einzuführen und für die aktive und mündige Teilhabe an wichtigen Lebensbereichen zu qualifizieren.

Der Sport ist ein bedeutsames Kulturgut moderner Gesellschaften. In einer langen Tradition haben sich typische Formen motorischer Handlungsweisen herausgebildet. Im Zuge dieser Entwicklung sind aus der großen Fülle von Bewegungsmöglichkeiten durch Normierungen, Regelungen und Festschreibungen diejenigen Realisierungsformen ausgewählt worden, die dem Verständnis der Menschen nach als sportliche Aktivitäten angesehen werden. Innerhalb der Vielfalt körperlicher Betätigungsformen ist der Sport ein Ausschnitt aus unserer gesamten Bewegungs- und Spielkultur. Aufgrund seiner weltweiten Verbreitung und Bekanntheit, seiner öffentlichen Präsenz und Popularität, seiner wertvollen Potenziale und Wirkungen im Zusammenhang etwa der Freizeitgestaltung, Gesundheitsförderung und sozialen Integration steigt seine individuelle und gesellschaftliche Relevanz in zunehmendem Maße.

Was jeweils als Sport anzusehen ist, beruht auf sozialen Vereinbarungen. Diese haben sich entwickelt und entwickeln sich weiter. Sport ist durch die jeweilige historische Zeit geprägt und steht unter dem Einfluss verschiedener gesellschaftlicher Leitideen und Wertorientierungen. Der moderne Sport verbindet Bewegungen mit kulturellen Bedeutungen und Sinnrichtungen wie etwa Leistung, Fairness, Gesundheit, Geselligkeit oder Ästhetik. Diese Prinzipien sind es, die aus einer Bewegungshandlung mehr machen als nur eine körperliche Betätigung. Heute gehört zum Sport – einem weiten Verständnis nach – der institutionalisierte Sport mit seinen vorab definierten und fest geregelten Sportarten und die gesamte Bandbreite sportiver Spiel- und Bewegungsaktivitäten, die, je nach Situation und Bedürfnissen der Teilnehmer, neu ausgelegt, geregelt und variiert werden können. Drei Merkmale kennzeichnen den Sport: seine Sinndimension, seine Bewegungsdimension und seine Belastungsdimension. Diese Merkmale weisen zugleich auf die Anforderungen hin, die sich an jeden stellen, der aktiv am Sport teilnehmen will.

Für den Sport gilt zum Ersten: Es gibt nicht den einen Sinn des Sports, sondern Sport kann auf unterschiedliche Weise als sinnvoll erfahren und mit Sinn belegt werden. Diese **Sinnvielfalt** wird deutlich, wenn man Menschen danach fragt, welchen Sinn für sie der Sport hat, was ihnen daran gefällt und warum sie ihn betreiben. Menschen suchen im Sport den körperlichen Ausgleich, die körperliche Beanspruchung und das aus ihr hervorgehende Wohlbefinden; sie erwarten vom Sport positive Wirkungen auf ihre Gesundheit und ihre Figur. Sie möchten den Reiz und die Sensationen genießen, die in den Bewegungen selbst liegen und manchmal in besonderer Weise als „lustvoll“ erlebt werden können. Sie möchten Bewegungen so ausführen können, dass sie einem selbst und anderen gekonnt, kunstvoll, beeindruckend, schön erscheinen. Sie wollen sich etwas vornehmen, etwas abverlangen, sich an Aufgaben messen und mit anderen vergleichen; sie wollen ihre Möglichkeiten und Grenzen erleben und erkennen, ein Bewusstsein des eigenen Werts und die Anerkennung anderer bekommen. Sie suchen Risiken und Sensationen, die sie zwar etwas angehen, aber nicht bedrohen; sie suchen Situationen mit einem offenen Ausgang, in denen sie den besonderen Reiz des Ungewissen genießen können und das befreite Gefühl danach. Sie suchen das Zusammensein mit anderen, das Gefühl von Gemeinschaft und Geborgenheit, von Zusammengehörigkeit und Solidarität. So lassen sich sportliche Aktivitäten unter den Sinnperspektiven Gesundheit, Eindruck, Ausdruck, Leistung, Spannung und Miteinander auslegen und ordnen.

Zum Zweiten: Sport konkretisiert sich in typischen Aktivitätsweisen. Die unterschiedlichen **Formen und Inhalte sportlicher Betätigung** lassen sich zu charakteristischen Bereichen zusammennehmen, die im üblichen Sprachgebrauch als Sportarten bezeichnet werden. Deren Anzahl und Ausdifferenziertheit ist mittlerweile kaum noch zu überblicken. Das Spektrum reicht vom weltweit verbreiteten Kern olympischer Sportarten und den traditionellen Angeboten des in Fachverbänden und Sportvereinen organisierten Wettkampfsports bis hin zu den aktuellen Bewegungsmoden und Szenesportarten, die oft informell betrieben werden und nicht an bestehende Institutionen und feste Organisationsstrukturen gebunden sind.

Und drittens: In den verschiedenen Situationen des Sports wird ein mehr oder weniger hohes Niveau körperlicher Leistungsfähigkeit gefordert. Es werden **konditionelle und koordinative Fähigkeiten** unterschieden. Die konditionellen Fähigkeiten sind die Ausdauer und die Kraft. Die koordinativen Fähigkeiten lassen sich nach Fähigkeiten zur genauen Kontrolle von Bewegungen und Fähigkeiten zur präzisen Bewegungsausführung unter Zeitdruck unterscheiden. Zur körperlichen Leistungsfähigkeit gehören weiterhin die Schnelligkeit und die Beweglichkeit. Beide sind als Mischformen mit Anteilen sowohl aus dem konditionellen als auch aus dem koordinativen Fähigkeitsbereich anzusehen.

Für die Schule, die für die Einführung der Heranwachsenden in die bedeutsamen gesellschaftlichen Handlungsfelder verantwortlich ist, ergeben sich aus den Anforderungsstrukturen des Sports pädagogische Verpflichtungen und Orientierungslinien zugleich. Sie hat die Aufgabe, die grundlegenden Qualifikationen zu vermitteln, die Kinder und Jugendliche zur selbständigen und mündigen Teilnahme am Sporttreiben neben und nach der Schule befähigen: Schülern ist die Bewegungs-, Spiel- und Sportkultur zu erschließen. Bezugspunkt ist dabei die gesellschaftliche Wirklichkeit des Sports außerhalb der Schule. Wer am außerschulischen Sport teilnehmen will, wird in sporttypischen Anforderungsdimensionen ein bestimmtes Niveau entwickelt haben müssen. Diese Handlungsfähigkeit und -sicherheit auszubilden, ist eine zentrale Aufgabe jeder schulischen Erziehung. Dieser Verantwortung kommt die Schule mit dem Unterrichtsfach Sport nach.

Die pädagogische Rechtfertigung des Schulsports besteht also – neben der anthropologischen Grundlegung des Faches und seinen Beiträgen für die Gesamterziehung der Heranwachsenden – in der Notwendigkeit, Kinder und Jugendliche für den Sport als Teil der gesellschaftlichen Wirklichkeit zu qualifizieren. Üblicherweise wird in diesem Zusammenhang die Formel von der „Handlungsfähigkeit im Sport" gebraucht. Dieser Begriff und der Grundgedanke, dass der Schulsport zur aktiven und mündigen Teilhabe am außerschulischen Sport qualifizieren soll, sind vor allem von Dietrich KURZ vorgetragen und in mehreren Beiträgen ausführlich erläutert worden (KURZ, 1992; 1995). Sein sportdidaktisches Konzept der Handlungsfähigkeit wird in diesem Buch im 2. Kapitel der Lektion 5 dargestellt.

4 Sind die Argumente für das Schulfach Sport stichhaltig und zwingend?

Der Endpunkt der Beschäftigung mit Legitimationsfragen ist keineswegs erreicht, wenn die Berechtigungsgründe für das Fach inhaltlich ausgewiesen sind. Über die Präsenz des Faches an Schulen bestimmen letztlich politische Kräfte. Es sind also diejenigen mit guten Argumenten von der Bedeutung des Faches zu überzeugen, die im Schul- und Bildungssystem Verantwortung tragen. Dies sind die Entscheidungsträger in den Schul- und Kultusministerien und Schulaufsichtsbehörden, Politiker und Vertreter diverser Interessengruppen, die Schulleiter, die Kollegen anderer Fächer, die Eltern – und natürlich die Schüler. Denn deren Zugang zum Schulsport und deren Aufgeschlossenheit für die Absichten des Faches werden grundsätzlich davon bestimmt sein, ob und in welcher Weise sie Einsicht in die Bedeutung des Faches haben.

Wer in diesem politischen Kräftespiel erfolgreich für das Fach eintreten will – die Widerstände verschiedener Interessengruppen sind erheblich und die Konkurrenz der anderen Fächer ist groß –, hat auch die strategische Dimension des Argumentierens zu bedenken. Zur Strategie gehört es, auf Vorbehalte und mögliche Gegenargumente eingestellt zu sein. Diese gibt es vielfach und auf unterschiedlichen Ebenen. Aus der Fülle von kritischen Stellungnahmen gegen eine Argumentation, die die Vorteile des Schulfaches Sport betont, werden drei Punkte herausgenommen.

- **Sind die behaupteten Wirkungen des Sports wissenschaftlich nachgewiesen?**

Nicht alle Erscheinungen und Zusammenhänge unserer Lebenspraxis können so untersucht und aufgeklärt werden, dass die Aussagen den üblichen hohen Standards eines wissenschaftlichen Nachweises standhalten. Empirische Belege werden umso schwerer beizubringen sein, je komplexer das Wirkungsgeflecht ist. Vieles von dem, was der Sport bewirken kann, ist nach strengen wissenschaftlichen Kriterien tatsächlich (noch) nicht belegt. Vieles beruht auf – zwar vernünftigen, aber eben – Annahmen, vieles stützt sich auf Erkenntnisse, denen eine mehr oder weniger reflektierte Erfahrung zugrunde liegt. Viele Wirkungszusammenhänge erscheinen plausibel, d. h., die für den Nachweis angeführte Argumentation ist aufgrund ihrer Differenziertheit und Schlüssigkeit überzeugend. Im Grundsatz trifft zu: Die Effekte des Sports stellen sich sicher erst dann ein, wenn bestimmte günstige Voraussetzungen vorliegen. Dies schließt ein, dass es in anderen Fällen nicht gelingt, die angezielten Wirkungen des Sports zu erreichen, möglicherweise sogar das Gegenteil von dem eintritt, was man in bester Absicht angestrebt hat. *Die* Wirkung *des* Sports auf *den* Menschen gibt es nicht.

Dennoch liegt mittlerweile eine Vielzahl von Untersuchungen vor, die die positiven Auswirkungen des Sports vergleichsweise sicher nachweisen. Die Effekte des Sports auf den Organismus des Menschen sind medizinisch sehr gut untersucht und in die Trainingslehre übersetzt. Unumstritten und vergleichsweise gut belegt sind die unmittelbaren Folgen des Sporttreibens für die Gesundheit und das psychische Wohlbefinden. Das Gleiche gilt für die positiven Einflüsse des Sports auf die körperlichen und motorischen Entwicklungsprozesse. Darüber hinaus gehen aktuelle Untersuchungen von der Annahme aus, dass der Sport – zwar nicht generell, aber in differenzierter Weise – zu einer positiven Veränderung des Selbstkonzepts beiträgt, und es finden sich viele Belege und Nachweise dafür, dass solche Wirkungsweisen möglich sind und eintreten: Sportliche Leistungen sind für die Bewertung der Heranwachsenden untereinander und für ihr Selbstwertgefühl von großer Wichtigkeit; sportliche Aktivitäten können die körperlichen Veränderungen, die für die Heranwachsenden entwicklungstypisch sind, vorteilhaft beeinflussen; Sport ist eine Hilfe, den Umgang mit dem eigenen Körper zu lernen und eine Sicherheit im eigenen Körper – trotz der dynamischen Veränderungsprozesse in der Entwicklung – auszubilden.

- **Ist ausgerechnet der Sport geeignet, die gewünschten Erziehungsziele anzustreben?** Tatsächlich verschärft sich das Legitimationsproblem für den Sport in der Schule dadurch, dass sich die Praxis des Sportunterrichts oft eng an die Standards des außerschulischen Wettkampf- und Leistungssports anlehnt. Solange dieser Sport in seinen üblichen Formen gesellschaftliche Wertschätzung findet und für derart wertvoll gehalten wird, dass er fraglos als taugliches Erziehungsmittel gilt, steht seine Berechtigung kaum zur Debatte. Wenn jedoch dieser Sport – in die Krise geraten – nicht mehr uneingeschränkt anerkannter Inhalt ist und seine Wertmaßstäbe keine wünschenswerten Bezugspunkte für pädagogische Maßnahmen abgeben, tut sich zwangsläufig ein Legitimationsdefizit auf.

Die Krise des Sports ist offensichtlich. Dopingskandale, Betrugsdelikte, Missbrauch im Kinderhochleistungssport, Gewalt auf Spielfeldern und Zuschauertribünen machen ethische Probleme deutlich. Bedauerliche Fehlentwicklungen sind nicht nur im Leistungs-, sondern auch im Breiten- und Freizeitsport zu beobachten, wenn etwa maßloser Ehrgeiz zu rücksichtslosem Verhalten und zur Missachtung der Fairnessregeln führt. Im Rahmen einer konkreten Legitimationsdebatte wird es kaum gelingen, ein einmal ausgebildetes, festes Sportbild zu korrigieren, das einseitig durch seine öffentliche Präsenz und mediale Inszenierung geprägt ist. Vielmehr ist herauszustellen, dass dieser Sport – im

Übrigen ein kleiner Ausschnitt – selbstverständlich nicht der ausschließliche Bezugspunkt für den Schulsport ist, ebenso wenig wie die Standards des internationalen Hochleistungssports einseitig zum Maßstab des pädagogischen Handelns im Schulsport genommen werden.

Sport ist zunächst ein ambivalentes Gebilde. Er ist offen in zwei Richtungen: für Handlungsweisen, die nach moralischen Gesichtspunkten wertvoll sind, ebenso wie für Aktivitäten, die nach denselben Kriterien verwerflich sind. Sport bedarf der praktischen Realisierung. Erst im Vollzug des sportlichen Handelns zeigt sich, ob er gelingt oder nicht, ob er gut ist oder schlecht – möglich ist beides. Auf die Ausgangsfrage nach der Eignung des Sports für Erziehungsaufgaben bezogen, heißt das: Es ist naiv, anzunehmen, die dem Sport – zu Recht – zugeschriebenen pädagogischen Wirkungen würden sich mit jeder Art von Sport und in jeweils gleicher Qualität einstellen. Da es nicht gleichgültig ist, welcher Sport in die Schule Eingang findet, ist vorab eine an pädagogischen Kriterien orientierte Prüfung und Auswahl vorzunehmen. Dabei ist zum einen zu untersuchen, welche für das Individuum entwicklungsförderlichen Erfahrungen die verschiedenen Bewegungs- und Sportaktivitäten bereithalten. Dabei ist zum anderen zu klären, welche gesellschaftlich bedeutsamen Qualifikationen sich mithilfe des Sports ausbilden lassen.

Für die Schüler ist mit einem pädagogisch ausgewählten und zugeschnittenen Sport beabsichtigt, dass sie die vorgefundenen, ihnen zumeist selbstverständlichen Formen des Sports kritisch reflektieren und verändern können, ihre Orientierungs- und Handlungsmuster erweitern und zu einer aufgeklärten, gleichwohl befriedigenden Teilnahme am Sport befähigt werden.

- **Sind die in Aussicht gestellten Wirkungen des Schulfaches Sport realistisch?**

Mit der kritischen Erörterung der Realisierungschancen für die Erziehungspotenziale des Schulsports ist ein zweischneidiges Problem aufgeworfen. Einerseits ist es vernünftig, überzogene Ansprüche an die pädagogischen Aufgaben des Faches zu diskutieren und unter Umständen zurückzuweisen. Denn zu hoch gegriffene Erwartungen führen nicht selten dazu, dass Misserfolg aufgrund der Überforderung selbst produziert wird. Andererseits lässt sich mit dem formulierten Zweifel an der Umsetzbarkeit der Ansprüche letztlich jede Konzeption beanstanden oder verurteilen – und sei das Vorhaben noch so gut begründet.

Zunächst ist zu trennen: Die Frage nach der Umsetzbarkeit zielt auf den Zusammenhang zwischen Anspruch und Wirklichkeit, auf die Spannung zwischen einem theoretischen Entwurf und der konkreten Praxis. Bemühungen um Legitimation zielen darauf ab, Absichten und Forderungen zu rechtfertigen. Dies sind zwei unterschiedliche Ebenen.

Selbstverständlich können Forderungskataloge nicht problemlos in die Praxis umgesetzt werden. Solche Schwierigkeiten sind grundsätzlicher Art. Denn alle praktischen Anstrengungen haben die konkreten Handlungsbedingungen zu kalkulieren, die sich von Situation zu Situation ändern und jeweils neu herzustellen und zu beeinflussen sind. Mit dem Zweifel an der Umsetzbarkeit von Forderungen allein ist deswegen die Forderung selbst noch nicht als ungerechtfertigt zurückgewiesen. Vielmehr besteht erst einmal die Verpflichtung, mögliche Umsetzungswege zu suchen und konkret zu beschreiten. Am Ende dieser Prüfprozesse kann und muss dann überlegt werden, ob Ansprüche realisierbar sind oder nicht.

Richtig ist: Die Rechtfertigungsstrategie für das Unterrichtsfach Sport verwendet das Schema einer Vorteilsargumentation. Die Forderung, dass Sport ein Schulfach sein müsse, wird durch die wünschenswerten Folgen schulischen Sporttreibens begründet. Argumentiert wird also mit dem individuellen und gesellschaftlichen Gewinn, der aus der Präsenz des Sports in der Schule entsteht. Indem man dies tut, entwirft man zugleich das Bild eines gelungenen Sportunterrichts. Die Stellung des Faches wird maßgeblich davon abhängen, ob es gelingt, die anspruchsvollen Ziele in die Tat umzusetzen.

Nachweise sind in diesem Zusammenhang zwar noch sehr unvollständig, doch es gibt Hinweise: Untersuchungen aus dem Sportunterricht zeigen, dass das Verhalten der Lehrer die Motivation von Schülern nachhaltig beeinflussen kann. Andere Untersuchungen haben deutlich gemacht, dass es Sportlehrern möglich ist, ein verträgliches und verständnisvolles Miteinander in ihren Klassen aufzubauen und durch gezielte Maßnahmen im Sportunterricht die soziale Entwicklung der Schüler günstig zu beeinflussen. Für den umgekehrten Fall, dass Untersuchungen in ausgewiesenen Zielfeldern des Schulsports seine Wirkungslosigkeit aufdecken, begründet sich daraus nicht zugleich die Forderung seiner Abschaffung. So wird niemanden der Befund überraschen, dass ein ausschließlich auf den Sportunterricht beschränktes Sporttreiben nicht ausreicht, die für die Gesundheitsentwicklung und -erhaltung notwendigen Bewegungs- und Belastungsreize zu setzen. Wohl aber kann der Schulsport die notwendigen Einstiegsqualifikationen vermitteln und damit die Voraussetzungen für ein selbständiges Sporttreiben neben und nach der Schule anbahnen.

Unabhängig davon, welches gesicherte Wissen über die Wirkung und die Wirklichkeit des Schulsports vorliegt – eine erfolgreiche Legitimationsdebatte ist ohne die Kompetenz und die Überzeugungsarbeit der Sportlehrer nicht zu führen. Sie sind in erster Linie dafür verantwortlich, ihr Fach engagiert zu vertreten. Dieses glaubhaft und mit Durchsetzungskraft zu tun, setzt voraus, dass sie selbst von der besonderen Bedeutung des „eigenen Faches“ überzeugt sind und die damit verbundenen Ansprüche mit argumentativer Sicherheit und Schärfe geltend machen.

Einen Einblick in die verschiedenen Zugänge und Positionen, die innerhalb der sportdidaktischen Diskussion zur Frage der Fachlegitimation vorliegen, bieten die 1996 in der Zeitschrift „sportpädagogik“ veröffentlichten Stellungnahmen verschiedener Autoren (BRODTMANN et al., 1996; MIETHLING et al., 1996). Karlheinz SCHERLER (1995) bringt die vorliegenden Argumente in eine übersichtliche Systematik.

Literatur

BALZ, E. (1998). Wie kann man soziales Lernen fördern? In BIELEFELDER SPORTPÄDAGOGEN, *Methoden im Sportunterricht* (S. 149-167). Schorndorf: Hofmann.

BALZ, E. & NEUMANN, P. (Hrsg.). (1997). *Wie pädagogisch soll der Schulsport sein?* Schorndorf: Hofmann.

BECKERS, E. (1997). Über das Bildungspotential des Sportunterrichts. In E. BALZ & P. NEUMANN (Hrsg.), *Wie pädagogisch soll der Schulsport sein?* (S. 15-31). Schorndorf: Hofmann.

BRODTMANN, D. (1998). Gesundheitsförderung im Schulsport. *sportpädagogik, 22* (3), 15-26.

BRODTMANN, D., BALZ, E., KUGELMANN, C. & FUNKE-WIENEKE, J. (1996). Vier Stellungnahmen zur Zukunft des Schulsports. *sportpädagogik, 20* (1), 6-9.

DENK, H. (1985). Die Legitimation des Schulsports als Aufgabe und Problem der Sportpädagogik. In H. DENK & G. HECKER (Hrsg.), *Texte zur Sportpädagogik. Teil II* (S. 144-166). Schorndorf: Hofmann.

DIETRICH, K. (1994). Interkulturelles Lernen. *sportpädagogik, 18* (6), 20-25.

EHNI, H. (2000). Vom Sinn des Schulsports. In P. WOLTERS et al., *Didaktik des Schulsports* (S. 9-35). Schorndorf: Hofmann.

ERDMANN, R. (1995). Leisten im Sportunterricht – pädagogischer Anspruch und praktische Möglichkeiten. In A. ZEUNER, G. SENF & S. HOFMANN (Hrsg.), *Sport unterrichten* (S. 122-130). Sankt Augustin: Academia.

FRITSCH, U. (1999). Ästhetische Erziehung. In W. GÜNZEL & R. LAGING (Hrsg.), *Neues Taschenbuch des Sportunterrichts. Bd. 1* (S. 286-296). Baltmannsweiler: Schneider.

FUNKE-WIENEKE, J. (1997). Kreativität und ästhetische Selbsterziehung – vernachlässigte Perspektive in der Bewegungserziehung? In J. FUNKE-WIENEKE, *Vermitteln zwischen Kind und Sache* (S. 68-76). Seelze: Kallmeyer.

GRUPE, O. (1983). Das Spiel im Sport – der Sport als Spiel? In O. GRUPE, H. GABLER & U. GÖHNER (Hrsg.), *Spiel – Spiele – Spielen* (S. 18-42). Schorndorf: Hofmann.

GRUPE, O. (1985). Anthropologische Grundfragen der Sportpädagogik. In H. DENK & G. HECKER (Hrsg.), *Texte zur Sportpädagogik. Teil II* (S. 35-61). Schorndorf: Hofmann.

GRUPE, O. (1995). Erfahrungen im Sport: Haben sie eine besondere pädagogische Bedeutung? In H.-J. SCHALLER & D. PACHE (Hrsg.), *Sport als Bildungschance und Lebensform* (S. 20-26). Schorndorf: Hofmann.

GRUPE, O. (2000). *Vom Sinn des Sports.* Schorndorf: Hofmann.

GRUPE, O. & KRÜGER, M. (1997). *Einführung in die Sportpädagogik.* Schorndorf: Hofmann.

GÜNZEL, W. (1999). Friedenserziehung im Sportunterricht. In W. GÜNZEL & R. LAGING (Hrsg.), *Neues Taschenbuch des Sportunterrichts. Bd. 1* (S. 323-340). Baltmannsweiler: Schneider.

HÜBNER, H. & HUNDELOH, H. (Red.). (1997). *Mehr Sicherheit im Schulsport – Bilanz und Perspektiven.* Münster: Lit.

KOTTMANN, L. & KÜPPER, D. (1999). Gesundheitserziehung. In W. GÜNZEL & R. LAGING (Hrsg.), *Neues Taschenbuch des Sportunterrichts. Bd. 1* (S. 235-252). Baltmannsweiler: Schneider.

KRONBICHLER, E. & KUHN, P. (2000). Naturbegegnung. *sportpädagogik, 24* (4), 2-9.

KUGELMANN, C. (1999). Koedukation im Sportunterricht oder: Mädchen und Jungen gemeinsam in Spiel, Sport und Bewegung unterrichten. In W. GÜNZEL & R. LAGING (Hrsg.), *Neues Taschenbuch des Sportunterrichts. Bd. 1* (S. 297-322). Baltmannsweiler: Schneider.

KURZ, D. (1977). *Elemente des Schulsports.* Schorndorf: Hofmann.

KURZ, D. (1992). Sport mehrperspektivisch unterrichten – warum und wie? In K. ZIESCHANG & W. BUCHMEIER (Hrsg.), *Sport zwischen Tradition und Zukunft* (S. 15-18). Schorndorf: Hofmann.

KURZ, D. (1995). Braucht der Schulsport eine neue curriculare Leitidee? In LANDESINSTITUT FÜR SCHULE UND WEITERBILDUNG (Hrsg.), *Schulsport in Bewegung* (S. 63-80). Soest: Verlag für Schule und Weiterbildung.

MIETHLING, W.-D., DIETRICH, K., KLUPSCH-SAHLMANN, R. & TREBELS, A. H. (1996). Vier Stellungnahmen zur Zukunft des Schulsports. *sportpädagogik, 20* (2), 14-17.

PROHL, R. (1994). Gestaltungsspielräume und Bildungspotentiale des Sportunterrichts. *sportunterricht, 43* (7), 275-285.

PROHL, R. (1999). *Grundriß der Sportpädagogik.* Wiebelsheim: Limpert.

PÜHSE, U. (1990). *Soziales Lernen im Sport.* Bad Heilbrunn: Klinkhardt.

PÜHSE, U. (1995). Zum Problem einer Legitimation des Schulsports. In H. SCHALLER & D. PACHE (Hrsg.), *Sport als Bildungschance und Lebensform* (S. 60-67). Schorndorf: Hofmann.

PÜHSE, U. (1999). Soziale Lernprozesse im Sportunterricht. In W. GÜNZEL & R. LAGING (Hrsg.), *Neues Taschenbuch des Sportunterrichts. Bd. 1* (S. 215-233). Baltmannsweiler: Schneider.

SCHERLER, K. (1995). Sport in der Schule. In J. RODE & H. PHILIPP (Hrsg.), *Sport in Schule, Verein und Betrieb* (S. 43-58). Sankt Augustin: Academia.

SCHERLER, K. (1997). Die Instrumentalisierungsdebatte in der Sportpädagogik. *sportpädagogik, 21* (2), 5-11.

SCHMITZ, J. N. (1979). Sportdidaktik als Bildungslehre. In S. GRÖßING (Hrsg.), *Spektrum der Sportdidaktik* (S. 13-56). Bad Homburg: Limpert.

UNGERER-RÖHRICH, U. (1984). *Eine Konzeption zum Sozialen Lernen im Sportunterricht und ihre empirische Überprüfung*. Dissertation, Technische Hochschule Darmstadt.

WESSLING-LÜNNEMANN, G. (1985). *Motivationsförderung im Unterricht*. Göttingen: Hogrefe.

Lektion 3
Unter welchen Bedingungen findet Schulsport statt? Sport in der Institution Schule

Es ist das Verdienst der Schule, dass die Ausbildung und Erziehung der heranwachsenden Generationen nicht mehr ausschließlich den jeweiligen Lebensumständen überlassen bleiben, in denen die Kinder und Jugendlichen aufwachsen. Schulen bieten allen eine Chance, ihren individuellen Möglichkeiten entsprechend gefördert und umfassend auf die zukünftigen Lebensanforderungen vorbereitet zu werden. Die Schule tut dies als eine staatliche Einrichtung. Der Staat definiert die Pflichten und Rechte der Schule – er legt etwa ihren Bildungsauftrag fest – und unterstellt die Arbeit der Schulen seiner Aufsicht. Institutionelle Rahmenbedingungen sichern die Verlässlichkeit und Berechenbarkeit des Schulbetriebs.

Der Sport findet in der Schule unter institutionellen Bedingungen statt. Er hat sich in einen festen Rahmen von inhaltlichen und organisatorischen Reglementierungen einzufügen, die durch die Schule als einer staatlichen Erziehungseinrichtung vorgegeben sind. Durch die schulischen Rahmenbedingungen erfährt der Sport einen besonderen Zuschnitt, sodass er sich grundsätzlich von der außerschulischen Bewegungs- und Sportkultur unterscheidet. Er verliert etwas von seiner Spontaneität, Freiwilligkeit und Zweckfreiheit. Er gewinnt aber die Chance, mit seinen fraglos vorhandenen Potenzialen anspruchsvolle Erziehungsziele zuverlässig und systematisch zu verfolgen und dabei alle Kinder und Jugendlichen zu erreichen. Hauptanliegen dieser Lektion ist es, die institutionellen Bedingungen des Sports in der Schule aufzuzeigen.

Da anzunehmen ist, dass weder Zeitpunkt, Ort und Ausmaß der pflichtgemäßen Unterweisung im Sport noch die jeweils vom Lehrer vorgesehenen Ziele, Inhalte und Methoden den aktuellen subjektiven Bedürfnissen und Interessen aller Schüler entsprechen, besteht ein Spannungsfeld zwischen den schulischen Anforderungen im Sport und den individuellen Orientierungen der Schüler. Diese Spannungen sind im zweiten Abschnitt dieser Lektion aufzugreifen. Sie sind struktureller Art, d. h., sie sind durch das System Schule angelegt und können durch noch so engagierte Arbeit einzelner Personen nicht grundsätzlich aufgehoben werden.

Zur Struktur der Schule gehört es, dass die Erziehungs- und Qualifikationsbemühungen nicht allein auf den Unterricht beschränkt sind. Zwar ist der Fachunterricht der zentrale Ort schulischen Lehrens und Lernens, darüber hinaus aber bieten sich wertvolle pädagogische Lern- und Erfahrungsfelder in den außerunterrichtlichen Veranstaltungen an. Traditionell als Schulleben bezeichnete Angebote wie Schulchor und -orchester, Theater-AG, Klassenfahrten etc. bieten die Möglichkeit, Schule nach innen und außen zu öffnen und als Erfahrungs- und Lebensraum für alle anzulegen. In diesem Zusammenhang hat der außerunterrichtliche Schulsport die zweifache Chance, zum einen den Sportunterricht pädagogisch angemessen zu ergänzen, zu erweitern und zu vertiefen, und zum anderen ein attraktives Element einer auf Lebensnähe angelegten Schule zu sein. Abgerundet wird diese Lektion durch Hinweise darauf, wie Sportlehrer mit den institutionellen Bedingungen umgehen können. Vor diesem Hintergrund orientiert sich der Aufbau dieser Lektion an folgenden Fragen: Welche institutionellen und organisatorischen Vorgaben gibt es? Welches Spannungsgefüge ergibt sich aus der institutionalisierten Form der Sportvermittlung? Wie sehen Angebote des außerunterrichtlichen Schulsports aus? Wie können Sportlehrer auf ihre Arbeitsbedingungen reagieren?

1 Welcher Art sind die institutionellen und organisatorischen Bedingungen für den Schulsport?

In der Regel wird das außerschulische Sporttreiben als konkreter Bezugspunkt genommen, um daraufhin zu analysieren, was mit dem Sport gleichsam auf dem Wege in die Schule passiert. Zum besseren Verständnis der Ausführungen: Genau diese Perspektive wird hier nicht gewählt. Vielmehr wird die Schule selbst zum Ausgangspunkt genommen. Ihre besonderen Merkmale sind zu klären und dann ist zu untersuchen, was das für den Sportunterricht bedeutet. Es lassen sich acht Merkmale unterscheiden.

- **Verpflichtende Teilnahme:** Der Besuch von Schulen ist gesetzlich verordnet und detailliert geregelt. Die Erfüllung der Schulpflicht wird kontrolliert. Wer ihr nicht nachkommt, hat mit Konsequenzen zu rechnen. Zu den vorgeschriebenen Schulfächern gehört auch der Sport. So ist die Teilnahme am Sportunterricht für alle Schüler verbindlich. Für die Mehrheit der Schüler ist dies kein beklagens-, sondern ein begrüßenswerter Umstand. In Untersuchungen zur Beliebtheit der Unterrichtsfächer rangiert der Sportunterricht regelmäßig an vorderer Stelle. Dennoch: Bei einem – zwar kleinen, aber vorhandenen – Teil der Schüler stößt der Sportunterricht auf Ablehnung, in diesen Fällen sogar in extremer Form. Bekannt ist außerdem, dass das Ansehen des Faches unter Schülern mit zunehmendem Alter sinkt. Dem Zwang zur aktiven Teilnahme versuchen sich die desinteressierten Schüler auf verschiedene Weise zu entziehen. Die Ausprägungen reichen von Passivität, Teilnahmeverweigerung mit vorgeschobenen Entschuldigungen bis hin zum unentschuldigten Fortbleiben vom Unterricht.

- **Pädagogisierung der Ziele:** Die Schule als eine Bildungs- und Erziehungseinrichtung muss den Fächern, die in ihr vertreten sind, pädagogische Aufgaben übertragen und Ziele vorgeben. Diese sind einerseits fachspezifisch – auf den Sportunterricht bezogen, etwa die Vermittlung sportmotorischer Qualifikationen. Andererseits sind sie fachübergreifend. Denn Schule als staatliche Einrichtung hat die Verpflichtung, sich an gesellschaftlichen Notwendigkeiten zu orientieren: die Erhaltung und Pflege kultureller Traditionen, Vermittlung gesellschaftlicher Werte und Normen, Förderung der menschlichen Entwicklung, Befähigung zur Bewältigung gegenwärtiger und zukünftiger Lebenssituationen. Zur Erfüllung dieser allgemeinen Aufgaben muss jedes Fach seinen besonderen Beitrag leisten – der Sport kann sich davon nicht ausschließen.

Es ist offensichtlich: Viele Felder des Sports bieten sich als Mittel für pädagogische Zwecke geradezu an. Denn sportliche Aktivitäten können Prozesse in Gang setzen und Ergebnisse herbeiführen, die pädagogisch wünschenswert und für die Entwicklung heranwachsender Menschen vorteilhaft sind. So ist beispielsweise die aktive Teilnahme am Sport untrennbar verknüpft mit Handlungen, die körperliche Leistungsfähigkeit, Kompetenz, Engagement, Rücksichtnahme und Fairness verlangen. Die Nützlichkeit und der Wert dieser Qualifikationen wird sich darin zu erweisen haben, ob sich die erworbenen Kompetenzen über den Sport hinaus auf andere Handlungsfelder übertragen. Die günstigen pädagogischen Verwendungsmöglichkeiten sind sicherlich eine große Chance für den Sport an Schulen. Problematisch wird es, wenn der Schulsport mit pädagogischen Forderungen überfrachtet wird und die Schüler im Unterricht kaum noch „ihren" Sport wieder erkennen, den sie außerhalb der Schule mit großer Freude betreiben.

- **Unterricht nach Stoffplänen:** Das gesamte Schulwesen steht unter staatlicher Aufsicht, die im Rahmen des Kulturföderalismus von den Bundesländern wahrgenommen wird. Als verbindliche Vorgabe für die Arbeit an den Schulen erlassen die Länder Richtlinien und Lehrpläne. In ihnen wird nach Schulformen und -stufen festgelegt, welche Themen in welcher Jahrgangsstufe in welchem Umfang zu unterrichten sind. In den Lehrplänen für den Schulsport finden sich neben Hinweisen auf die pädagogischen Leitideen des Faches Angaben über die Auswahl von Inhalten. Dabei geht es zum einen um die Verteilung von Sportarten auf die Schul- und Klassenstufen und zum anderen um konkrete Angaben, in welchen Sportbereichen welche Fähigkeiten und Fertigkeiten zu vermitteln sind. Hinweise der Lehrpläne auf Formen und Möglichkeiten der Vermittlung haben keinen vorschreibenden Charakter und bleiben in der Verantwortung des unterrichtenden Lehrers. Dennoch ist es ein Merkmal des Sports in der Schule, dass er auf festgelegten Wegen und in Gestalt von methodischen Inszenierungen vermittelt wird.

Stoffpläne und ihre verbindlichen Vorgaben sichern einen gemeinsamen Bestand wertvoller Lernerfahrungen und vergleichbarer Lernfortschritte. Aus der Vielzahl von Sport-, Spiel- und Bewegungsaktivitäten sind die ausgewählt, die aus pädagogischen Gründen für Schüler als notwendig und wichtig erachtet werden. Die Beschränkung auf einen ausgewogenen Kanon von Unterrichtsthemen schafft Übersicht, Kontinuität und Vergleichbarkeit, erleichtert die Planungsarbeit der Sportlehrkräfte und kann zugleich eine Leitlinie für ihre Aus- und Weiterbildung sein. Stoffpläne für den Sportunterricht führen dann zu unvertretbaren Defiziten, wenn sie prinzipiell ausschließen, dass aktuelle Entwicklungen in der außerschulischen Sport- und Bewegungswelt, regionale Besonderheiten und wechselnde Schülerbedürfnisse und -interessen eine angemessene Berücksichtigung finden.

- **Zensuren für Leistungen:** Die Schule als Institution hat die Aufgabe, die Zuweisung der Schüler zu weiterführenden Bildungseinrichtungen und in berufliche Laufbahnen vorzubereiten. In ihrer Verantwortung für die Vergabe von Berechtigungen kontrolliert und ermittelt sie die Lernerfolge der Schüler und hält die Ergebnisse in Form von Zensuren und Zeugnissen fest. Der Sportunterricht ist in das Berechtigungswesen Schule eingeordnet und damit zur Zensurengebung verpflichtet.

Dies hat weit reichende Konsequenzen. Zum einen wird der Sport in der Schule so angelegt sein müssen, dass er Qualifikationen ausbildet, die von den Einrichtungen und Instanzen, denen die Schule ihre Schüler zuweist, als wertvoll und nützlich angesehen werden. Zum anderen sind Kriterien zu entwickeln und offen zu legen, die klären, welche Kompetenzen der Schüler als bewertungsrelevant einzustufen sind und wie diese als Leistungen zu ermitteln und zu kodieren sind. Gesichtspunkte zur Ermittlung von Sportnoten berücksichtigen über die sportliche Leistungsfähigkeit hinaus persönliche Voraussetzungen der Schüler, ihre individuellen Fortschritte und Entwicklungsverläufe als auch ihre Motivation, ihr Engagement und ihr soziales Verhalten.

Problematisch an der Zensurengebung sind nicht nur die Kriterien und die Verfahrensweisen bei der Ermittlung der Zensuren. Letztlich wird in Zweifel gezogen, ob Zensuren die ihnen zugewiesenen Funktionen überhaupt erfüllen: nämlich eine zutreffende Aussage über den Leistungsstand des Schülers zu formulieren, um auf dieser Basis ihre Selektion zu betreiben und sie zugleich zu weiteren Anstrengungen zu motivieren. Die Kritik an der Zensurengebung hat dazu geführt, mit Nachdruck die Abschaffung der Sportzensur zu fordern. Neben der Ungerechtigkeit des Verfahrens spricht das typische Kennzeichen sportlicher Betätigung gegen die Zensurengebung. Wenn es zutrifft, dass Sport nur dann Sinn macht, wenn er um seiner selbst willen und aus Spaß betrieben wird, ist Subjektivität ein Wesensmerkmal des Sports und für objektivierende Bewertungsversuche nicht geeignet. Außerdem fällt auf, dass Schüler im Laufe ihrer Schülerbiographie das Fach Sport immer mehr unter strategischen Gesichtspunkten sehen: Im Sportunterricht können manchmal mit geringem Aufwand gute Noten und hohe Punktzahlen erreicht werden.

Die Verpflichtung zur Zensurengebung wirkt sich selbstverständlich auf die Unterrichtsentscheidungen der Sportlehrer aus. Nicht selten werden Unterrichtsinhalte favorisiert, die eindeutig erkennbare Maßstäbe enthalten und günstige Möglichkeiten zur Leistungsüberprüfung bieten. Erziehungsaufgaben und Unterrichtsvorhaben, die keine präzisen Anhaltspunkte für eine Zensurenfindung bieten, werden erst gar nicht angegangen. Das pädagogische Konzept dieses Faches wird – bei Schülern wie bei Lehrern – unter der Hand umgedeutet und verliert an Geltung.

- **Leitung durch professionelle Lehrkräfte:** Die Erziehungs- und Unterrichtsarbeit an Schulen liegt in der Hand der Lehrer. Sie sind verantwortlich dafür, dass der Auftrag der Schule in die Praxis umgesetzt wird und dabei hohe Qualitätsstandards angestrebt und eingehalten werden. Wer Lehrer werden will, hat Voraussetzungen zu erfüllen. Man muss dazu an Hochschulen studieren, das Erste Staatsexamen bestehen, ein Referendariat ableisten und die Ausbildung mit dem Zweiten Staatsexamen abschließen. Diese Voraussetzungen gelten uneingeschränkt auch für Sportlehrer. Sie werden nicht kürzer ausgebildet, nicht weniger geprüft und nicht schlechter bezahlt als etwa Deutsch- oder Mathematiklehrer. Sie alle geben die gleiche Pflichtstundenzahl, sollen ihren Unterricht gewissenhaft vorbereiten, umsichtig durchführen und sorgfältig auswerten.

Das bedeutet für die Sportlehrer, dass sie ihre Arbeit nicht im Sinne eines gut bezahlten Hobbys, sondern nach professionellen Gesichtspunkten anzulegen haben. Als Experten in Sachen Schule und Sportunterricht müssen sie über fachliche Qualifikationen verfügen, die eine sachangemessene Unterweisung ihrer Schüler sichern und sie befähigen, die Erziehung und Bildung der Schüler zu unterstützen. Das bedeutet für die Schüler, dass sie Sport unter der Anleitung und Aufsicht eines Experten betreiben. Dieser übernimmt nicht nur die Verantwortung, er verlangt etwas von ihnen, was sie möglicherweise von sich selbst nicht gefordert hätten; er verbindet Sport mit Absichten und Ideen, auf die sie vielleicht selbst noch nicht gekommen sind; er vermittelt Erfahrungen, die für sie neu und unter Umständen ungewohnt sind; er legt Wege fest, die sie wohl selbst nicht eingeschlagen hätten. So können die subjektiven Vorstellungen und Wünsche der Schüler in einen Widerspruch zu dem geraten, was dem Lehrer objektiv aufgetragen ist. Einerseits sichert Schule durch den Einsatz professioneller Sportlehrkräfte ein hohes Maß an Unterrichtsqualität. Andererseits führt die Präsenz von Sportlehrern zu jenen typischen Interaktionsprozessen, bei denen die Unterrichtsteilnehmer unterschiedliche Rollen einnehmen und in ein Konfliktfeld besonderer Art geraten können.

- **Unterricht in Jahrgangsklassen:** Mit der Einschulung werden aus Gleichaltrigen Jahrgangsklassen gebildet. Die Zusammensetzung der Schülergruppen zu altershomogenen Klassen- und Kursverbänden wird im Prinzip während der gesamten Schullaufbahn nicht aufgegeben. Für den Schulsport hat das zur Konsequenz, dass die Schüler einer Klasse zwar gleichaltrig sind, die Heterogenität bezüglich der sportlichen Leistungsvoraussetzungen und -fähigkeiten ebenso wie der sportbezogenen Interessen und Vorlieben aber beträchtlich ist. Denn für die sportliche Leistungsfähigkeit der Schüler sind weniger das Alter, sondern vielmehr Veranlagung, Vorerfahrung und außerschulisches Engagement im Sport maßgeblich. Diese bestimmen zusammen mit den soziodemographischen Daten von Herkunft und Geschlecht verlässlicher die Interessen und Neigungen der Schüler als ihr Alter. In den meisten Schulfächern werden Mädchen und Jungen gemeinsam unterrichtet. Im Schulsport ist das nicht anders und kann Schwierigkeiten hervorrufen. Zwischen Mädchen und Jungen variieren die sportbezogenen Vorerfahrungen und Interessen, und geschlechtstypische Entwicklungsverläufe führen zu unterschiedlichen Bedürfnissen und Auseinandersetzungen mit der eigenen Körperlichkeit.

Die Verschiedenartigkeit der Schüler als typische Ausgangslage für den Sportunterricht ist differenziert zu bewerten: Zunächst bieten sich günstige Anlässe dafür, pädagogisch wertvolle Erfahrungen anzustoßen und bestehende Differenzen produktiv für die gemeinsame Beschäftigung mit einer Fülle körper- und bewegungsbezogener Problemstellungen zu nutzen. Allerdings werden auch Schwierigkeiten provoziert, die ein förderliches Miteinander behindern. Hinzu kommt die vergleichsweise ungewöhnliche Gruppengröße im Sportunterricht. Sie schließt nicht selten die Aufnahme attraktiver Unterrichtsthemen aus, kann verhindern, dass alle gleichzeitig aktiv sind, und führt letztlich zu jenen Organisations- und Ordnungsformen, die in charakteristischer Weise den Erlebniswert des Sports in der Schule bestimmen.

- **Sport im 45-Minuten-Takt:** Seit es Schule gibt und sie in Fächer unterteilt ist, gibt es Festlegungen über die Dauer von Unterrichtsstunden und -pausen. Der Zeittakt schulischen Lehrens und Lernens, der sich wohl an der vermuteten Konzentrationsfähigkeit von Lehrern und Schülern in den kognitiv ausgerichteten Fächern bemisst, gilt genauso für den Sportunterricht. Die Einfügung des Sports in die schulischen Zeitvorgaben sichert ihm ein kalkulierbares Zeitkontingent, das der Strukturierung und Rhythmisierung des Unterrichts dient und bei entsprechenden Anstrengungen sinnvoll und effektiv genutzt werden kann.

Die Zeitvorgaben der Schule stellen das Fach Sport vor besondere Probleme. Durch zusätzlichen Zeitaufwand für Wege zu Sportstätten, durch Umkleiden vor und nach dem Unterricht, Maßnahmen der Körperpflege oder Auf- und Abbau von Geräten reduziert sich die Unterrichtsdauer auf wenige Minuten. In diese Zeit das übliche Ablaufmuster aus Aufwärmen, Erarbeitung und Ausklang einzupassen, ist kaum möglich. Die Folge sind zu kurze Aufwärmphasen, straff gesteuerte Erarbeitungsformen, hektische Abschlussspiele, die durch das Klingelzeichen abgebrochen werden, Zeitdruck bei Übungs- und Organisationsformen, in denen die Schüler selbständig arbeiten, Schnelldurchgänge bei Gesprächs- und Reflexionsphasen – insgesamt eine Fülle von Unterrichtssituationen, die der Lehrer aus Zeitgründen unterbricht oder selbst in die Hand nimmt. Der Nachteil des Zeitdiktats ist wohl der ständige Kampf des Lehrers gegen die Uhr.

- **Sport auf dem Schulgelände:** Schulgebäude bestehen zu einem Großteil aus Klassenräumen mit ihren üblichen Standards. Für bestimmte Fächer wie etwa Musik, Kunst, Chemie gibt es Fachräume, die mit eigenen Einrichtungen und Geräten ausgestattet sind. Auch der Sport zählt zu den Unterrichtsfächern, die besondere Fachräume beanspruchen. In der Regel haben Schulen eine eigene Sporthalle. Für ausgewählte Unterrichtsvorhaben (z. B. Leichtathletik, Schwimmen) nutzen Schulen zumeist kommunal verwaltete Sportplätze und Schwimmbäder. Zunächst ist die Bereitstellung von Sporthallen und Sportgeräten für den Schulsport ein enormer Vorteil. Eine Grundausstattung an Materialien und Ressourcen steht jederzeit zur Verfügung, kann bei einem geschickten Mitteleinsatz ergänzt und modernisiert werden und meistens vielfältiger und abwechslungsreicher genutzt werden, als es die zunächst einseitig ausgelegten Spiel- und Sportgeräte erscheinen lassen. Häufig können Bewegungs- und Sportaktivitäten auf bisher ungenutzte Räume der Schule ausgedehnt werden: Aula, Freiflächen, Pausengelände, Grundstücke in der Schulnachbarschaft.

Der Bau der Sporthallen und ihre Ausstattung ist allerdings an den Erfordernissen einer mehrfachen Nutzung orientiert. Die spezifischen Belange des Schulsports spielen dabei häufig eine untergeordnete Rolle. Ein Blick in die einheitlich ausgestatteten Sporthallen zeigt, dass sie eher an den Trainings- und Wettkampfformen traditioneller Vereinssportarten ausgerichtet sind. Für den Sport in der Schule bedeutet dies, dass zum Teil Ausstattungen und Geräte zur Verfügung stehen, die für den Schulsport nahezu überflüssig sind, zum Teil aber gerade die Geräte und Materialien fehlen, die für einen modernen und abwechslungsreichen Sportunterricht unerlässlich sind. Ein weiteres Problem ergibt sich aus der Langlebigkeit baulicher Maßnahmen und einmal getätigter Anschaffungen von Großgeräten. Vor dem Hintergrund der rasanten Weiterentwicklung des Sports und der inhaltlichen Ausdifferenzierung des Schulsports erscheinen Sporthallen und ihre Ausstattung oft hoffnungslos veraltet.

Die Ausführungen in diesem Kapitel sind bis in einzelne Formulierungen hinein eng an den Beitrag „Sport als Schulfach" von Karlheinz SCHERLER (2000) angelehnt. Die Frage, wie Sport zu einem Schulfach wird, haben u. a. auch Hartmut von HENTIG (1972), Dietrich KURZ (1977, S. 144-158) und Horst EHNI (1977, S. 93-139) behandelt.

2 Welche Spannungen ergeben sich aus dem Gefüge von Sport, Unterricht und Schule?

Offensichtlich ist der Schulsport aufgrund seiner institutionellen Rahmung eine eigene Welt. Der Versuch, diese Welt in ihrer Eigenart zu beschreiben und zu strukturieren, darf den Blick nicht davor verstellen, dass die Zusammenhänge zwischen Sport, Schule und Unterricht komplexer Art sind. Einfache Deutungen verbieten sich. Die institutionellen Bedingungen des Schulsports garantieren weder nach innen ein ausgewogenes und stimmiges Unterrichtsgeschehen, noch können sie Widersprüchlichkeiten zwischen dem Sport außerhalb und innerhalb der Schule in Einklang bringen. Der institutionelle Charakter des Sports in der Schule ist vielmehr Ursache, Auslöser oder Verstärker von Spannungen und Konflikten. Diese sind latent vorhanden oder treten offen zu Tage. Sie sind strukturelle Widersprüche und entziehen sich damit Lösungsstrategien, die ausschließlich auf die individuellen Fähigkeiten des einzelnen Lehrers setzen.

Die Vielschichtigkeit des Spannungsgefüges von Sport, Schule und Unterricht wird an einem Beispiel deutlich:

Die Sportlehrerin Frau G. überlegt, wie sie ihre Schülerinnen – gemischt aus Klasse 9 und 10 einer Realschule – motivieren kann. Sie sind träge und offensichtlich unzufrieden. Die Lösung: Sie lässt die Schülerinnen bestimmen, was Gegenstand der nächsten Unterrichtseinheit sein soll. Sie entscheiden sich für das Thema „Badminton". Frau G. ist einverstanden und bereitet sich auf die Unterrichtseinheit intensiv vor. In der nächsten Stunde wird sie mit Schlaggewöhnungsübungen, spielvorbereitenden Übungen und dem abschließenden Spiel einem gängigen Unterrichtsaufbau folgen. Ihr Plan steht, was soll noch schief gehen? Die meisten Schülerinnen bringen zur nächsten Stunde eigene Badmintonschläger mit, weitere hat Frau G. vorsorglich selbst organisiert. Alle können an den Schlaggewöhnungsübungen teilnehmen. Doch dies geschieht nicht gerade engagiert. Frau G. kürzt ab, versucht, die spielvorbereitenden Übungen in Gang zu bringen. Doch die Schülerinnen werden eher lustloser. Frau G. muntert auf, bittet und drängt. Eine Schülerin sagt: „Ach, das bringt doch alles nichts." Die Lehrerin wird zunehmend ärgerlich und weist in einem scharfen Ton darauf hin, gefälligst weiterzumachen und sich anzustrengen. Kurz darauf entscheidet sie sich, auch in diesem Stundenteil abzukürzen und gleich zum Spielen überzugehen. Die Schülerinnen sollen sich in Gruppen auf die Spielfelder verteilen. Die Zeit verstreicht, doch die Spielgruppen finden sich nicht zusammen. Frau G. gibt bissig-ironische Kommentare, ihre Schülerinnen nehmen es mit Humor.

Schließlich organisiert Frau G. die Spielpaarungen selbst und kurbelt das Spiel an. Doch kaum kehrt sie einer Gruppe den Rücken zu, fällt das Spiel in sich zusammen. Die ersten Schülerinnen setzen sich auf den Boden, reden, hantieren mit ihren Schlägern. Lustlosigkeit macht sich breit. Frau G. gibt ihre Rolle auf, pfeift, ruft die Schülerinnen zusammen. Das anschließende klärende Gespräch gerät schnell zur Machtdemonstration seitens der Lehrerin, die sich gleichwohl als Verliererin fühlt.

Die im Fallbeispiel angezeigten komplexen Zusammenhänge können nicht vollständig aufgedeckt und hintergründig geklärt werden. Es soll auf drei wesentliche Spannungsfelder hingewiesen werden, die sich aus der Tatsache ergeben, dass Sportunterricht in die institutionellen Reglementierungen und Vorgaben der Schule eingebunden ist.

(1) **Die Spannung zwischen dem außerschulischen Sport und dem Schulsport:** Das Scheitern des Unterrichts mag darin begründet sein, dass die Erwartungen der Schülerinnen enttäuscht worden sind. Bei der Verständigung auf das Thema Badminton hat wohl ein Teil an die eigenen Erfahrungen beim Federballspiel in der Freizeit gedacht, andere haben Erfahrungen aus dem Vereinssport und verknüpfen mit Badminton eine bewegungsintensive und spannende Auseinandersetzung, andere haben keine eigenen Vorerfahrungen, sind aber von der Vorstellung ausgegangen, dass Badminton auf Anhieb zu spielen sei.

Was Sport ist und was man von ihm erwartet, hängt vom Verständnis der Unterrichtsteilnehmer ab. In diese Bilder vom Sport sind biographische Erfahrungen und Erlebnisse eingelagert, die – mehr oder weniger deutlich – Erwartungshaltungen an zukünftiges Sporttreiben begründen. Das Zusammentreffen verschiedener Auffassungen von Sport im Unterricht erzeugt Spannungen, kann zu Missverständnissen führen und Störungen hervorrufen. Wenn die Sportlehrerin aufgrund der ihr selbstverständlich gewordenen Bilder von Sport und Sportunterricht andersartige Vorstellungen ihrer Schülerinnen nicht mehr zu erkennen vermag oder gewachsene Bilder bei den Schülerinnen in die Erwartung münden, dass diese eine nahtlose Fortsetzung im Sportunterricht finden, sind Schwierigkeiten zu erwarten. Diese treten nun hervor und werden überformt durch die Art der unterrichtlichen Inszenierung und methodischen Vorgehensweise der Lehrerin.

Die Schülerinnen hatten wohl eine andere Vorstellung, so hatten sie sich den Unterricht nicht gedacht: zunächst Schlaggewöhnungsübungen, dann spielvorbereitende Übungen und erst zum Abschluss spielen – wieder typisch Sportunterricht! Warum nicht gleich spielen? Warum erst langweilige Vorübungen? Anders die Lehrerin: Wenn die Schülerinnen Badminton spielen wollen, ist es meine Aufgabe, ihnen dieses Spiel zu vermitteln. Meine Vermittlungsfähigkeit schlägt sich in einem Unterrichtsaufbau nieder, der meinen Schülerinnen die Chance gibt, die für ein befriedigendes Spiel am Ende der Stunde notwendigen Vorerfahrungen zu machen. Die Lehrerin versteht ihre Anleitung als Hilfe, die Schülerinnen als Hindernis. Die Schülerinnen wollen Badminton auf die Weise spielen, wie sie es aus ihrer außerschulischen Sport- und Bewegungswelt kennen. Die Lehrerin macht sozusagen aus Badminton Sportunterricht.

Diese Spannung ist im Grundsatz unvermeidlich, denn die institutionellen Rahmenbedingungen des Sports in der Schule schaffen andere Realitäten, als sie außerhalb der Schule vorzufinden sind. Wie ist damit umzugehen? Die oberflächliche Abstimmung eines Themas für die nächste Unterrichtsstunde reicht nicht aus, um die dahinter liegenden Vorstellungen vom Sport offen zu legen. Es ist jedoch die Aufgabe des Sportunterrichts, an die jeweiligen Vorerfahrungen der Schüler anzuknüpfen, die vorhandenen Entwürfe des Sports aufzudecken, selbstverständlich gewordene Bilder in Frage zu stellen, um sie anschließend neu zu konstruieren. Solche Klärungsprozesse werden die Erwartungen der Schüler an den Unterrichtsverlauf wesentlich deutlicher zu Tage treten lassen. Die Motivation der Schüler, sich im Verständigungsprozess auf die unterschiedlichen Bilder einzulassen, wird umso stärker ausfallen, je engagierter der Lehrer die Unterschiedlichkeit bei den Schülern als Gewinn denn als Hindernis darstellt. In diesem Prozess ist der Sport konstruktiv aufzunehmen und durch andere Sichtweisen und Ideen zu ergänzen.

(2) **Die Spannung zwischen Gegenwartserfüllung und Zukunftsbezug:** Die Verständigung auf das Thema Badminton ist für die Sportlehrerin der Grund, Planungsüberlegungen für die folgende Stunde anzustellen und den Unterricht nach diesem Plan auszurichten. Die Schülerinnen haben eine andere Vorstellung vom Gang des Unterrichts. Ihnen geht es offensichtlich nicht so sehr darum, Badminton in einer Reihe von aufeinander aufgebauten Übungen vorbereitend kennen zu lernen, um erst am Ende des Prozesses zum Badmintonspielen zu kommen. Ihre Absicht ist es vielmehr, zügig zu einem Badmintonspiel zu kommen – von der Lehrerin unbeeinflusst, eben nach ihren Vorstellungen und spontanen Bedürfnissen. Sie gehen davon aus, dass das Spielen selbst unmittelbare Freude und Genugtuung bringt, und genau darin sein Sinn liegt. Ihnen geht es um die intensiven Erlebnisse einer sinnerfüllten Gegenwart.

Erfüllte Gegenwart meint dann, dem Handeln im Hier und Jetzt Raum zu geben, es geschehen zu lassen, ohne es im Hinblick auf zukünftige Anforderungen zu reglementieren. Das setzt im Unterricht voraus, die Schülerinnen als bereits spielfähige Personen zu akzeptieren, die aus sich selbst heraus zu sinnvollem Handeln in der Lage sind. Die Absicht der Lehrerin ist es aber, den Schülerinnen etwas mit auf den Weg zu geben: eine auf die Zukunft bezogene Qualifikation zu vermitteln. Gerade dieser Zukunftsbezug, die Qualifizierung der Schülerinnen für die Aufgaben und Anforderungen des Lebens von morgen, ist ein zentraler Anspruch der Lehrertätigkeit.

Die Ansprüche von Gegenwartserfüllung und Zukunftsbezug in der Schule bilden eine grundlegende Spannung, die das unterrichtliche Handeln von Sportlehrern oftmals widersprüchlich und unsicher geraten lässt: Frau G.s Entscheidung, ihre Schülerinnen das Thema der Stunde bestimmen zu lassen, schien gegenwartserfüllte Zeit zu versprechen. Einmal ungezwungen, nach eigenen Vorstellungen Badminton spielen zu können – so werden es die Schülerinnen erwartet haben. Der Unterricht indes ist auf etwas anderes hin angelegt: Es soll systematisch gelernt werden. Weil entweder den Schülerinnen nicht zugetraut wird, schon befriedigend Badminton spielen zu können, oder weil mit Badmintonspielen wie selbstverständlich an die Ausbildung einer sportlichen Handlungsfähigkeit gedacht ist, folgt der Unterricht der Lehrerin einem ausgewiesenen Plan. Beide Begründungen können geeignet sein, die didaktische Aufbereitung des Themas zu rechtfertigen. Allerdings wird das in Aussicht gestellte, gegenwartsbezogene Spielen der Schülerinnen dadurch so stark entwertet, dass die Schülerinnen es am Schluss selbst zurückweisen. Das Bemühen, gegenwartserfülltes Spielen gleichzeitig in den Dienst zukunftsbezogenen Unterrichtens zu stellen, ist durch seine Widersprüchlichkeit in beiden Richtungen erfolglos geblieben. Die Lehrerin kann diese Spannung nicht prinzipiell lösen, sondern allenfalls einen der beiden Ansprüche mehr oder weniger zurückdrängen.

(3) **Die Spannung zwischen der Subjekt- und Objektposition der Schüler:** Frau G. hat ihren Schülerinnen die Entscheidung über die Wahl des Unterrichtsthemas überlassen. Das Verhalten der Lehrerin ist offensichtlich von den Schülerinnen als ein Signal (miss-) verstanden worden: Frau G. überlässt uns auch die Entscheidung über den Fortlauf des Unterrichts. Wie wir uns das Thema aneignen, wie wir unseren eigenen Lern- und Übungsprozess gestalten, welche Spielformen wir wählen, zu welchen Gruppen und Mannschaften wir uns zusammenfinden, wie wir uns die Zeit einteilen und Räume aufteilen, bleibt uns selbst überlassen. Die Schülerinnen sehen sich als Mitgestalter und Akteure des Unterrichtsprozesses. Sie nehmen eine Position ein, in der sie eigenständige Subjekte sind.

Anders Frau G.: Die Schülerinnen sind „Gegenstand" ihrer Planungen. Sie legt genau fest, wie der Unterricht ablaufen soll und was die Schülerinnen zu tun haben. Die Unterrichtsdurchführung liegt in ihrer Hand. Sie bestimmt den Ablauf, gibt Übungen vor, bricht sie ab, fordert Schülerinnen auf, ermuntert, befiehlt. Der Unterricht folgt ausschließlich den Vorstellungen der Lehrerin, die Schülerinnen sind weitgehend Objekte. In den didaktischen Überlegungen und Handlungen der Lehrerin kommen sie nur eingeschränkt auf ihre schulische Rolle als Adressaten des Unterrichts vor. Das Denken, Fühlen und Handeln der Schülerinnen ist weder Ausgangs- noch Bezugspunkt des Unterrichts. Erst am Ende der Stunde bietet Frau G. ihren Schülerinnen die Chance zu eigener Stellungnahme. Es bleibt unklar, zu welchen Ergebnissen das Gespräch führt. Haben die Schülerinnen in Zukunft die Möglichkeit, ihre subjektive Perspektive konstruktiv einzubringen, den Unterricht mit zu entscheiden, mit zu gestalten und mit zu verantworten?

Gerade die organisierte und planmäßige Vorgehensweise im Sportunterricht und gerade die Tatsache, dass das Unterrichtsgeschäft in der Verantwortung eines ausgebildeten Experten liegt, stellen einen herausragenden Gewinn dar, den der Sport in der Schule nur aufgrund seines institutionellen Charakters gewährleisten kann. So kann der Sportunterricht Lernprozesse in Gang setzen und systematisch fördern; so kann er Schülern Zugänge zu Einsichten und Überzeugungen eröffnen, die im Umkreis ihrer eigenen Erfahrungen nicht entstanden wären. Will man diese Anstrengungen zielstrebig verfolgen, liegt es nahe, dass der Lehrer in seiner Kompetenz die Ziele, Inhalte und Vermittlungswege für alle Schüler festlegt und seiner Verantwortung für das Unterrichtsgeschehen nachkommt.

Andererseits ist die Unterrichtsrealität um einiges komplexer und vielfältiger, als es in den Planungen des Lehrers vorab entworfen sein kann. In der Unterrichtssituation selbst kommen Schüler als Subjekte ins Spiel: Sie handeln spontan und individuell verschieden, kommunizieren und interagieren, beschäftigen sich mit wechselnden Partnern, suchen neue Wege und finden unerwartete Lösungen, sie sind Akteure des Unterrichts und gestalten diesen mit – ob der Lehrer will oder nicht. Dieses zu ignorieren oder gar zu unterdrücken, wäre nicht nur unpassend und unprofessionell, es widerspräche dem Auftrag der Schule: Sie hat als Institution die Verpflichtung, alle Schüler, ihren individuellen Fähigkeiten und Neigungen gemäß, zu fördern und, mit dem Ziel der Entwicklung ihrer Selbständigkeit, verschiedene Möglichkeiten eigenverantwortlichen Handelns und Entscheidens einzuräumen. Dazu gehört es auch, fremdgesteuertes und selbstgesteuertes Lernen angemessen auszubalancieren, damit die Schüler die

Kompetenz erlangen, ihr Lernen selbst zu organisieren und effektiv zu gestalten. Die Schwierigkeiten, solche Spannungen auszubalancieren, sind am Beispiel des Badmintonunterrichts von Frau G. unschwer zu erkennen.

Insgesamt lässt sich festhalten: Der Sport in der Schule gerät in ein unvermeidliches Spannungsgeflecht, das maßgeblich auf den institutionellen Charakter der schulischen Sporterziehung zurückzuführen ist. In einer grundsätzlichen Sichtweise wird deutlich, dass jeder Erziehungsversuch einen Widerspruch in sich aufweist. Wird Erziehung als das begriffen, was die ältere Generation von den Heranwachsenden will und mit ihr tut, weist sie zweifellos Züge von Fremdbestimmung auf. Jede Erziehung hat allerdings auch ein Ziel und damit ein Ende. Dieses ist erreicht, wenn die nachwachsende Generation selbständig und eigenverantwortlich am gesellschaftlichen Leben teilnehmen kann, also der älteren Generation gleich steht. Demzufolge darf Erziehung nicht durchgängig Fremdbestimmung zum Zwecke künftiger Selbstbestimmung sein. Selbstbestimmtes Handeln muss vielmehr schon während der Erziehung entwickelt werden. Für die Erziehung gilt der Grundsatz: Die Fremdbestimmung durch Erwachsene muss kontinuierlich abnehmen und die Selbstbestimmung der Heranwachsenden stetig zunehmen.

Dieses Grundproblem stellt sich in gleicher Weise für den Sport, wenn er – wie in der Schule – Erziehungszwecke verfolgt. Im Unterschied zum freiwilligen, selbstbestimmten Sporttreiben in der Freizeit ist der schulische Sportunterricht eine Pflichtveranstaltung, die dem selbstbestimmten Handeln der Schüler Grenzen setzt. Es ist die Frage, ob die Schüler sich mittels Sport erziehen lassen (wollen) oder nur jenes ungezwungene Sporttreiben akzeptieren, das um seiner selbst willen und aus Freude an der Sache passiert. Die Antworten werden nicht eindeutig ausfallen, die grundlegende Widersprüchlichkeit des Erziehungshandelns wird sich nicht auflösen lassen, sie wird vielmehr das alltägliche Tun von Sportlehrern kontinuierlich durchdringen.

Das Praxisbeispiel ist dem Aufsatz „Sport: betreiben oder unterrichten" von Wolf-Dietrich MIETHLING (1989) entnommen. Der dargestellte Fall ist sicherlich auf verschiedene Weise zu deuten. Die in diesem Kapitel vorgetragene Interpretation geht ausgewählten Perspektiven nach, die auch MIETHLING selbst in seinem Beitrag verfolgt hat.

3 Welche Angebote sieht der außerunterrichtliche Schulsport vor?

Sport findet in der Schule nicht nur als Sportunterricht statt. Teil der strukturellen Vorgaben der Institution Schule ist die Forderung, die formalen Grenzen der verbindlichen Unterrichtsveranstaltung zu überschreiten und Möglichkeiten für außerunterrichtliches Sporttreiben in der Schule zu schaffen. Die entsprechenden Angebote zeichnen sich dadurch aus, dass ihnen mindestens eines der unterrichtstypischen Merkmale fehlt: sei es, dass sie nicht verpflichtend sind, unregelmäßig stattfinden, nicht angeleitet sind oder nicht bewertet werden. Vier Felder des außerunterrichtlichen Schulsports sind zu skizzieren:

- **Bewegungs- und Spielpausen:** Der Aufenthalt der Schüler in ihrer Schule ist nicht allein durch Unterrichtszeiten ausgefüllt. Zu beträchtlichen Anteilen verbringen sie unterrichtsfreie Zeiten in der Schule: vor Unterrichtsbeginn und nach Schulschluss, in Freistunden und vor allem während der Pausen. Pausen sind Zwischenzeiten für den Unterricht und notwendig, damit während des Unterrichts konzentriert gearbeitet werden kann. Sie können zudem Pausen von Unterricht sein, in denen Schüler spontan und selbstbestimmt ihren Bedürfnissen und Interessen nachgehen. Von den vielen Beschäftigungsweisen sind Bewegungs-, Spiel- und Sportaktivitäten bei den Schülern – vor allem den jüngeren – beliebt und gleichzeitig eine sinnvolle Bereicherung für das Schulleben. Die pädagogische Bedeutung von Bewegungs- und Spielpausen ist beträchtlich. Schüler finden Gelegenheit, ihrem Bewegungsdrang nachzukommen und sich auszutoben, ihre Spielaktivitäten selbst zu initiieren, zu organisieren und zu regeln, Verantwortungsgefühl für die Ordnung und Nutzung der Spielflächen und für die Verteilung und Pflege der Geräte zu entwickeln, Anregungen für ihr außerschulisches Freizeitverhalten aufzunehmen, sich von den Belastungen des Unterrichts zu erholen und zu entspannen. Wenn die Pausen attraktive Bewegungszeiten sein sollen, ist die räumliche Gestaltung und Ausstattung des Schulgeländes geboten. Maßnahmen zur Einrichtung einer bewegungsfreundlichen Umgebung sind etwa die Freigabe und Umgestaltung von Teilen des Schulgeländes, die Strukturierung des Geländes in Bewegungs-, Spiel- und Ruhezonen, die Kennzeichnung des Untergrundes durch aufgemalte Spielfelder, die Aufstellung von Geräten, die Bereitstellung von Materialien.

- **Sportarbeitsgemeinschaften:** Der verbindliche Sportunterricht sieht für alle ein gleiches Programm vor und orientiert sich bei der Vermittlung der Themen an einem einheitlichen Könnensniveau. Daher kann der Pflichtunterricht die unterschiedlichen Voraussetzungen und Neigungen der einzelnen Schüler nur in Grenzen berücksichtigen. Zusätzliche Arbeitsgemeinschaften können das übliche Unterrichtsangebot erweitern, ergänzen oder vertiefen. Sie können besondere Schülergruppen etwa altersübergreifend oder geschlechts- oder leistungshomogen zusammenführen und gezielt Kinder und Jugendliche mit einem besonderen, z. B. psychomotorischen Förderbedarf ansprechen. Das pädagogische Potenzial der Sportarbeitsgemeinschaften ist darin zu sehen, dass sie eine differenzierte Berücksichtigung unterschiedlicher Interessens- und Leistungsvoraussetzungen der Schüler ermöglichen. Sie sind zwar unterrichtsähnliche Veranstaltungen, aber die Teilnahme der Schüler beruht auf Freiwilligkeit. Schulen können ihr Angebot flexibel gestalten und nach bestimmten Zeitspannen wechseln. Die Variationsbreite der Angebote reicht von Schnupperkursen, Förder- und Aufbaukursen, Vertiefungs-, Leistungs- und Trainingskursen bis hin zur Aufnahme von Sportarten, die sich für eine unterrichtliche Inszenierung wenig eignen (Segelfliegen, Schach). Unter Umständen bietet sich eine Zusammenarbeit mit außerschulischen Kooperationspartnern an (Fitnessstudios, Sportvereine etc.).

- **Spiel- und Sportfeste:** Feste, Feiern, Aufführungen und Veranstaltungen sind in Schulen wichtige und vielfach traditionsreiche Elemente des Schullebens. Darbietungen aus dem weiten Bereich von Bewegung, Spiel und Sport können entweder das Programm schulischer Veranstaltungen akzentuieren und bereichern, oder die Bewegungs- und Sportaktivitäten sind, wie im Falle schulischer Spiel- und Sportfeste, Sportwettkämpfe und Sportdarbietungen (z. B. Turngala, Tanzaufführung), der eigentliche Anlass und Mittelpunkt des Veranstaltungsprogramms. Die pädagogische Bedeutung von Sportfesten und -wettkämpfen ergibt sich aus der Gelegenheit für die Schüler, ihr sportliches Leistungsvermögen unter Beweis zu stellen und öffentlich zu präsentieren. Sie übernehmen Verantwortung, sammeln im Rahmen geregelter und durchorganisierter Veranstaltungen wertvolle Erfahrungen und erleben Formen einer Spiel- und Wettkampfkultur, die im Rahmen des Unterrichts nicht durchgeführt werden können.

- **Sportfahrten:** Klassenfahrten, Ausflüge, Exkursionen, Städtereisen und Auslandsaufenthalte stellen besondere Höhepunkte im pädagogischen Programm von Schulen dar und bereichern das Leben der Schüler. Sportfahrten sind in der Verantwortung der Schulen organisierte und betreute Unternehmungen mit sportlicher Ausrichtung, die einen Aufenthalt außerhalb des

Schulortes erforderlich machen. Je nach inhaltlicher Ausrichtung und unterschiedlichen Zeitumfängen bieten sich für Sport- und Bewegungsaktivitäten Ausflüge, Tagesfahrten, Wandertage, Aufenthalte in Schullandheimen, Jugendherbergen, Wander- und Skihütten und Kurse in Sportschulen wie etwa Segel-, Surf- oder Tauchschulen an. Die pädagogische Bedeutung der Sportfahrten besteht in der Chance, besonders wertvolle Bewegungs- und Sportaktivitäten für alle Schüler zu erschließen, die unter den zeitlichen und räumlichen Bedingungen der Schule nicht angeboten werden können. Zumeist geht der Erfahrungszugewinn für die Schüler weit über das hinaus, was durch das Sportprogramm angeregt wird. Im Vordergrund kann die Begegnung mit der natürlichen Umwelt stehen. Die Aufenthaltsbedingungen wie außerschulische Unterkunft und zeitlicher Rahmen sind geeignet, die Gestaltung und Bewältigung des gesamten Tagesablaufs als Gemeinschaftsaufgabe zu erleben und zu begreifen.

Hinweise auf Angebotsformen des außerunterrichtlichen Schulsports geben die Richtlinien und Lehrpläne Sport der einzelnen Bundesländer. Wer einen systematischen Einblick in Konzeption und Praxis des außerunterrichtlichen Schulsports gewinnen will, kann den Aufsatz „Bewegte Schule" von Rüdiger KLUPSCH-SAHLMANN (1995) und das von Lutz KOTTMANN & Günter KÖPPE (1991) herausgegebene Buch mit dem Titel „Schulleben" studieren.

4 Wie sieht ein angemessener Umgang der Sportlehrer mit den Rahmenbedingungen aus?

Die schulischen Rahmenbedingungen schaffen verlässliche Strukturen, die es Sportlehrern erst möglich machen, den umfangreichen Ansprüchen an ihre Arbeit gerecht zu werden und im komplexen Aufgabenfeld Schule und Unterricht handlungsfähig zu bleiben. Die Optimierung ihrer Arbeitsbedingungen wird außerdem den Wirkungsgrad und die Effizienz ihrer pädagogischen Anstrengungen erhöhen. Eines ist unbestritten: Die Rahmenbedingungen bestimmen maßgeblich das Handlungs- und Entscheidungsfeld der Sportlehrkräfte. In differenzierter Weise ist auf ihren Nutzen und Gewinn genauso hinzuweisen wie auf die Begrenzungen und Einschränkungen, die sie für die didaktischen Möglichkeiten des Lehrers haben. So reduziert sich die ganze Fülle sportlicher Handlungs- und Erfahrungsfelder in der Schule auf jene, die sich –

gleichsam gefiltert durch den institutionellen und organisatorischen Rahmen der Schule – für die Vermittlung und Inszenierung unter den Bedingungen von Unterricht anbieten. Soziale Erfahrungen sind durch die Klassengröße und -zusammensetzung und durch die Präsenz des Lehrers eingeschränkt. Dafür spielen sich unterrichtstypische Interaktions- und Kommunikationsverläufe ein, die im Falle ihrer – unbeabsichtigten oder bewussten – Missachtung zu Störungen des Unterrichts werden. Materiale Erfahrungen begrenzen sich auf diejenigen, die durch die verfügbaren Ressourcen zugänglich sind. Viele Sportarten sind für den Sportunterricht ungeeignet und zwar aus verschiedenen Gründen: erforderliche Zeitumfänge bei Ausdauersportarten, technisch aufwendige Vor- und Nachbereitungen oder notwendige Anfahrten bei Natursportarten, besondere, mit hohen Kosten verbundene Ausrüstungen etwa beim Reiten oder Golfen, spezifische Risiken oder Gefährdungen, die zwar den Reiz der Sportarten ausmachen, aber eine Verpflichtung zur Teilnahme für alle ausschließen.

Andere Sportaktivitäten sind eher begünstigt und lassen sich einfacher in den unterrichtlichen Rahmen einfügen. Kleine Spiele, wie etwa Völkerball und Brennball, die im außerschulischen Sporttreiben der Kinder eine unbedeutende Rolle spielen, eignen sich in besonderer Weise für den Sportunterricht, da sie große Teilnehmerzahlen in üblicher Klassengröße zulassen. Das Turnen profitiert von der standardisierten Ausstattung von Sporthallen mit Großgeräten wie Barren, Kästen oder Weichböden und eigens installierten Vorrichtungen für Ringe, Recks etc. In jeder Sporthalle finden sich Spielfeldmarkierungen etwa für Basketball und Volleyball. Sportlehrer unterrichten in den Sportbereichen, die sie aufgrund ihrer Ausbildung und Unterrichtserfahrungen am besten beherrschen: Leichtathletik und Schwimmen gehören ebenso dazu wie ausgewählte Mannschafts- und Partnerspiele. Die konkreten Belege, wie sich die schulischen Rahmenbedingungen unmittelbar auf die Arbeit der Sportlehrer auswirken, ließen sich beliebig fortführen. Bleibt die Frage, ob es im Sinne einer professionellen Arbeitsweise genügt, die schulischen Rahmenbedingungen schlicht zur Kenntnis zu nehmen.

Die Reaktion der Sportlehrer auf schulische Vorgaben kann in einer weitgehenden Akzeptanz bestehen. Die Rahmenbedingungen werden in diesem Fall als gegebene Realität hingenommen und daraufhin befragt, welche Möglichkeiten sie zulassen oder ausschließen. Die Gefahr besteht darin, sie als Unabänderlichkeiten zu sehen und sich ihnen anzupassen, anstatt sie ständig zu prüfen, zu verändern und fortzuentwickeln. Gegen eine solche „Didaktik der

Anpassung“ spricht die Tatsache, dass nicht alle Rahmenbedingungen zwingend notwendig sind. Vielfach sichern sie lediglich den Fortbestand lieb gewonnener Traditionen und eingespielter Routinen. Das didaktische Interesse ist somit auf Überlegungen zu richten, wie denn optimale Rahmenbedingungen aussehen und wie denn Verbesserungen realisiert werden können. Ist es nicht sogar notwendig, dieses Anliegen zum Thema des Sportunterrichts zu machen und in experimenteller Form mit den Schülern zusammen nach Änderungen zu suchen, um Entwicklungsmöglichkeiten kennen und deren Folgen für das Sporttreiben abschätzen zu lernen?

Insgesamt zeigt sich: Überlegungen zur didaktischen Aufbereitung des Sports in der Schule sind nur vollständig, wenn sie die vorgegebenen Reglementierungen und Strukturen konstruktiv einbeziehen. Dieses schließt Überlegungen mit ein, ob und welche Gelegenheiten in der Schule bestehen, über den Sportunterricht hinaus Bewegung, Spiel und Sport als außerunterrichtliche Angebote vorzusehen oder gar zu einem wesentlichen Element des pädagogischen Programms der Schule zu machen.

Ähnliche Überlegungen stellen Dieter BRODTMANN (1979, bes. S. 88-90) in seinem Buch „Sportunterricht und Schulsport“ und Dietrich KURZ (1977, bes. S. 144-158) in seiner Monographie „Elemente des Schulsports“ an. Weiterführende Vorschläge erläutert Jürgen KRETSCHMER (2000). Er diskutiert Ideen und Konzepte, die im Grunde als Gegenbewegung zu einer „Verschulung“ des Sportunterrichts zu verstehen sind.

Literatur

BALZ, E. (1999). Die bewegte Schule – Konzept und Kritik. *sportunterricht, 48* (10), 417-424.

BILDUNGSKOMMISSION NRW (1995). *Zukunft der Bildung – Schule der Zukunft.* Neuwied: Luchterhand.

BRODTMANN, D. (1979). *Sportunterricht und Schulsport.* Bad Heilbrunn: Klinkhardt.

EHNI, H. (1977). *Sport und Schulsport.* Schorndorf: Hofmann.

HENTIG, H. VON (1972). Lerngelegenheiten für den Schulsport. *Sportwissenschaft, 2* (3), 239-257.

KLUPSCH-SAHLMANN, R. (1995). Bewegte Schule. *sportpädagogik, 19* (6), 14-22.

KOTTMANN, L. & KÖPPE, G. (Hrsg.). (1991). *Schulleben. Mit Sport Bewegung in die Schule bringen.* Baltmannsweiler: Schneider.

KRETSCHMER, J. (2000). Entschulter Schulsport. In P. WOLTERS et al., *Didaktik des Schulsports* (S. 61-89). Schorndorf: Hofmann.

KURZ, D. (1977). *Elemente des Schulsports.* Schorndorf: Hofmann.

LAGING, R. (1999). Schule als Bewegungsraum – Bewegte Schule. In W. GÜNZEL & R. LAGING (Hrsg.), *Neues Taschenbuch des Sportunterrichts. Bd. 1* (S. 397-419). Baltmannsweiler: Schneider.

LAGING, R. (2000). Theoretische Bezüge und Konzepte der Bewegten Schule – Grundlagen und Überblick. In R. LAGING & G. SCHILLACK (Hrsg.), *Die Schule kommt in Bewegung* (S. 2-38). Baltmannsweiler: Schneider.

LAGING, R. & SCHILLACK, G. (Hrsg.). (2000). *Die Schule kommt in Bewegung.* Baltmannsweiler: Schneider.

MEYER, H. (1997). *Schulpädagogik. Bd. I: Für Anfänger.* Berlin: Cornelsen.

MIETHLING, W.-D. (1989). Sport: betreiben oder unterrichten. *sportpädagogik, 13* (1), 17-23.

REGENSBURGER PROJEKTGRUPPE (1999). Die bewegte Schule – Anspruch und Wirklichkeit. *sportpädagogik, 23* (1), 3-10.

SCHERLER, K. (2000). Sport als Schulfach. In P. WOLTERS et al., *Didaktik des Schulsports* (S. 36-60). Schorndorf: Hofmann.

SCHIERZ, M. (1993). Schule: Eigenwelt, Doppelwelt, Mitwelt. In W.-D. BRETTSCHNEIDER & M. SCHIERZ (Hrsg.), *Kindheit und Jugend im Wandel – Konsequenzen für die Sportpädagogik* (S. 161-176). Sankt Augustin: Academia.

STIBBE, G. (Hrsg.). (1998). *Bewegung, Spiel und Sport als Elemente des Schulprogramms.* Baltmannsweiler: Schneider.

STIBBE, G. (1998). Schulsport und Schulsportprogrammentwicklung. *sportunterricht, 47* (10), 389-398.

Lektion 4
Welcher Leitidee kann der Schulsport folgen? Die Lehrpläne und ihre Aussagen

Wer tagtäglich Sport unterrichtet, benötigt einen Orientierungsrahmen für sein Handeln. Erst auf der Grundlage eines systematischen gedanklichen Entwurfs können Sportlehrer ihr pädagogisches Tun im Unterricht fundiert anlegen, angemessene Entscheidungen treffen, Handlungsalternativen auswählen, ihre Arbeit und die Wirkungen ihrer Arbeit analysieren und selbstkritisch auswerten. Zu den professionellen Kompetenzen von Sportlehrkräften gehört es, dass sie eine durchdachte und begründete Vorstellung von den Anliegen und Schwerpunkten ihres Faches haben. Wer sich nun auf die Suche nach einem solchen Konzept begibt, wird eine klare, eindeutige Vorgabe und Auffassung kaum finden. Zumindest in der wissenschaftlichen Diskussion ist eine einheitliche Position nicht zu erkennen. Am ehesten scheint es noch auf der Ebene der amtlichen Richtlinien und Lehrpläne möglich, ein übereinstimmendes Grundverständnis über den Auftrag und Zweck des Schulsports auszumachen.

In dieser Lektion geht es vor allem darum, eine erste Richtschnur für die Unterrichtsarbeit des Sportlehrers zu entwickeln. Ausgangspunkt dafür sind die Sportlehrpläne. Zunächst ist zu klären, was unter Lehrplänen zu verstehen ist, welche Aufgaben sie erfüllen und mit welchem Einfluss der Lehrpläne auf die Unterrichtspraxis der Sportlehrer zu rechnen ist. Ein differenzierter Einblick in den üblichen Aufbau und die inhaltliche Gestaltung von Sportlehrplänen soll über ein konkretes Beispiel entstehen. Es folgen einige Hinweise auf sportdidaktische Akzentuierungen in den verschiedenen Schulstufen.

Die Lektion schließt mit dem Versuch, eine gemeinsame Grundorientierung für den Sportunterricht zu finden. Dieses Vorhaben ist nicht unproblematisch, da die Sportlehrpläne in ihren jeweils verschiedenen länderspezifischen Ausprägungen abweichende Vorstellungen formulieren. Dennoch: Von den Unterschieden abgesehen, scheint über alle Lehrpläne hinweg eine Tendenz erkennbar. Es wird zum einen erwartet, dass der Schulsport jungen Menschen die Vielfalt der Bewegungs-, Spiel- und Sportkultur erschließt und sie befähigt, Sport sinnvoll in die eigene Lebensgestaltung zu integrieren. Und es wird zum anderen damit gerechnet, dass der Schulsport die Möglichkeiten von Bewegung,

Spiel und Sport als Mittel einer individuellen Entwicklungsförderung nutzt und das allgemeine schulpädagogische Ziel verfolgt, Heranwachsenden zur Eigenverantwortlichkeit und Selbständigkeit zu verhelfen. Ein Sportunterricht, in dem diese beiden Aufgaben zugleich angesprochen werden, folgt der Idee eines „erziehenden Sportunterrichts". Es ergibt sich für diese Lektion ein Aufbau, der folgende Fragen aufnimmt: Was sind Lehrpläne und welche Funktionen haben sie? Was steht in den Lehrplänen? Welche besonderen Empfehlungen geben Lehrpläne für die verschiedenen Schulstufen? Was besagt die didaktische Leitidee des erziehenden Sportunterrichts? Welches sind die Prinzipien eines erziehenden Sportunterrichts?

1 Was sind Lehrpläne und welche Funktion haben sie?

Seitdem das Bildungswesen über die Einrichtung von öffentlichen Schulen gesetzlich geregelt, institutionalisiert und durch Unterricht organisiert ist, besteht die Notwendigkeit einer weitgehenden Vereinheitlichung der Lehr- und Lernprozesse. Zu diesem Zwecke werden von den einzelnen Ländern der Bundesrepublik Deutschland Lehrpläne erlassen. Dadurch ist gewährleistet, dass Inhalt und Fortschritt der Ausbildung in den Schulen nicht vom zufälligen Belieben Einzelner abhängen und Vorhersehbarkeit und Kontinuität des Unterrichts garantiert sind. In den Lehrplänen ist üblicherweise die einheitliche Auswahl, Gliederung und Anordnung dessen festgehalten, was in der Schule unter Berücksichtigung ihrer Organisation (Schultypen, Fächergliederung, Altersstufen, Klassen) gelernt werden soll und wie die Lernprozesse für unterschiedliche Schülergruppen zu führen sind.

Eine präzise Klärung des Begriffs Lehrplan fällt schwer, weil dazu kein einheitliches Verständnis vorliegt. Dies zeigt sich in einer ganzen Reihe von Formulierungen wie Rahmenrichtlinien, Richtlinien, Rahmenpläne, Bildungspläne, Lehrpläne, curriculare Lehrpläne, Curricula. Auch auf die Gefahr hin, dass die mit den verschiedenen Bezeichnungen verknüpften, unterschiedlichen Konzeptionen unberücksichtigt bleiben, wird im Folgenden grundsätzlich von Lehrplänen gesprochen. Insgesamt gilt: *Lehrplan* ist ein Oberbegriff für die von staatlicher Seite erlassenen Vorgaben und Forderungen, die im Bildungssystem erreicht werden sollen. Er enthält eine programmatische Zusammenstellung von Sollensaussagen zu den Erziehungs- und Unterrichtsaufgaben der Schulen und einzelner Fächer. Festgelegt sind fachübergreifende sowie fach- und stufenbezogene Ziele und inhaltliche Bestimmungen, die mehr oder weniger verbindlich vorgegeben sind.

Mit dem Anliegen eines Lehrplans, ein theoretisch abgesichertes und praktisch umsetzbares Konzept für den Unterricht an den Schulen abzugeben, sind bestimmte Aufgaben verbunden. Es wird von ihm erwartet, dass er mindestens fünf Funktionen erfüllt:

- Eine erste entscheidende Funktion von Lehrplänen ist die der **Orientierung**. Danach müssen Lehrpläne so angelegt und abgefasst sein, dass sie einen hinreichend differenzierten und eindeutigen Bezugsrahmen für die Entscheidungen des Lehrers bilden. Als Vorgaben regeln sie, was, wann, wo und mit wem in den Schulen und im Unterricht zu geschehen hat. Diese Vorgaben sichern die Vereinheitlichung und Vergleichbarkeit im Bildungswesen, bezogen auf die Schulformen und -typen, für die sie gelten sollen.

- Damit ist eine weitere Funktion von Lehrplänen angesprochen, die sich von jener der Orientierung nur graduell unterscheidet, jedoch folgenreicher und genauer auf die Wirksamkeit und Verbindlichkeit der Lehrplanaussagen abhebt: die Funktion der **Steuerung** von Unterrichts- und Lernvorgängen. Diese Aufgabe ist aus der Sicht der Lehrplanautoren und vor allem für die Schulverwaltung von großer Bedeutung. Denn neben der Bestimmung des allgemeinen rechtlichen und organisatorischen Rahmens des Unterrichts durch Schulgesetze, Erlasse und Verordnungen sollen die Lehrpläne – vermittelt durch den Lehrer – die Ziel- und Inhaltsentscheidungen im Unterricht innerhalb bestimmter Spielräume anleiten. Über die Orientierungsfunktion hinaus soll die Steuerungsfunktion der Lehrpläne für einen hinreichenden Bestand an gemeinsamen Lernerfahrungen aller Schüler Sorge tragen. Dies kann nur gelingen, wenn der Lehrplan Mindestqualifikationen formuliert, ansteigende Leistungsanforderungen benennt und anzustrebende Abschlussniveaus beschreibt.

- Lehrpläne wenden sich in erster Linie an die Lehrer, die nach ihnen unterrichten sollen, danach an Schüler, Eltern und die bildungspolitisch interessierte und engagierte Öffentlichkeit. Insofern hat der Lehrplan für die politisch verantwortliche Administration eine **Legitimationsfunktion.** Kultusministerien und Schulaufsicht bedienen sich des Lehrplans als eines Instruments, mit dessen Hilfe mögliche Schulkonflikte und Unterrichtsprobleme zu beurteilen und zu regeln sind. Genauso können Lehrer die Lehrpläne als Legitimationshilfe heranziehen, wenn sie ihre Unterrichtspraxis gegenüber Schülern oder Eltern begründen und rechtfertigen. Dies ist vor allem in der Situation sinnvoll, wenn veränderte und neue Ziele, Inhalte und Vermittlungsmethoden in die Schule einzubringen sind.

- Lehrpläne erhalten eine zunehmende Bedeutung, wenn Reformen im Schulwesen anstehen. Neue Ideen und fortschrittliche Konzepte sollen über Lehrpläne in eine qualitativ verbesserte Form des Unterrichts an Schulen eingebracht werden. Diese **Innovationsfunktion** können Lehrpläne allerdings nur erfüllen, wenn durch sie der Unterricht des Lehrers tatsächlich geleitet wird.

- Die vorgenannten Funktionen können leicht ein Bild entstehen lassen, dass der Lehrplan eine mehr oder weniger rigide Planungsvorgabe und Anweisung für den Lehrer sei. Diese Sicht muss – um den derzeit gültigen Lehrplänen gerecht zu werden – korrigiert werden. Lehrpläne sind kein bedauerliches Faktum, sondern eine Notwendigkeit, wenn sie auf die Konkretisierung unter je spezifischen Bedingungen angelegt sind, Entscheidungsspielräume offen lassen und ihrerseits kritisierbar und revidierbar sind. Aufgabe und Bedeutung der Lehrpläne sind erst dann richtig begriffen, wenn eine letzte Funktion hinzukommt: die der **Schaffung von Freiräumen** für die Interpretationsmöglichkeiten und Entscheidungsoptionen der Lehrer.

Empirische Untersuchungen machen deutlich, dass zwischen den in Lehrplänen formulierten Ansprüchen und der tatsächlichen Unterrichtspraxis erhebliche Unterschiede bestehen (BRÄUTIGAM, 1986; HÜBNER, 1994). In vielen Fällen sind Sportlehrer überfordert, didaktische Innovationen umzusetzen, und werfen neuen Lehrplänen fehlende Realitätsnähe vor. Qualifizierte und engagierte Sportlehrer begreifen sie auf konstruktive Weise als pädagogisches Fundament für ihren Unterricht und orientieren sich, so weit es geht, an deren Vorgaben.

2 Was beinhalten die Sportlehrpläne?

Lehrpläne liefern eine gegliederte Übersicht über die Gesamtaufgaben der Schule und ihre einzelnen Fächer. Die Bestimmung der Erziehungs- und Bildungsziele wird auf unterschiedlichen Ebenen vorgenommen: grundsätzliche Vorstellungen zu den zentralen Anliegen von Schule und Unterricht sind ebenso formuliert wie konkrete Angaben zu einzelnen Themenfeldern.

Zur Verdeutlichung ein konkretes Beispiel: Nach dem Lehrplan von Schleswig-Holstein geht es darum, Schüler zur Auseinandersetzung mit den Herausforderungen zu befähigen, welche die Gegenwart und nächste Zukunft mit sich bringen. Grundlegend ist dabei ein **Konzept zur Allgemeinbildung**, wie es vom Erziehungswissenschaftler Wolfgang KLAFKI vertreten wird. Danach ist Bildung an drei fundamentale Fähigkeiten gebunden:

- Die Fähigkeit zur Selbstbestimmung: Jeder soll selbst über sein Leben verfügen und darin eigenständig Entscheidungen treffen und Verpflichtungen eingehen.
- Die Fähigkeit zur Mitbestimmung: Jeder soll Verantwortung für die gemeinsame Gestaltung der kulturellen, politischen und gesellschaftlichen Verhältnisse übernehmen und entsprechend handeln.
- Die Fähigkeit zur Solidarität: Jeder soll Selbst- und Mitbestimmung nicht allein für sich fordern, sondern allen zugestehen und aktiv für diejenigen eintreten, die aufgrund politischer Einschränkungen, Unterprivilegierung, Unterdrückung bisher ausgeschlossen sind.

Diese Grundfähigkeiten sind für die Gestaltung des Lebens unter den gegenwärtigen und zukünftigen gesellschaftlichen Bedingungen unverzichtbar. Daher müssen sie auch erworben werden und zwar in der Auseinandersetzung mit den Fragestellungen, die relevant und existenzentscheidend sind. Zentrale Themen dieser Art werden als Schlüsselprobleme bezeichnet, weil sie für diesen historischen Zeitabschnitt als gesellschaftliche Kernfragen und typische Lebensaufgaben anzusehen sind. Ihr Status als **epochaltypische Schlüsselprobleme** zeigt sich in ihrer weit reichenden gesamtgesellschaftlichen, sogar weltweiten Bedeutung. Die nähere Bezeichnung als epochaltypisch soll darauf hindeuten, dass es sich um einen in längeren Zeiträumen wandelbaren Kanon von Themen handelt, der in Zukunft durch andere Problemstellungen abgelöst werden kann.

Für das Lehrplankonzept in Schleswig-Holstein sind die nachstehenden Schlüsselprobleme leitend:

- Die Friedensfrage: Das ungelöste Problem der Grundwerte menschlichen Zusammenlebens und des Zusammenlebens in einer Welt mit unterschiedlichen Kulturen, Gesellschaftsformen, Völkern und Nationen.
- Die Frage der Ungleichheit der Menschen: Das Problem der unzureichend verwirklichten Gleichstellung zwischen Frauen und Männern, sozialen Klassen und Schichten, behinderten und nichtbehinderten Menschen, zwischen Ausländern und einheimischer Bevölkerung.
- Die Demokratiefrage: Die noch unzureichende Chancengerechtigkeit für alle Menschen bei der Gestaltung ihrer politischen, kulturellen und wirtschaftlichen Lebensverhältnisse, ihrer Mitwirkung und Mitverantwortung in allen Lebensbereichen.
- Die Technologiefrage: Die Gefahren und Möglichkeiten der neuen Techniken einschließlich der Informations- und Kommunikationsmedien für die Gestaltung der Lebensverhältnisse.
- Die Umweltfrage: Das Problem des Erhalts der natürlichen Lebensgrundlagen der Menschen, der eigenen Gesundheit und der anderer.

Für die Lösung der epochaltypischen Schlüsselprobleme sind bestimmte Qualifikationen notwendig. Diese sind zu vermitteln. Dabei geht es zunächst darum, ein differenziertes Problembewusstsein und Sensibilität für die Problemlagen zu gewinnen, aber auch darum, erste Handlungserfahrungen und -fähigkeiten zu entwickeln. Solche für die Bewältigung moderner Problemlagen unverzichtbaren **Schlüsselqualifikationen** sind: Kritikbereitschaft und -fähigkeit, die die Fähigkeit zur Selbstkritik mit einschließt; Kreativität; Argumentationsbereitschaft und -fähigkeit; die Fähigkeit, in vernetzten Zusammenhängen zu denken; ästhetische Wahrnehmungs- und Gestaltungsfähigkeit; die ethische und politische Urteilsfähigkeit; Kooperationsfähigkeit; die Fähigkeit zur Empathie und Solidarität; Bereitschaft zur Weiterbildung.

Der Beitrag des Faches Sport zur Vermittlung von Schlüsselqualifikationen wird in seiner Bewegungs- und Handlungsorientierung gesehen. Aus dieser Besonderheit werden fachspezifische **Qualifikationen** abgeleitet und Kompetenzbereichen zugeordnet:

- Sach- und Methodenkompetenz: Es geht um grundlegende Kenntnisse über sportartspezifische Bewegungstechniken und Regeln des Sports, um Kenntnisse zum Zusammenhang von Sport und Gesundheit oder Sport und Natur sowie um Einsichten über Aufbau und Funktion des menschlichen Körpers.

- Selbstkompetenz: Es geht um motorische, personale sowie Wahrnehmungskompetenzen. Zu den motorischen Kompetenzen zählen die Beherrschung grundlegender Bewegungsformen, die allgemeine und spezielle Spielfähigkeit und der kreative und produktive Umgang mit der Bewegung. Die personalen Kompetenzen reichen von der Fähigkeit zur realistischen Einschätzung von Risiken beim Sporttreiben über den Umgang mit unterschiedlichen Gefühlen beim Sport bis hin zur angemessenen Verarbeitung von Erfolgen und Misserfolgen. Die Wahrnehmungskompetenzen umfassen die Fähigkeit zur Wahrnehmung körperlicher Reaktionen auf Belastungen, die Wahrnehmung eigener und fremder Darstellungs- und Ausdrucksweisen und die Wahrnehmung der eigenen Bewegungsmöglichkeiten.
- Sozialkompetenz: Dabei geht es um die Fähigkeit zur kooperativen Zusammenarbeit und zur konkurrenzorientierten Auseinandersetzung, die Fähigkeit zur friedlichen, fairen und argumentativ geführten Konfliktlösung und Regelentwicklung, die Fähigkeit und Bereitschaft, Regeln und Vereinbarungen einzuhalten und soziale Prozesse wahrzunehmen.

Die fachspezifischen Qualifikationen sind laut Lehrplan über bestimmte **Unterrichtsthemen** zu vermitteln. Dabei sind neun große Themenbereiche vorgesehen:

- Sich fit halten
- An Geräten turnen
- Laufen, Springen, Werfen
- Schwimmen
- Sich rhythmisch bewegen und Bewegung gestalten
- Mit dem Partner und in Mannschaften spielen
- Wassersport betreiben
- Rollen und Gleiten
- Raufen, Ringen und Verteidigen

Innerhalb der einzelnen Themenbereiche wird jeweils die gleiche Grundfigur des didaktischen Umgangs mit den Bewegungsformen verfolgt: Ausgehend von einem spielerischen und entdeckenden Zugang sollen die Schüler bis zu den mit diesen Grundformen in Zusammenhang stehenden sportlichen Bewegungsmustern und Wettkampfarten geführt werden. Das schließt insbesondere die Erfahrung eines zielorientierten Erlernens, Übens, Trainierens sowie die weitgehend selbständige Organisation und Durchführung von Wettkämpfen, Vorführungen und Aufführungen ein. Über die eigenständige Gestaltung der Bewegungsweisen sollen vor allem Möglichkeiten kreativer Veränderungen angeregt werden. Nicht zuletzt soll den Schülern die besondere Erlebnisqualität der jeweiligen Bewegungsform zugänglich gemacht werden.

Für die Themenbereiche sind **inhaltliche Konkretisierungen** vorgegeben. Für den Themenbereich „An Geräten turnen“ sind dies: vielfältiges Klettern, Schwingen und Balancieren; vielfältiges Springen, Fliegen und Landen; vielfältiges Rollen, Drehen und Überschlagen; Spielformen turnerischen Bewegens erproben und anwenden; Fertigkeiten des Gerätturnens erlernen, üben und trainieren; Wettbewerbe des Gerätturnens organisieren und durchführen; turnerisches Bewegen gestalten und erleben. Für den Themenbereich „Spielen“ sind dies: Spiele und Spielgeräte ausprobieren; miteinander nach Regeln spielen lernen; gegeneinander nach Regeln spielen lernen; Sportspiele erlernen, üben und trainieren; Sportspiele organisieren und durchführen; Spiele gestalten und erleben. Für den Themenbereich „Sich fit halten“ sind dies: Formen zur Entwicklung von Ausdauer, Kraft, Beweglichkeit und Koordination erproben und anwenden; Trainingsformen zur Entwicklung von Ausdauer, Kraft, Beweglichkeit und Koordination kennen lernen; funktionale Formen des Bewegens erlernen und üben; Formen der Entspannung erlernen und üben; Wissen über funktionales Bewegen erwerben; Wissen über gesunde Lebensführung erwerben.

Der Lehrplan macht weitergehende Angaben dazu, wie die Themenbereiche auf die Klassenstufen zu verteilen sind, und legt eine Liste von Beurteilungskriterien vor, die als Grundlage für die Notenfindung dienen können.

Der Lehrplan von Schleswig-Holstein ist ein Beispiel und macht deutlich, wie weitreichend und systematisch der Schulsport in allgemein-pädagogische Zielorientierungen eingebunden wird. Diese Entwicklung ist auch in anderen aktuellen Lehrplanwerken zu erkennen – etwa in denen von Bayern (1992), Niedersachsen (1998) und Nordrhein-Westfalen (1999). Insgesamt sind die Lehrpläne in den 16 Ländern der Bundesrepublik unterschiedlich. Sie variieren in formaler Hinsicht nach Aufbau und Umfang, in der Anlage der Gesamtkonzeption, in der pädagogischen Grundausrichtung, in der Auswahl und Zusammenstellung der Ziele und Inhalte des Faches. Sie weisen aber auch Gemeinsamkeiten auf: Sie folgen in der Darstellung ihrer Vorgaben und Empfehlungen einem Grundmuster, das verschiedene Abstraktionsniveaus und Stufen differenziert, sie weisen fachdidaktische Grundsätze und Perspektiven aus, wonach die Entwicklung und Ausbildung sportbezogener Kompetenzen an übergreifende pädagogische Dimensionen zu knüpfen sind und sie legen die Inhalte und Themen des Sportunterrichts fest.

3 Welche Empfehlungen geben Sportlehrpläne für die verschiedenen Schulstufen?

Unser Schulwesen ist nach Schulformen und Schulstufen gegliedert. Bei den Einteilungen existieren zur Zeit nebeneinander: die Unterscheidung der Schulformen Grundschule, Hauptschule, Realschule, Gesamtschule, Gymnasium und Berufsschule und der Aufbau nach den Schulstufen Primarstufe, Sekundarstufe I und Sekundarstufe II. Dieser bildungspolitische Ordnungsrahmen des Schulsystems ist für den Schulsport von besonderer Bedeutung. Der didaktische Zuschnitt des Sports in der Schule erfährt durch die Abstimmung auf die jeweilige Schulform und -stufe eine spezifische Akzentuierung. Gleichwohl haben sich die besonderen Anliegen in ein Gesamtkonzept einzufügen und müssen – was die Abfolge von Jahrgangsstufen anbelangt – aufeinander aufgebaut sein. Im Überblick über alle Lehrplanwerke hinweg können für die verschiedenen Schulstufen folgende Schwerpunktsetzungen des Schulsports festgehalten werden:

In der **Primarstufe** sollen die Schüler ein möglichst breites und reichhaltiges Spektrum an Spiel- und Bewegungsmöglichkeiten kennen lernen und erkunden. Der Sportunterricht soll erlebnis- und abwechslungsreich angelegt sein und durch offene Handlungssituationen die Spontaneität und Experimentierfreude der Schüler unterstützen und fördern. Die vielfältigen Spiel- und Bewegungserfahrungen können ansatzweise zu spezifisch sportlichen, normierten Bewegungsweisen weiterentwickelt werden, Schwerpunkt bleibt jedoch eine auf Offenheit und Breite angelegte allgemeine Spiel- und Bewegungserziehung.

In der **Sekundarstufe I** – in der nach wie vor die vertikale Binnengliederung in Hauptschule, Realschule, Gymnasium und Gesamtschule existiert – gewinnt die Sporterziehung zunehmend an Gewicht. Der Unterricht orientiert sich stärker an der Sportwirklichkeit außerhalb der Schule mit den vorgegebenen Mustern des normierten und nach Sportarten gegliederten Sports. Diese Ausrichtung korrespondiert mit der Bewegungswelt der 10- bis 16-jährigen Schüler, die an der Praxis des institutionalisierten Sports ebenso orientiert ist wie an aktuellen Sport- und Bewegungsmoden, die von den Schülern selbst inszeniert und erweitert werden. Die größere Selbstbestimmungsfähigkeit der Schüler in der Sekundarstufe I und die zunehmende Heterogenität ihrer Interessen legt die Forderung in den Lehrplänen nahe, Schülern größere Freiräume für individuelle Entscheidungen einzuräumen und Maßnahmen der inneren und äußeren Differenzierung vorzusehen. Im Fortlauf der Sekundarstufe I wird von den Schülern mehr und mehr verlangt, dass sie sich mit ihren

Sport- und Bewegungserfahrungen bewusst auseinander setzen und eine reflexive und kritische Distanz zu den etablierten Formen des Sports ausbilden.

Die zunehmende Ausrichtung auf die gesellschaftliche Wirklichkeit des Sports bedeutet nicht, dass Sport nicht in seiner Offenheit, Unabgeschlossenheit und seinen Varianten und Veränderungen dargestellt werden soll. Experimentieren mit den gängigen Ausprägungen des Sports, um Selbstverständlichkeiten und eigene Gewohnheiten aufzubrechen, situationsgerechte und bedürfnisorientierte Formen des Sports zu finden und zu konstruieren, den Aufbau, die Regelungen und Strukturen des Sports aufzudecken und für subjektive Interessen und Bedürfnisse neu zu arrangieren, dies alles erfordert einen Unterricht, der weiterhin die Experimentier- und Erkundungsbereitschaft der Schüler voraussetzt und offene Unterrichtssituationen erforderlich macht.

Die **Sekundarstufe II** teilt sich in die allgemein bildende gymnasiale Oberstufe und in das berufsbildende Schulwesen. In den Lehrplänen wird das Fach Sport entsprechend unterschiedlich ausgelegt. Im Sportunterricht der **gymnasialen Oberstufe** ist eine Ausrichtung am didaktischen Gesamtauftrag dieser Schulstufe verlangt. Im Gefolge einer 1972 beschlossenen Reform der Oberstufe ist der Sport gleichrangig in die Reihe der „wissenschaftlichen" Fächer eingebunden worden und kann seither als Grundkurs und Leistungskurs bis hin zur Abiturprüfung mit praktischen, schriftlichen und/oder mündlichen Teilen belegt werden. Damit ist das didaktische Konzept des Sportunterrichts notwendigerweise an den gymnasialpädagogischen Gesamtauftrag dieser Schulstufe geknüpft. Der Sportunterricht hat wie jedes andere Fach seinen Beitrag zu leisten, die Schüler zur allgemeinen Studierfähigkeit zu führen und den Anspruch einer wissenschaftspropädeutischen Ausbildung zu sichern. Danach hat der Sportunterricht im Hinblick auf grundlegende (sport-)wissenschaftliche Inhalte, Fragestellungen, Kategorien, Methoden und Arbeitsweisen einführenden Charakter. Die betonte Bewusstheit des Lernens im Sportunterricht und die kognitive Auseinandersetzung mit Themen des Sports sind das bestimmende Merkmal des Unterrichts in der gymnasialen Oberstufe. Die Forderung nach Schwerpunktsetzungen und Vertiefungen der behandelten Themen führt in Konsequenz dazu, dass den Schülern vermehrt Entscheidungs- und Wahlfreiheiten eingeräumt werden.

Der Sportunterricht im **berufsbildenden Schulwesen** ist bei der Vielzahl beruflicher Teilzeit- und Vollzeitschulen und der in jeder Hinsicht (Alter, Eingangsqualifikationen, angestrebte Abschlüsse, sportbezogene Voraussetzungen und Interessen) enormen Heterogenität der Schülergruppen in einem übersichtlichen, einheitlichen Konzept nicht zu entwerfen. Die Lehrpläne legen nahe, in besonderer Weise die jeweils unterschiedlichen Ausgangsbedingungen für den Sportunterricht zu berücksichtigen. Dazu gehört die Empfehlung, niedrige Fähigkeits- und Leistungsniveaus der Schüler zu akzeptieren, bei fehlender Motivation und Leistungsbereitschaft auf einen zielorientierten und lehrgangsmäßig geplanten Unterrichtsgang zu verzichten und vermehrt offene, nachfrageorientierte, motivierende, spontane, flexible Angebote vorzusehen. Die jeweils typischen, auch berufsbedingten Belastungen der Schüler sind zum Anlass zu nehmen, Bewegung, Spiel und Sport mit seinen Ausgleichsmöglichkeiten zu thematisieren und die Wirkungen des Sports zur Stabilisierung von Gesundheit und Wohlbefinden erfahrbar und einsichtig zu machen. Sehr viel stärker also als in allen anderen Schulformen und Schulstufen gilt es in der Berufsschule, auf die individuellen Ausgangs- und Bedürfnislagen der Schüler einzugehen und die subjektiven Zugänge zu einem befriedigenden Sporttreiben zu erschließen und zu fördern.

Über die Angaben der Lehrpläne hinaus finden sich auch in der sportdidaktischen Literatur Hinweise auf schulstufen- und schulformbezogene Akzentuierungen des Schulsports – z. B. in dem Aufsatz „Schulsport – Die aktuelle Diskussion um Aufgaben, Ziele und Inhalte im Überblick“ von Norbert SCHULZ (1985). Wer an konkreten Unterrichtsvorschlägen für die verschiedenen Schulstufen und -formen interessiert ist, findet eine Fülle von Anregungen in der „sportpädagogik“. Diese Zeitschrift bietet zum jeweiligen Themenschwerpunkt eines Hefts eigens für die Schulstufen ausgewiesene Praxisbeispiele.

4 Was besagt die didaktische Leitidee: erziehender Sportunterricht?

Mit einer gewissen Zeitverzögerung sind die Lehrpläne für den Sport in der Schule ein Spiegel der fachdidaktischen Entwicklung. Zwar ist aufgrund der Unterschiedlichkeit der Lehrpläne in den 16 Bundesländern nur schwer auszumachen, was über alle Lehrpläne hinweg an gemeinsamen didaktischen Vorstellungen formuliert ist. Es zeigt sich aber: In fast allen Lehrplänen finden sich Aussagen über den Beitrag des Schulsports zur gesunden Lebensführung, zur Entwicklung von Sozialkompetenz, Solidarität und Fairness, zur Bewältigung von Freizeitanforderungen, zur Förderung eines vernünftigen Umgangs mit der Umwelt und Natur. Insgesamt ist zu erkennen, dass aktuelle Lehrplanwerke der Tendenz nach eine zunehmende pädagogische Ausrichtung des Schulsports favorisieren. Danach gilt es, die Aufgaben des Sports in der Schule nicht einseitig und ausschließlich auf die Vermittlung fachimmanenter Ziele wie die Ausbildung sportmotorischer Fähigkeiten und Fertigkeiten zu begrenzen. Vielmehr wird darüber hinaus verlangt, den Schulsport so anzulegen, dass seine Beiträge zu den allgemeinen, fächerübergreifenden Aufgaben der Schule deutlich werden. Diese Gemeinsamkeit der Sportlehrpläne ist ein Beleg dafür, dass die Orientierung an der Leitidee eines erziehenden Sportunterrichts weithin Zustimmung findet.

Der Begriff des erziehenden Unterrichts hat eine lange Tradition und hebt im Kern darauf ab, dass die beiden wesentlichen Bestandteile schulischer Bildungsaufgaben, nämlich Erziehung und Unterricht, eng zusammengehören: Unterricht ist auf Erziehung angelegt und Erziehung verwirklicht sich vor allem im Unterricht. Für das pädagogische Handeln im Sportunterricht bedeutet das: Mit Bezug auf die außerschulische Lebenswelt sind sowohl fachimmanente Fähigkeiten, Fertigkeiten und Kenntnisse zu vermitteln als auch Einstellungen und Haltungen auszubilden, die für eine urteils- und handlungsfähige Teilnahme an sozialen und politischen Gestaltungsprozessen notwendig sind. Dieser doppelte Auftrag des erziehenden Sportunterrichts findet sich eingängig in den Formeln der Erziehung zum Sport und der Erziehung durch Sport wieder.

Die **Erziehung zum Sport** konzentriert sich auf die Qualifikationsabsicht, junge Menschen zum lebenslangen Sporttreiben anzuleiten. Damit richtet sich zunächst der Blick auf die vielfältigen Aktivitäten und Handlungsmuster des Sports als Teil unserer gesellschaftlichen Wirklichkeit. Zur aktiven Teilnahme an den traditionsreichen und geläufigen Formen unserer Sport- und Bewegungskultur sind grundlegende Fähigkeiten zu erwerben und einschlägige Fertigkeiten zu erlernen, die jungen Menschen ein selbständiges und sicheres Handeln im Sport ermöglichen. Die Vermittlung sportbezogener Kompetenzen schließt ein, dass eine Auseinandersetzung der Schüler mit der Sinnhaftigkeit der bekannten Bewegungs- und Sportaktivitäten stattfindet. Gängige Sinnrichtungen sind Leistung, Gesundheit, Miteinander, Spannung, Eindruck und Ausdruck. Die Beschäftigung mit der Sinnhaftigkeit des Sports liefert die Basis dafür, Heranwachsenden den Zugang zu den verschiedenen Handlungs- und Erfahrungsmöglichkeiten von Sport, Spiel und Bewegung zu erschließen und die Befähigung anzubahnen, Sport als Element einer aktiven Lebensgestaltung anzulegen.

Die **Erziehung durch Sport** rechnet mit den Potenzialen, die Bewegung, Spiel und Sport als Mittel individueller Entwicklungsförderung für die Heranwachsenden bieten. Dieses Anliegen richtet zunächst den Blick auf die Kinder und Jugendlichen und ihre je eigenen Voraussetzungen und Fähigkeiten. Die pädagogisch bedeutsamen Wirkungen zielen maßgeblich auf die körperliche und motorische Dimension der Entwicklung. Sie bleiben allerdings darauf nicht beschränkt: Bewegungen aktualisieren immer zugleich soziale Bezüge, Emotionen, Motive, Kognitionen und Wertorientierungen. Daher steht den Förderungsprozessen im Schulsport mit Recht die Bezeichnung „ganzheitlich" zu. Es bieten sich vielfältige Gelegenheiten, die positiven Eigenschaften von Bewegung, Spiel und Sport unmittelbar zu erfahren. In der gezielten Aufarbeitung der eigenen Erfahrungen werden sinnvolle Wege erschlossen, Bewegung, Spiel und Sport lebensbereichernd auszuüben.

Die Erziehung zum Sport und die Erziehung durch Sport stehen nicht unverbunden nebeneinander. Die Zusammenhänge werden deutlich, wenn die Sinnhaftigkeit von Bewegung, Spiel und Sport auf ihre übergreifenden pädagogischen Bedeutungen hin ausgelegt wird. Zum Beispiel: Ein Sportunterricht, der die Sinnperspektive des sportlichen Miteinanders thematisiert, erschließt und verdeutlicht ja nicht nur ein besonderes Motiv des Sporttreibens und zeigt, wie Sport anzulegen ist, damit er die Erwartungen an ein befriedigendes Gemeinschaftserlebnis erfüllt. Erfahrungen des Miteinanders im Schulsport bieten im Grundsatz die Gelegenheit, soziale Handlungsmuster und Wertorientierungen zu erwerben, die nicht nur im Sport, sondern auch in anderen Lebenszusammenhängen wertvoll sind. Ein erziehender Sportunterricht richtet seine Bemühungen darauf, dass singgeleitete Tun im Sport mit pädagogischen Intentionen zu verbinden, die für die Gesamterziehung Heranwachsender wesentlich sind.

Als Resümee: Ein erziehender Sportunterricht verfolgt den zweifachen Bildungsauftrag einer Erziehung zum und durch Sport. Sein Anspruch ist es, die Mündigkeit der Kinder und Jugendlichen im Umgang mit sich selbst und mit der Welt auszubilden. „Die Menschen stärken und die Sachen klären" – diese Formulierung des Pädagogen Hartmut von HENTIG ist eine treffende Formel für das grundlegende Bildungsziel.

Eine Einführung in das Konzept eines erziehenden Sportunterrichts liefern Eckart BALZ & Peter NEUMANN (1999, S. 162-192). Jürgen FUNKE-WIENEKE (1999) setzt sich in seinem Aufsatz „Erziehen im Sportunterricht" ebenfalls mit den Grundanliegen und besonderen Aufgaben des erziehenden Unterrichts auseinander. Eher praxisorientierte Antworten auf die Frage „Was ist erziehender Sportunterricht?" geben Michael MERTENS & Helmut ZUMBÜLT (2001) in ihrer gleich lautenden Broschüre. Die Stimmigkeit und Tragfähigkeit der in dem Konzept formulierten Aussagen und Ansprüche werden von Jörg THIELE (2001) kritisch unter die Lupe genommen.

5 Welches sind die Prinzipien eines erziehenden Sportunterrichts?

Soll die Leitidee eines erziehenden Sportunterrichts verwirklicht werden, sind besondere Prinzipien des Lehrens und Lernens zu berücksichtigen:

Das *Prinzip der Mehrperspektivität* ergibt sich aus dem Umstand, dass Sport ein vielfältiges und vielsinniges Tätigkeitsfeld ist. An dieser Komplexität hat sich die didaktische Inszenierung des Sports in der Schule zu orientieren. Schüler sollen Sport auf unterschiedliche Weise erleben: spannend, anstrengend, ermüdend, lustbetont, wohltuend, gesellig, konkurrenzorientiert, kunstvoll. In Situationen des Wettkämpfens, Trainierens, Übens, Erkundens und Spielens können die verschiedenen Erlebnisdimensionen erschlossen und vielseitige Möglichkeiten des Umgangs mit Sport, Spiel und Bewegung erfahren werden. Nach dem Prinzip der Mehrperspektivität ist der Sportunterricht derart zu gestalten, dass die verschiedenen Sinnperspektiven auf den Sport akzentuiert werden. Durch die perspektivische Thematisierung lernen die Schüler, wie Sport- und Bewegungsaktivitäten mit wechselndem Sinn belegt werden können und sich dadurch verändern.

Das *Prinzip der Erfahrungs- und Handlungsorientierung* stützt sich auf den Grundsatz, dass sich Lernen vorrangig als Prozess der handelnden Auseinandersetzung mit der konkreten Lebenswirklichkeit vollzieht. Einsichten sind umso überzeugender und stabiler, je weit reichender sie auf eigener, sozusagen leibhaftiger Erfahrung beruhen. Die besonderen Potenziale, die gerade der Sport als praktisches Tun für die unterrichtliche Inszenierung hat, liegen auf der Hand: Sport ist seinem Wesen nach an eine unmittelbar erlebte Körper- und Bewegungspraxis gebunden; er entsteht ja erst in dem Moment, wenn er ausgeübt wird. Die Situationen konkreter Sportpraxis, in der die Schüler ihre individuellen Erfahrungen machen, sind der didaktische Ausgangspunkt für eine Gestaltung des Sportunterrichts, in dem die Schüler Subjekte ihrer eigenen Lernprozesse werden und aufgefordert sind, sich neuen Erfahrungen zu stellen, sich mit diesen motiviert auseinander zu setzen und sie zugleich handelnd zu erproben. Nach dem Prinzip der Erfahrungs- und Handlungsorientierung ist der Sportunterricht so zu entwerfen, dass er hinreichend offene und interessante Bewegungsaufgaben und -probleme bereitstellt, in denen sich die Schüler aktiv einen Zugewinn an Erkenntnissen und Einsichten erarbeiten können.

Das *Prinzip der Reflexion* folgt aus dem Erfordernis, dass Erlebnisse und Erfahrungen zu verarbeiten sind, um daraus eine sichere Urteils- und Entscheidungsfähigkeit für ein selbständiges, eigenverantwortliches Handeln zu entwickeln. Soll die Bedeutung und Tragweite einer Erfahrung erkannt werden, ist es erforderlich, aus dem unmittelbaren Handlungsvollzug herauszutreten und das Geschehen aus der Distanz zu betrachten. Diese reflexive Zuwendung nimmt nun der Erfahrung den Charakter des Zufälligen und Beliebigen und schafft die Grundlage dafür, die Hintergründe, Bedingungen, Regelhaftigkeiten und Folgewirkungen des Handelns aufzudecken und abzuschätzen. Die didaktische Inszenierung des Sports in der Schule ist derart anzulegen, dass die Schüler Gelegenheiten haben, ihre eigenen Aneignungs- und Lernprozesse bewusst zu vollziehen, ihre eigene Praxis gedanklich zu durchdringen und ihren Erfahrungsaufbau und -zugewinn nachzuvollziehen. Das Prinzip der Reflexion im Sportunterricht stellt sicher, dass Erfahrungen verstanden und in übergreifende Zusammenhänge eingeordnet werden. Auf diesem Wege wird die eigene Urteilsbildung der Schüler gefördert und ein klarer Orientierungsrahmen für ein mündiges, eigenverantwortliches Handeln im Sport aufgebaut, der auch die Kriterien für eine kritische Stellungnahme gegenüber dem Sport bereitstellt.

Das *Prinzip der Verständigung* nimmt die Forderung auf, dass die Schüler ihr Lernen und Leben in zunehmendem Maße selbständig und eigenverantwortlich gestalten sollen. Dieser Anspruch ist nur einzuhalten, wenn Schüler an der Planung, Durchführung und Auswertung des Sportunterrichts beteiligt sind. Die oft ungleichen Vorstellungen, Erwartungen und Absichten des Lehrers und der Schüler sind offen zu legen und abzustimmen, gemeinsame Interessen und Anliegen sind auszuhandeln und zu formulieren, dabei sind Zugeständnisse zu machen und Kompromisse zu schließen, schließlich sind sinnvolle Realisierungs- und Vorgehensweisen für den Unterricht zu vereinbaren. Verständigung ist nicht nur ein Prinzip bei der gemeinsamen Gestaltung des Unterrichts, es gilt insbesondere für den Umgang der Schüler untereinander. Das didaktische Arrangement des Sportunterrichts ist daher zum einen so zu entwerfen, dass Schüler in gemeinsamen Unterrichtsvorhaben und Projekten zusammenarbeiten. In Gruppen entwickeln sie die Fähigkeit, Zielvorgaben abzustimmen und einzuhalten, arbeitsteilig und kooperativ vorzugehen, abweichende Voraussetzungen und Fähigkeiten zu akzeptieren und konstruktiv zusammenzuführen und ein gemeinsames Arbeitsergebnis mitzutragen und vorzustellen. Zum anderen sind im Sportunterricht auftretende Probleme und Konflikte nach den Regeln eines geordneten und verträglichen Miteinanders und im Sinne demokratisch angelegter Verständigungsprozesse zu lösen. Nach dem Prinzip der Verständigung sind im Sportunterricht Situationen herzustellen, in denen sich die Schüler als aktive, kreative Subjekte und Konstrukteure ihres Lernens und Arbeitens einbringen.

Das *Prinzip der Wertorientierung* folgt dem Anspruch, jungen Menschen bei der Suche nach einem Lebensentwurf und der Gestaltung der eigenen Biographie zu helfen. Voraussetzung dafür ist die Ausbildung einer sicheren Identität, die nur gelingen kann, wenn Maßstäbe zur Bewertung des eigenen Handelns und Denkens (und des Handelns und Denkens anderer) entwickelt sind. Das bedeutet für das didaktische Arrangement im Sportunterricht: Es sind Anlässe und Gelegenheiten vorzusehen, in denen Schüler die Sinn- und Wertangebote, die der Sport bereithält, entdecken, aktiv erproben und das eigene Tun an verständlichen Normen und Gütekriterien überprüfen können. Geeignete Ausgangspunkte für unterrichtliche Inszenierungen sind Situationen, die zwiespältige Erfahrungen im Sport provozieren, etwa: die Notwendigkeit und zugleich die Schwierigkeit eines fairen Umgangs miteinander; die Selbstverpflichtung zur strikten Einhaltung von Regeln als auch die Einsicht in deren Veränderbarkeit; das Verständnis für gesellschaftliche Leistungsmaßstäbe und die gleichzeitige Entwicklung individueller Gütekriterien; die Erfahrung, dass oftmals der Sport erst anfängt, Spaß zu machen, wenn er aufhört, gesund zu sein; die Erfahrung besonders eindrucksvoller Erlebnisse und die damit verbundenen Gefährdungen und Risiken für einen selbst, für andere oder für die Natur. Nach dem Prinzip der Wertorientierung ist der Sportunterricht an der

Idee eines humanen Sports auszurichten und so zu gestalten, dass die Schüler bei der Suche und Entwicklung von Norm- und Wertvorstellungen Anleitung, Unterstützung und Hilfe bekommen.

Die Prinzipien weisen einige Überschneidungen auf und lassen sich nicht immer eindeutig voneinander abgrenzen. Die in diesem Kapitel gewählte Darstellung geht auf die Systematik zurück, die in den Richtlinien und Lehrplänen des Landes Nordrhein-Westfalen vorliegt.

Literatur

ASCHEBROCK, H. (1997). Neue pädagogische Leitideen in den Sportcurricula. In E. BALZ & P. NEUMANN (Hrsg.), *Wie pädagogisch soll der Schulsport sein?* (S. 63-78). Schorndorf: Hofmann.

BALZ, E. & NEUMANN, P. (1999). Erziehender Sportunterricht. In W. GÜNZEL & R. LAGING (Hrsg.), *Neues Taschenbuch des Sportunterrichts. Bd. 1* (S. 162-192). Baltmannsweiler: Schneider.

BAYERISCHES STAATSMINISTERIUM FÜR UNTERRICHT, KULTUS, WISSENSCHAFT UND KUNST (1992). Lehrplan für das bayerische Gymnasium. Fachlehrplan für Sport, Teil I und II. *Amtsblatt des Bayerischen Staatsministeriums für Unterricht, Kultus, Wissenschaft und Kunst.* Sondernummern 17/18. München: Jehle, 753-876.

BECKERS, E. (2000). Grundlagen eines erziehenden Sportunterrichts. In LANDESINSTITUT FÜR SCHULE UND WEITERBILDUNG (Hrsg.), *Erziehender Schulsport. Pädagogische Grundlagen der Curriculumrevision in Nordrhein-Westfalen* (S. 86-97). Bönen: Kettler.

BRÄUTIGAM, M. (1986). *Unterrichtsplanung und Lehrplanrezeption von Sportlehrern.* Ahrensburg: Czwalina.

FUNKE-WIENEKE, J. (1999). Erziehen im Sportunterricht. *sportpädagogik, 23* (4), 13-21.

HÜBNER, H. (1994). *Entwicklung und Implementation eines curricularen Reformprogramms*. Münster: Lit.

KLAFKI, W. (1996). *Neue Studien zur Bildungstheorie und Didaktik* (5. Aufl.). Weinheim: Basel.

KOLB, M. (1995). Der neue Lehrplan Sport für die Sekundarstufe I in Schleswig-Holstein. In F. BORKENHAGEN & K. SCHERLER (Hrsg.), *Inhalte und Themen des Schulsports* (S. 237-249). Sankt Augustin: Academia.

KOLB, M. (1999). Der Lehrplan Sport für die Sekundarstufe I in Schleswig-Holstein. *Körpererziehung, 49* (4), 195-199.

MERTENS, M. & ZUMBÜLT, H. (2001). *Was ist erziehender Sportunterricht?* Mülheim: Verlag an der Ruhr.

MINISTERIUM FÜR BILDUNG, WISSENSCHAFT, FORSCHUNG UND KULTUR DES LANDES SCHLESWIG-HOLSTEIN (Hrsg.). (1997). *Lehrplan Sport für die Sekundarstufe I der weiterführenden allgemeinbildenden Schulen. Hauptschule, Realschule, Gymnasium, Gesamtschule.* Glückstadt: Glückstädter Werkstätten.

MINISTERIUM FÜR SCHULE UND WEITERBILDUNG, WISSENSCHAFT UND FORSCHUNG DES LANDES NORDRHEIN-WESTFALEN (Hrsg.). (1999). *Richtlinien und Lehrpläne für die Sekundarstufe II, Sport.* Frechen: Ritterbach.

NIEDERSÄCHSISCHES KULTUSMINISTERIUM (Hrsg.). (1998). *Grundsätze und Bestimmungen für den Schulsport.* Hannover: Schroedel.

SCHULZ, N. (1985). Schulsport – Die aktuelle Diskussion um Aufgaben, Ziele und Inhalte im Überblick. In H. DENK & G. HECKER (Hrsg.), *Texte zur Sportpädagogik. Teil II* (S. 190-213). Schorndorf: Hofmann.

STIBBE, G. (2000). Vom Sportartenprogramm zum erziehenden Sportunterricht. *sportunterricht, 49* (7), 212-219.

THIELE, J. (2001). Von „Erziehendem Sportunterricht" und „Pädagogischen Perspektiven". *sportunterricht, 50* (2), 43-49.

VORLEUTER, H. (1995). Ein neuer Lehrplan für das bayerische Gymnasium – Ein neuer Fachlehrplan für Sport. In F. BORKENHAGEN & K. SCHERLER (Hrsg.), *Inhalte und Themen des Schulsports* (S. 195-205). Sankt Augustin: Academia.

Lektion 5
Gibt es konkrete Anleitungen zum Handeln? Die Vielfalt sportdidaktischer Entwürfe

„Also aus meiner Sicht: Sportunterricht – wie ich ihn mache, oder wie ich ihn zumindest versuche, im Sinne der Kinder. Auf jeden Fall muss ein hohes Maß an Wissen beim Lehrer gegeben sein. Er muss fachlich hochqualifiziert sein, er muss Bescheid wissen in seinem Fach, aber auch über seine Zielgruppe, mit der er arbeitet. Bestimmte Eigenschaften, das ist klar, die kommen seiner Arbeit zugute. Ich möchte sie mal aufzählen, auch wenn ich sie selbst nicht immer besitze: Geduld, Humor, Verständnis, Glaubwürdigkeit. Er sollte, vielleicht zusammengefasst, ein unaufdringliches Vorbild sein. Unaufdringlich, das bedeutet, dass man bereit ist, von der Vorderbühne auf die Hinterbühne zu gehen. Damit tun sich manche unheimlich schwer. Die Kinder wollen übrigens gefordert werden. Also die Kurzformel: Fordern und Fördern! Die halte ich für eine ganz gute. Natürlich, ich brauchte es nicht extra zu erwähnen: ein abwechslungsreicher Unterricht! Ich bezeichne ihn als mehrperspektivisch. Sinnvoll gleich sinnenvoll. Die Perspektive Körpererfahrung ist eine höchst ernst zu nehmende, gerade in der heutigen Zeit. Also, es gibt genug, was man im Sinne unserer Kinder positiv umsetzen müsste. Dazu gehört aber die Bereitschaft. Und die hängt auch wieder davon ab, welches Menschenbild ich besitze. Auch da habe ich so eine Kurzformel. Ich glaube, wenn wir tief da drinnen im Herzen sitzen haben: Den anderen Menschen, die Kinder, nicht schädigen zu wollen, dann dürfte eigentlich nichts mehr schief gehen.

Obwohl, theoretisch ist das alles leicht gesagt, aber in der Praxis? Also, ich gehöre auch zu denen, ich war voller Enthusiasmus, voller Optimismus habe ich begonnen. Ich wollte alles besser machen, alles anders machen. Und dann kommen die situativen Bedingungen, dann kommt der bürokratische Rahmen, dann kommt die schlechte Ausstattung, dann kommen auch Kinder – man muss es einmal so sagen –, die intellektuell ihre Grenzen haben, die soziale Defizite mitbringen, keine Lust haben – also, die Gefahr, dass man ausbrennt, dass man resigniert – ich ertappe mich schon oft, dass es mir so geht. Aber ich versuch es halt. Ich versuche vor allem, nicht zu vordergründig zu erziehen. Denn gerade dort, wo wir unbedingt erziehen wollen, dort geht vieles kaputt, was persönlichkeitsbildend und erziehend wirken kann.“

Jeder Sportlehrer hat ein eigenes didaktisches Konzept im Kopf. Darin sind Bilder und Vorstellungen von Sport, Sportunterricht und Erziehung enthalten, die aus verschiedenen Handlungszusammenhängen resultieren. Erfahrungen und Erkenntnisse aus der eigenen Biographie (als Sportler und als Schüler), aus Studium und Ausbildung und aus der tagtäglichen Berufspraxis mischen sich zu einem Konglomerat didaktischen Wissens. Wie eine „didaktische Landkarte" gibt es dem eigenen Handeln Orientierung und Sicherheit.

Fachdidaktische Konzepte sind auch die theoretischen Entwürfe von Sportdidaktikern. In ihnen sind begründete Zielvorstellungen über die pädagogischen Möglichkeiten und Anliegen des Faches formuliert und für die Gestaltung des Unterrichts bestimmte Ziele, Inhalte und Methoden empfohlen. In dieser Lektion werden solche theoretischen Entwürfe für den Schulsport vorgestellt. Die Ausführungen sind in erster Linie für die gedacht, die verschiedene Konzepte zur Kenntnis nehmen und sich in den Grundzügen aneignen wollen. Außerdem sollen sie dazu anregen, die persönliche Motivation zum Sportlehrerberuf gründlich zu reflektieren. Nur auf diesem Wege kann es gelingen, sich der eigenen, bisher mehr oder weniger differenziert entwickelten Vorstellungen bewusst zu werden, sich mit seiner subjektiven Didaktik auseinander zu setzen und diese qualitativ zu verbessern. Um die reflexive Beschäftigung mit der eigenen Position systematisch anzuregen, werden vier aktuelle fachdidaktische Konzepte vorgestellt – und aus dieser Reihung ergibt sich der Aufbau der Lektion: Die Position des „Sportartenkonzepts", der „Handlungsfähigkeit im Sport", der „Körper- und Bewegungserfahrung" und der „Entpädagogisierung".

Bei dem Statement des Sportlehrers handelt es sich um die wörtliche Passage aus einem Videofilm von Heinz JANALIK, in dem sechs verschiedene Sportlehrertypen vorgestellt werden. Mit Zustimmung des Autors sind die Aussagen des Sportlehrers für die vorliegende Textfassung leicht verändert und gekürzt worden.

1 Worum geht es dem Sportartenkonzept?

Nach dem Sportartenkonzept ist der Sport selbst mit seinen traditionellen Sportarten das Ziel und der Inhalt des Unterrichts. Der Grundgedanke ist der: Da der Sport eine eigene Sachstruktur aufweist, haben sich die pädagogischen Anstrengungen im Sportunterricht an dieser Eigenstruktur zu orientieren. Konkret besteht der Sport aus den verschiedenen Sportarten. Ihre sachgerechte Vermittlung steht somit im Zentrum des Unterrichtsprogramms. Der eigenständige Bildungs- und Erziehungsbeitrag des Schulsports ergibt sich aus dem Bezug zum physisch-motorischen Bereich. Dabei sind zwei Zugänge bedeutsam: Mit dem Ziel der *Körperbildung* wird eine allgemeine körperlich-sportliche Ausbildung verfolgt, die dem Anspruch der Schüler auf die Entwicklung, Förderung und Verbesserung ihrer körperlichen Fähigkeiten nachkommt. Mit dem Ziel der *Bewegungsbildung* werden Schüler in den Sport als den zentralen Bereich unserer Bewegungskultur eingeführt. Konkret sind die grundlegenden Bewegungsfähigkeiten zu vermitteln, auf die unsere Bewegungskultur aufgebaut ist.

Im Sport realisiert sich ein besonderes Verhältnis des Menschen zur Bewegung. Diese Besonderheit ist dadurch bestimmt, dass die Auseinandersetzung mit der Bewegung um ihrer selbst willen geschieht. Denn Sport verfolgt keine bestimmten Zwecke und bleibt im Prinzip folgenlos. Im Unterschied zur Arbeitswelt hat die Welt des Sports den Charakter des Zweckfreien, Spielerischen und Künstlerischen und ist in unserer modernen Zeit der wichtigste Repräsentant der menschlichen Bewegungskultur. In der Sache ist der Sport motorische Aktivität – vornehmlich im Sinne ganzkörperlicher Bewegung – und auf Optimierung angelegt: Zum einen geht es bei dem Versuch, selbst gesetzte Gütemaßstäbe zu erreichen oder zu übertreffen, um das Streben nach Leistung. Zum anderen handelt es sich bei den Bemühungen um den Erhalt oder die Verbesserung körperlicher Fähigkeiten und Fertigkeiten um Training. Für den Sport ist typisch, dass in ihm sowohl die leistungsbestimmenden Faktoren als auch die Bedingungen, unter denen Leistungen erbracht werden, offen gelegt sind.

Der abstrakte Begriff Sport konkretisiert sich in den *Sportarten.* Die große Anzahl und Vielfalt der Sportarten macht Ordnungsversuche notwendig, nach denen sich drei Grundverhaltensweisen unterscheiden lassen:

- die *sportliche* im engeren Sinne, die sich in der reinen Optimierung und Quantifizierung der körperlichen Leistung zeigt;

- die *sportlich-künstlerische*, die in Anlehnung an eine Schwierigkeitsrangfolge perfekte Ausführungen von Bewegungen und Übungen anstrebt;
- die *sportlich-spielerische*, die sich nach Vorgabe vereinbarter Regeln in einem direkten Vergleich mit einem unmittelbaren Gegenüber äußert, ein besonderes Spannungsmoment enthält und vor allem dem Gebot der Effektivität unterliegt.

Nach dieser Unterscheidung sind die Sportarten auf einem Kontinuum angeordnet, das von der Kunst über den Sport zum Spiel reicht (vgl. Abb. 2). Sportarten wie Leichtathletik, Rudern, Gewichtheben oder Schwimmen gehören zum Sport im engeren Sinne. Neben diesen „Sport-Sportarten" bilden auf der einen Seite die „Kunst-Sportarten" wie Gerätturnen den Übergang zur Bewegungskunst und auf der anderen Seite die „Sportspiele" wie Handball oder Fußball den Übergang zum Bewegungsspiel. Sport in der Schule ist nach dieser Position vor allen Dingen das Unterrichten solcher Sportarten.

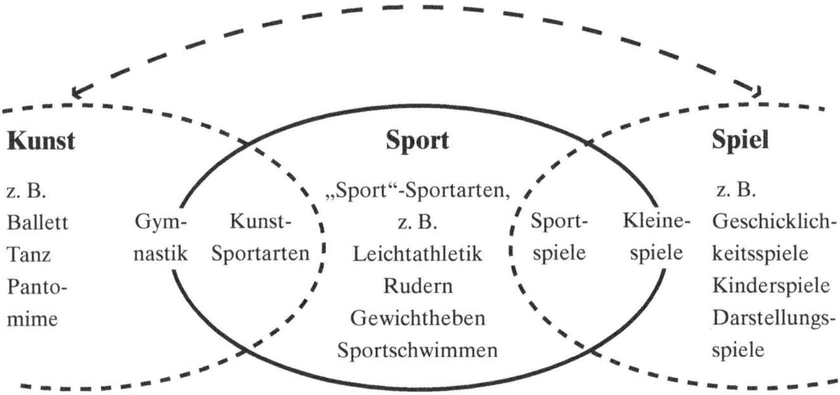

Abb. 2: Das Sportartenkonzept (aus: Söll, 2000, S. 4)

Folgt man dem Sportartenkonzept, sind die Sportarten die wesentlichen Bedeutungsträger des Sports und stehen im Zentrum des praktischen Unterrichts. Da die verschiedenen Sportarten untereinander nicht austauschbar sind und jede Sportart sich durch etwas ihr Eigentliches und Wesentliches auszeichnet, ergibt sich die Konsequenz: Für das didaktisch-methodische Handeln im Sportunterricht ist die Sachanalyse der jeweiligen Sportart ein wichtiges Fundament.

Ein **konkretes Beispiel**: Für die Leichtathletik stellt sich die zentrale Frage nach den besonderen Kennzeichen dieser Sportart. Die Analyse zeigt, dass die Leichtathletik auf den Grundtätigkeiten des Laufens, Springens und Werfens aufbaut. Zum Sport werden diese Tätigkeiten durch die besondere Zielsetzung der Leistungsoptimierung, nämlich möglichst schnell oder ausdauernd zu laufen, möglichst weit oder hoch zu springen und möglichst weit zu werfen oder zu stoßen. Leichtathletische Leistungen lassen sich unmittelbar auf bestimmte körperliche Fähigkeiten zurückführen: Kraft, Schnelligkeit und Ausdauer. Das einfache Leistungsziel besteht nun darin, diese individuellen körperlichen Fähigkeiten möglichst direkt in sichtbare und messbare Leistung umzusetzen. In den Wurf- und Stoßdisziplinen hängt die Leistung stärker von der Beherrschung eines zweckmäßigen Bewegungsablaufs ab, daher werden sie auch als „technische Disziplinen“ bezeichnet.

Wird aus den drei Wurfdisziplinen gerader Wurf (Ball, Speer), Drehwurf (Schleuderball, Diskus) und Stoß (Kugel) beispielsweise der Stoß ausgewählt, ergeben sich aus der Sachanalyse didaktische Konsequenzen für den Schulsport: Zum einen ist für die Vermittlung des Kugelstoßes ein methodischer Aufbau unabdingbar, der langfristig angelegt und auf die Entwicklung der physischen Leistungsgrundlage Kraft ausgerichtet ist. Denn die detaillierte Leistungsstruktur des Kugelstoßens besteht darin, dass neben den individuellen Voraussetzungen der Körpergröße und des Körpergewichts vor allem ein großes Ausmaß an Maximalkraft, die sich in Schnellkraft umsetzen muss, erforderlich ist. Zum Zweiten ist die Vermittlung am zweckrationalen Charakter der Bewegungstechnik auszurichten. Es geht darum, die Grobform der Bewegung auf direktem und kürzestem Wege anzustreben. Da die zweckmäßige Bewegungsausführung bekannt ist, kann dem Schüler von Beginn an ein Leitbild der richtigen Bewegung vorgegeben werden.

Für die strukturgerechte und technisch optimale Ausführung der Stoßbewegung ist ein systematisches Vorgehen nach genauen Anweisungen des Lehrers geeignet. Mithilfe einer methodischen Übungsreihe kann der Lernprozess effektiv gesteuert werden. Je nach dem besonderen Beobachtungsschwerpunkt im Verlauf des Lernprozesses sind Bewegungsanweisungen, -hinweise und -hilfen zu geben, die jeweils einen wesentlichen Teilabschnitt der Gesamtbewegung ansprechen. Dazu ist vorab die genaue Kenntnis des Bewegungsablaufs zu erarbeiten, die in Form einer Bewegungsanalyse und -beschreibung vorgenommen wird. Konkret kann die Strukturierung des Lehrwegs dem Dreischritt folgen: (1) Stoßen mit dem Medizinball, (2) Standstoß mit der Kugel und (3) Stoß aus dem Angehen oder Angleiten.

Hauptvertreter des Sportartenkonzepts ist Wolfgang Söll. Seine sportdidaktische Position findet sich in mehreren Beiträgen wieder – siehe dazu das Literaturverzeichnis am Ende der Lektion. Die Lektüre seines Beitrags in der Zeitschrift „sportunterricht" (Heft 1/2000) ermöglicht einen ersten Überblick.

2 Was ist unter Handlungsfähigkeit im Sport zu verstehen?

Im Mittelpunkt einer weiteren sportdidaktischen Position steht die Leitidee von der Handlungsfähigkeit im Sport. Danach konzentriert sich der Sportunterricht auf die Aufgabe, Schüler zum selbständigen Handeln im Sport als einem bedeutsamen Lebensbereich in unserer Gesellschaft zu qualifizieren. Der Ausgangsgedanke ist folgender: Sportliches Handeln ist sinngeleitetes und sinnsuchendes Tun. Der Salto, der Waldlauf, die Skiabfahrt haben nicht einfach ihren Sinn, sondern diejenigen, die dies tun, geben den Aktivitäten erst einen Sinn – oder suchen danach. Allerdings gibt es nicht den einen Sinn des Sports, vielmehr kann Sport auf unterschiedliche Weise als sinnvoll erfahren und mit Sinn belegt werden.

Typische Sinnrichtungen des Sports sind vor allem Leistung und Leistungsverbesserung, Wagnis und Spannung, soziales Miteinander und Kommunikation, Fitness und Gesundheit, Eindruck und Körpererfahrung, Ausdruck und ästhetische Gestaltung. Die vorrangige Aufgabe des Sportunterrichts ist es nun, eine sinnorientierte Auseinandersetzung mit sportlichen Aktivitäten herbeizuführen und pädagogisch zu inszenieren: Handlungsfähig im Sport sind jene, die die vorgefundenen Angebote des Sports kritisch auf ihre Sinnhaftigkeit prüfen, aus der Vielfalt sportlicher Sinnbezüge einige ihnen angemessene Formen begründet auswählen und diese im eigenen Sporttreiben befriedigend und lebensbereichernd verwirklichen können.

Das Herzstück dieser sportdidaktischen Position ist das Unterrichtsprinzip der *Mehrperspektivität.* Es ist offensichtlich, dass Sportaktivitäten und sportliche Situationen nicht allein durch eine der Sinngebungen bestimmt sind, sondern dadurch, dass sich verschiedene überlagern, sie akzentuiert hervortreten, im Handlungsverlauf wechseln und Aktivitäten mit dem Wechsel der Sinnrichtung eine andere Gestalt annehmen. Das Prinzip der Mehrperspektivität besagt nun, dass Schüler die Vielfalt der Sinnperspektiven an geeigneten Beispielen erfahren und dazu angeleitet werden, Sport auf die unterschiedlichen Sinngebungen hin zu beurteilen und gegebenenfalls auch zu verändern.

Drei Maßnahmen sind geeignet, diese Forderungen einzulösen: Auf einer ersten Ebene ist für ein ausbalanciertes Curriculum zu sorgen. Im Gesamt des Schulsports sind alle Sinnperspektiven gleichberechtigt zur Geltung zu bringen, sodass bei den Schülern ein umfassendes und ausgewogenes Bild von der Vielfalt des Sports entsteht. Auf der nächsten Ebene der Sportarten wiederholt sich der Auswahl- und Filterprozess, der für den Schulsport als Ganzen durchzuführen ist. Je nach ihren besonderen Eigenarten und Möglichkeiten sind die Sportarten mehrdeutig auszulegen und im Unterricht so zu vermitteln, dass die verschiedenen Sinnperspektiven hervorgehoben und von den Schülern erkannt werden. Beim Schwimmen etwa ist der Leistungsvergleich im Wettkampf möglich, die Suche nach besonders eindrucksvollen Erlebnissen beim Tauchen, die Erfahrung des sozialen Miteinanders beim Wasserballspiel, die Arbeit an der Ausdrucksqualität der Bewegung beim Synchronschwimmen, die Steigerung der persönlichen Fitness beim ausdauernden Schwimmen, das erregende Gefühl des Wagnisses beim Sprung vom 3-m-Brett. Auf einer dritten Ebene sind verschiedene Bedeutungen ein und derselben Aktivität zu erschließen und zu reflektieren. Das Ausdauerlaufen zum Beispiel kann unter der Perspektive Gesundheit, Fitness, Wohlbefinden ebenso ausgelegt werden, wie unter der Perspektive Eindruck, wenn beim Laufen abwechslungsreiche Formen der Körpererfahrung oder Naturerlebnisse thematisiert werden, oder der Perspektive Leistung, Wettkampf, Erfolg, wenn systematisch auf einen abschließenden 5.000-m-Lauf hin trainiert wird.

Damit sind wir bei einem **konkreten Beispiel**: Wie sieht Sportunterricht aus, wenn er sich am Konzept der Handlungsfähigkeit orientiert? Zur Verdeutlichung wählen wir erneut die Leichtathletik. Von den drei Grundtätigkeiten Springen, Laufen und Werfen konzentrieren wir uns auf das Laufen in der Form des Ausdauerlaufs. Nach dem Konzept der Handlungsfähigkeit kommen nicht nur die Laufformen in Frage, die im engen Sinne als leichtathletische Wettkampfdisziplinen auf bestimmte Regeln festgelegt und eindeutig definiert sind (z. B. 5.000- oder 10.000-m-Lauf), sondern alle Möglichkeiten des ausdauernden Laufens: Trainingsformen (z. B. Läufe nach der Dauer- oder Intervallmethode, Minutenläufe, Wiederholungsläufe); Übungsformen (z. B. Zeitschätzläufe, Umkehrläufe, Dreieck- und Viereckläufe, Hindernisläufe); Spielformen (z. B. Sechstagerennen, Fuchsjagd, Fahrtspiele, Mannschaftszeitläufe, Staffellangläufe); Wettkampfformen (z. B. 5.000 und 10.000 m, aber auch variable Streckenlängen, Handicaprennen, Jahrgangswettläufe); Geländeläufe (z. B. Wald- und Crossläufe, Orientierungsläufe) oder sonstige Varianten (Trimmpfadläufe, Biathlon und Triathlon, Barfußläufe, Wahrnehmungsläufe im Gelände).

Will man im Sportunterricht das Ausdauerlaufen in seiner Mehrperspektivität vermitteln, müssen keineswegs alle Sinngebungen, unter denen sich Ausdauerlaufen betreiben lässt, behandelt werden. In der skizzierten Unterrichtsreihe wird der Gedanke der Mehrperspektivität an drei ausgesuchten Sinngebungen verdeutlicht: (1) Gesundheit, Fitness, Wohlbefinden, (2) Bewegungsempfindung, Körpererfahrung, Naturerleben und (3) Leistung, Wettkampf, Erfolg. Drei Blöcke strukturieren damit den Gang des konkreten Unterrichts.

(1) Unter der Gesundheitsperspektive wird die körperliche und seelische Bedeutung des Ausdauerlaufens für unser persönliches Wohlbefinden thematisiert. Es werden Regeln für ein gesundheitsförderliches Ausdauerlaufen aufgestellt und in eigene Praxis umgesetzt. Es werden Sensibilitäten für angemessene Belastungsintensitäten und -umfänge entwickelt, differenzierte körperliche und psychische Reaktionen provoziert, Zusammenhänge zwischen Belastung und organischer Anpassung erarbeitet, Trainingsformen zur systematischen Verbesserung der aeroben Ausdauerleistungsfähigkeit praktiziert, Geländeläufe in differenzierten Kleingruppen mit Pulskontrollen und Reflexionen der Belastungsintensität und aktuellen Befindlichkeit durchgeführt.

(2) Unter der Perspektive Körpererfahrung und Naturerlebnis ist von der sportlichen Praxis auszugehen. Die Schüler sollen im Laufen erfahren, wie sie sich selbst und ihre Umgebung wahrnehmen, was sie körperlich spüren und in wechselnden Umgebungen sinnlich erleben können. Dazu eignen sich verschiedene Übungsformen und Aufgabenstellungen: bewusst locker und gelöst laufen (Hände baumeln lassen); möglichst „rund“ laufen (den zyklischen Bewegungsfluss erspüren); mit geschlossenen Augen laufen (auf den Bewegungsablauf konzentrieren, auf bestimmte Körperteile konzentrieren, die Gedanken „fliegen“ lassen); beim Laufen bewusst atmen (gleichmäßig tief ein- und ausatmen); barfuß laufen (den Boden fühlen, auf den Fußaufsatz konzentrieren). Ein Crosslauf im Gelände soll als lockerer Lauf mit der gesamten Gruppe durch abwechslungsreiches Wald- und Wiesengelände, auf variierenden Wegen und Böden, möglichst ohne Gespräch und Unterhaltung durchgeführt werden. In einer anschließenden Reflexionsphase können Schüler sich über ihre Wahrnehmungen und Empfindungen äußern und ihre Erfahrungen austauschen und verarbeiten.

(3) Unter der Perspektive Leistung wird den Schülern die Möglichkeit gegeben, nach einer mehrwöchigen Trainingsphase eine lange Strecke auf Zeit

zu laufen. Dazu wird wahlweise eine der traditionellen Wettkampfformen eines 12,5- bzw. 25-Runden-Laufs auf der Bahn gewählt. Es werden relevante Kenntnisse zum Trainingsaufbau, zur individuellen Wettkampfvorbereitung und zur regelgerechten Durchführung des Wettlaufs vermittelt. Vorbereitung und Organisation des Wettkampfs liegen in der Hand der Schüler.

In ihrer Gesamtanlage folgt die Unterrichtsreihe keiner bestimmten methodischen Grundausrichtung. Es lassen sich die drei Unterrichtseinheiten weder eindeutig einem offenen noch einem geschlossenen Unterrichtsrahmen zuordnen. Kurzvorträge und Anweisungen des Lehrers sowie gezielte Übungsphasen kommen genauso vor wie freie Unterrichtsgespräche, Schülerentscheidungen und Erprobungsphasen. Methodische Maßnahmen, wie sie für den Bereich des motorischen Lernens entwickelt worden sind, spielen in dieser Unterrichtsreihe keine Rolle. Im Wesentlichen geht es um einige methodische Prinzipien, die für alle drei Unterrichtseinheiten im Kern gelten. Das betrifft die Selbstorganisation der Schüler, die Gelegenheit bekommen müssen, Unterrichtsanteile in eigener Regie zu übernehmen. Das gilt für einen ausgewogenen Theorie-Praxis-Bezug, wobei entweder die Theorie auf die nachfolgende Praxis vorbereitet oder theoretische Zusammenhänge sich aus einer reflexionsträchtigen Praxis ergeben und entwickeln lassen. Letztlich geht es auch um das Vorbild des Lehrers, der den Schülern deutlich machen kann, dass ihm das Ausdauerlaufen selbst wichtig ist und Freude bereitet.

Hauptvertreter des Konzepts der Handlungsfähigkeit ist Dietrich KURZ. Eine erste umfassende Grundlegung und Ausarbeitung seiner sportdidaktischen Position findet sich in dem 1977 erschienenen Buch „Elemente des Schulsports“. Im Überblick ist der Ansatz in dem Beitrag „Sport mehrperspektivisch unterrichten – warum und wie?“ (1992) nachzulesen.

3 Welche besonderen Anliegen verfolgt die Position der Körper- und Bewegungserfahrung?

Nach der Position der Körper- und Bewegungserfahrung geht es im Sportunterricht vor allem darum, die Schüler zum Umgang mit dem eigenen Körper zu befähigen, die aktive Zuwendung auf die individuellen Bewegungsbedürfnisse und -fähigkeiten herauszufordern und – darauf aufbauend – vielfältige Zugänge zu unserer breit gefächerten Körper- und Bewegungskultur zu eröffnen. Sportunterricht – so diese Position – würde zu kurz greifen, wäre er nur auf das Sporttreiben im traditionellen Sinne und die Qualifizierung der Schüler für die Teilnahme am bestehenden institutionalisierten Sportbetrieb zugeschnitten.

Der Kerngedanke ist der: Körper- und Bewegungserfahrungen sind grundlegende Faktoren der Persönlichkeitsbildung und Identitätsentwicklung. Insbesondere in der Kindheit und im Jugendalter werden Selbst- und Welterfahrungen maßgeblich am und über den eigenen Körper gemacht. Bewegungsaktivitäten vermitteln besondere Körpererfahrungen und dies auf intensive Weise. Die Bedeutung der Bewegung geht darüber hinaus: Bewegung ist das Medium der aktiven Auseinandersetzung mit der Umwelt. In der Bewegung wirkt die Person auf die Umwelt ein, wie rückwirkend in der Person formende Prozesse stattfinden. Über Körper- und Bewegungserfahrungen werden grundlegende Muster für das persönliche und soziale Verhalten erworben. Diese fundamentalen Einsichten bleiben nicht ohne Folgen für den Sportunterricht: Gefordert ist, die Auswahl und Inszenierung der Körper- und Bewegungsthemen am Interessen- und Fragehorizont der Schüler zu orientieren. Ihre Bedürfnisse und Interessen sind der Ausgangspunkt dafür, im Sportunterricht einen breiten Raum für selbsttätiges, experimentierfreudiges, erkundendes, entdeckendes und problemlösendes Handeln zu eröffnen.

Wertvolle *Körpererfahrungen* stellen sich etwa bei diesen Themen ein: Anspannung und Entspannung und deren Wechsel, z. B. beim Beugen und Strecken, beim Dehnen großer Muskelgruppen, beim Spannungsaufbau und der explosiven Auflösung in der Bewegung, etwa beim Werfen, Springen, Stoßen; Berührungen des Körpers und Hautkontakte mit unterschiedlichen Materialien, z. B. beim Gehen, Laufen, Hüpfen auf verschiedenen Unterlagen; Gleichgewichtsaufgaben, z. B. beim Drehen, Rollen, Balancieren und Beschleunigungswechsel, z. B. beim Schwingen, Schaukeln, Gleiten, Rutschen; zyklische und rhythmische Bewegungen des Körpers, z. B. beim Laufen, Radfahren, Rudern,

Tanzen, Skifahren; Funktionswahrnehmungen innerer Organtätigkeiten wie Pulsschlag, Herzklopfen, Atmen; Haut- und Körperkontakte, z. B. beim Heben, Tragen, Sichern, Kämpfen. Bei diesen Themen geht es insgesamt um die Sensibilisierung der Körpersinne, die Entwicklung der Wahrnehmungsfähigkeit und die Ausbildung der Fähigkeit, körperliche Reize, Zustände und Bewegungen zu erleben.

Wertvolle *Bewegungserfahrungen* stellen sich ein, wenn die Bewegungsentwicklung und -förderung systematisch angelegt und nach sechs Funktionen differenziert wird: Bewegung in ihrer (1) explorativen Funktion bietet die Möglichkeit, die Umwelt zu erkunden. Es geht darum, die dingliche und räumliche Umwelt kennen zu lernen und zu erschließen, sich mit Objekten und Geräten auseinander zu setzen und ihre Eigenschaften zu erfassen, sich den Umweltanforderungen anzupassen bzw. sich diese passend zu machen. Bewegung in ihrer (2) produktiven Funktion bietet die Möglichkeit, die Umwelt zu gestalten. Es geht darum, selbst etwas zu machen, herzustellen, mit dem eigenen Körper etwas hervorzubringen (z. B. die sportliche Fertigkeit eines Handstands oder einen Tanz). Bewegung in ihrer (3) kommunikativen Funktion bietet die Möglichkeit, sich zu verständigen. Es geht darum, mit anderen gemeinsam etwas zu tun, mit- und gegeneinander zu spielen, sich mit anderen abzusprechen, nachzugeben und sich durchzusetzen. Bewegung in ihrer (4) komparativen Funktion bietet die Möglichkeit, sich zu vergleichen und zu messen. Es geht darum, sich mit anderen zu vergleichen, sich miteinander zu messen, wetteifern und dabei sowohl Siege zu verarbeiten als auch Niederlagen zu ertragen. Bewegung in ihrer (5) expressiven und impressiven Funktion bietet die Möglichkeit, sich auszudrücken und zu empfinden. Es geht darum, Gefühle und Empfindungen in Bewegung umzusetzen, körperlich auszuleben und zu verarbeiten, es geht darum, Gefühle der Lust, Freude, Erschöpfung und Energie zu empfinden und in Bewegung zu erfahren. Bewegung in ihrer (6) adaptiven Funktion bietet die Möglichkeit, sich körperlich anzustrengen. Es geht darum, Belastungen zu ertragen, die körperlichen Grenzen kennen zu lernen und die Leistungsfähigkeit zu steigern, sich selbst gesetzten und von außen gestellten Anforderungen anzupassen.

Nach dem Konzept der Körper- und Bewegungserfahrung steht das Subjekt im Mittelpunkt der Bemühungen, weniger der Sport als eine gesellschaftliche Tatsache. Es gilt sicherzustellen, dass Schüler über vielseitige Bewegungsmöglichkeiten verfügen, den Umgang mit ihren Bewegungsfähigkeiten nach ihren Bedürfnissen und Interessen gestalten und reflexiv begleiten und die vorfindliche Körper- und Bewegungskultur kritisch hinterfragen. Der Sportunterricht vermittelt die Kompetenz, eigene Körper- und Bewegungsbedürfnisse in soziale und ökologische Kontexte verantwortungsvoll einzubringen.

Wie eine **konkrete Unterrichtseinheit** aussehen kann, wenn sie sich an der Position der Körper- und Bewegungserfahrung orientiert, wird am Thema Springen verdeutlicht. Um den Ausgangspunkt noch einmal zu benennen: Ziel ist es nicht, auf übliche Weise in den Sprung als einer Disziplin der Sportart Leichtathletik einzuführen. Der Unterricht versteht sich vielmehr als ein alternativer Leichtathletikunterricht, der für körperliche Reaktionen und Empfindungen in den Bewegungsabläufen sensibel macht und umfangreiche und intensive Erlebnisse und Erfahrungen im Sich-Bewegen erschließt. Dabei stellt die Leichtathletik als Sportart nur einen schmalen Ausschnitt dessen dar, was Laufen, Springen und Werfen in historischer Zeit einmal waren, heute noch sind oder sein könnten. Die Vermittlungsweisen sind so zu wählen, dass sie die Fragehaltung der Schüler herausfordern, die kreative Suche nach Bewegungsvarianten anregen, für das selbsttätige und experimentierfreudige Erkunden verschiedener Körperpraktiken und Bewegungsweisen motivieren und das Nachdenken über Körper- und Bewegungsprobleme initiieren.

Im folgenden Unterrichtsbeispiel steht die praktische und theoretische Beschäftigung mit den verschiedenen Bewegungsmöglichkeiten beim Hochspringen im Vordergrund. Dazu ist ein Organisationsrahmen gewählt, bei dem zwei Hochsprunganlagen so aufgebaut sind, dass sich die beiden Übungsgruppen gegenseitig beobachten können. Die beiden Anlagen variieren entsprechend der Leistungsstärke der Gruppe die Sprunghöhen, die durch eine Schnur vorgegeben werden. An jeder Station liegt Anschauungsmaterial über historische Hochsprungvarianten aus, außerdem liegen Schreibmaterialien bereit. Die Lehrkraft schreibt das Thema: „Damit Hochspringen nicht zum Flop wird!" an die Tafel und formuliert nach einer intensiven Aufwärmphase die erste Aufgabe:

- *„Überwindet die Schnur!"* Es wird erwartet, dass die Schüler unterschiedliche Sprünge ausprobieren, demonstrieren, sich austauschen, beobachten und untereinander anregen. Bleibt die gewünschte Vielfalt der Sprünge aus, lautet die nächste Aufgabe:

- *„Lasst euch von der weit gefassten Aufgabenstellung leiten, die nicht auf Hochsprung zielt, sondern auf das Überwinden der Schnur. Beobachtet die Lösungsformen eurer Mitschüler und entdeckt Unterschiede und Gemeinsam-*

keiten.“ Es wird erwartet, dass sich aus dem individuellen Experimentieren und Wahrnehmen ein Erfahrungsaustausch ergibt. Dieser ist in einer Art Bewegungsanalyse zusammenzuführen, in der schließlich die Phasen Anlauf, Absprung, Flugphase und Landung unterschieden werden. Ein Anlauf ist nicht zwingend, da auch Standsprünge möglich sind. Die vier Phasen, die an der Tafel notiert sind, stellen die Basis für die nächste Aufgabe:

- *„Versucht jetzt, diese vier Phasen möglichst vielfältig zu füllen. Notiert die gefundenen Lösungen, wir werden sie anschließend an der Tafel sammeln und besprechen.“* Es wird erwartet, dass die beiden Gruppen genügend Elemente zu den Phasen entdecken und ausprobieren, sodass am Ende der Reichtum an Bewegungsvariationen erkennbar wird (vgl. Abb. 3, in der die Vorschläge einer 8. Klasse wiedergegeben sind). Wichtig ist es, die gefundenen Lösungen nicht der üblichen Bewertung in „falsch“ und „richtig“ zu unterziehen. Eine Bewertung, wenn sie gewünscht ist, ergibt nur im Zusammenhang mit Bewertungsmaßstäben und Bezugsnormen Sinn. Dieser Aspekt wird in der folgenden Aufgabe angesprochen:

- *„Verbindet jetzt die an der Tafel stehenden Einzelelemente zu unterschiedlichen Sprüngen und versucht, diese zu bewerten – auch untereinander. Dazu kann an der Tafel der Satz notiert werden: Leichtathletik und Sport sind von Menschen gemacht, also können sie auch von Menschen (von uns) verändert werden!“* Es wird erwartet, dass sich zunächst vordergründige und einseitige Bewertungen durch die unterstützenden Anregungen des Lehrers zunehmend ausdifferenzieren und die Subjektivität der Kriterien und Maßstäbe erkannt werden. Abschließend wird die Aufgabe formuliert:

- *„Jede(r) von euch baut sich aus den an der Tafel stehenden Phasenelementen einen eigenen Wunschsprung zusammen, erprobt ihn und begründet ihn in der abschließenden Besprechung.“* Es wird erwartet, dass möglichst wenig Schüler zu dem Sprung zurückkehren, den sie am Anfang der Stunde gewählt haben, sondern sich für eine Form entscheiden, die sich aus dem Unterrichtsverlauf ergeben hat. Es wird erkannt, dass die Beurteilung über die Angemessenheit einer Bewegungsvariante und die Qualität der Ausführung jedem selbst überlassen ist. Im Überblick über die gewählten Wunschsprünge lassen sich zahlreiche individuelle Beweggründe entdecken, die die Breite individueller Sinnzuweisungen präsentieren können, etwa: der Flop als Sportform, die Saltorolle als Spaßform, die Hockwende als Brauchform, die synchrone Flugrolle zu zweit als Kooperationsform, der gestaltete Hocksprung vom Minitramp als Ästhetikform, die Schere als Gesundheitsform, die Rolle vorwärts als „Jeder-kann-Form", der Flickflack als Kunststückform. Es bietet sich an, einen oder einige dieser Sprünge im Fortlauf dieser Unterrichtsreihe aufzunehmen und zu vertiefen.

(Anlauf)	**Absprung**	**Flugphase**	**Landung**
geradeaus/frontal	einbeinig	Purzelbaum	auf dem Rücken
schräg zur Latte	zweibeinig	Salto	im Sitz
bogenförmig	bäuchlings	Purzelbaum	auf dem Bauch
parallel zur Latte	rücklings	Flop	seitlich
einbeinig	seitlich	Schere	auf dem Rücken
Schlusssprünge	Radwende	Straddle/Wälzer	auf einem Bein
synchron zu zweit	vom kl. Kasten	Flug-, Hechtrolle	auf zwei Beinen
rückwärts	mit Minitrampolin	Hocksprung	auf den Händen
seitwärts	lattenferner Fuß	Synchronsprünge	auf allen vieren
im Slalom	lattennaher Fuß	Hockwende	auf den Knien
langsam	mit Partnerhilfe	Minitrampolinsprünge	in der Hocke
schnell	einrollend	Saltogürtelsprung	abrollend

Abb. 3: Tafelbild zum Thema Hochspringen (aus: JANALIK, 1998, S. 265)

Hauptvertreter der Position der Körper- und Bewegungserfahrung ist Jürgen FUNKE. In mehreren Publikationen hat er sein Konzept vorgestellt und weiterentwickelt. Einen grundlegenden Zugang auf diesen Ansatz findet man in dem Beitrag von 1992.

4 Kann Schulsport nicht einfach Spaß machen?

Fragt man Schüler nach ihren Erwartungen an den Sportunterricht, fallen die Antworten deutlich aus: Schulsport soll Spaß machen. Auch die Sportlehrer verbinden mit ihrer Arbeit den Wunsch, dass Schüler in ihrem Unterricht Spaß haben. Gelingt dies, finden die Sportlehrer Spaß an ihrer Arbeit – mit positiven Rückwirkungen auf die Motivation der Schüler. Kann der Spaß dann nicht auch so ernst genommen werden, dass er als eine didaktische Leitidee für den Schulsport akzeptiert wird? Diese Frage wird kontrovers erörtert. Bei einem Ansatz, der in der sportdidaktischen Debatte als Position der „Entpädagogisierung" diskutiert wird, bildet der Spaßbegriff eine Schlüsselkategorie.

Nach der Position der Entpädagogisierung ist es die Aufgabe des Sportunterrichts, die im sportlichen Tun angelegten individuellen Sinnerlebnisse auf eine Weise zu erschließen, die das selbstmotivierte Handeln der Schüler anregt und ihr Selbstbewusstsein entwickelt und stärkt. Dieses Anliegen setzt eine entscheidende Qualifikation des Sportlehrers voraus: Er muss verstanden haben, was Sport, den er ja unterrichtet, eigentlich ist. Die Grundidee dieses Ansatzes ist somit eng geknüpft an die Beantwortung der didaktischen Fragen: Was ist Sport? Warum treibe ich Sport? Was macht Sport für Kinder und Jugendliche attraktiv? Nach der vorliegenden Auffassung ist Sport die willkürliche Schaffung von Aufgaben, Problemen und Konflikten, die vorwiegend mit körperlichen Mitteln gelöst werden – und zwar nur aus Spaß an der Lösung. Die Lösungen sind beliebig wiederholbar, verbesserbar und übbar und zielen nicht unmittelbar auf materielle Veränderungen. Seinen Sinn erhält das Sporttreiben erst aus den individuellen Willensakten derer, die diese Aktivitäten vollziehen. Im Sport wird nicht deshalb gesprungen, weil ein Hindernis im Weg steht, vielmehr wird ein Hindernis in den Weg gestellt, um springen zu können.

Da die im Sport gestellten Aufgaben und Probleme willkürlich und die Problemlösungen dazu folgenlos sind, stellt sich die Frage nach den Beweggründen der Sporttreibenden. Warum sollte jemand unter Aufbietung aller seiner Kräfte einmal um die 400-m-Bahn laufen, um am Ende genau dort anzukommen, wo er losgelaufen ist? Der einzige Grund, dies zu tun, besteht darin, dass im Vollzug dieses Tuns etwas erlebt wird, was einem subjektiv sinnvoll erscheint. Beweggründe für das Sporttreiben sind in erster Linie positive Emotionen wie Freude, Spaß, Lust, Zufriedenheit und Wohlbefinden, die im Inneren der Person ausgelöst und erlebt werden. Der Sinn des Sports liegt demzufolge in der Betätigung selbst und kann nur im subjektiven Erleben des Individuums erfahren werden. Wenn der Sinn des Sporttreibens im Spaß an der Betätigung selbst liegt, wird es im Sportunterricht darauf ankommen, Schüler zu motivieren, sich auf die Anforderungen des Sports einzulassen, und sie fachkompetent anzuleiten, wenn sie sich um die erfolgreiche Bewältigung der sportlichen Herausforderungen bemühen.

Das zentrale Postulat des Ansatzes der Entpädagogisierung ergibt sich also aus dem grundlegenden Verständnis, dass Sport der Sache nach durch besondere Definitionsmerkmale und Kennzeichen bestimmt ist: die Willkür der Aufgaben und die Folgenlosigkeit der Lösungen. Sportunterricht ist daraufhin anzulegen, dass diese wesensmäßigen Charakteristika des Sports möglichst unverfälscht zum Zuge kommen. Erst dann besteht die Chance, dass sich den Schülern der individuelle Sinn des Sports erschließt. Und erst wenn dies gelingt, ist die Voraussetzung gegeben, dass sie motiviert Sport treiben. All dies sind also Vorbedingungen dafür, dass der Sportunterricht einen Beitrag zur Erziehung junger Menschen leisten kann. Denn ohne die konkrete Tat (das individuelle Sinnerleben im Vollzug des Sporttreibens) wird sich keine Wirkung einstellen können, und ohne Spaß an der Sache (die positiven Emotionen beim individuellen Sinnerleben) wird es niemand tun.

Die pädagogischen Potenziale des Sports werden deutlich, wenn man erkennt, welchen Spaß es Kindern und Jugendlichen macht, sich etwas vorzunehmen und abzuverlangen, Aufgaben erfolgreich zu lösen, Leistungen zu vollbringen und das eigene Leistungsvermögen zu verbessern. Im Sport sehen junge Menschen eine attraktive Möglichkeit, sich als Könner zu erfahren, die eigenen Möglichkeiten und Grenzen zu erkennen, den eigenen Wert und die Anerkennung durch andere zu erleben. Die Erfahrung und Bilanzierung eigener Fähigkeiten – beim Sporttreiben vornehmlich körperliche Fähigkeiten – ermöglichen die Entwicklung der eigenen Identität und die Stärkung des Selbstbewusstseins.

Nun gerät der Sport in der Schule in einen unlösbaren Widerspruch: Sport ist seiner Idee nach willkürlich und folgenlos und erscheint nur im subjektiven Erleben des Schülers als sinnvoll. Diese individuelle Sinnfindung setzt jedoch Freiwilligkeit voraus. Schule allerdings ist eine staatliche Institution mit einem verbindlichen Unterrichts- und Erziehungsauftrag und der Besuch der Schule ist für Schüler verpflichtend. Sport in der Schule ist somit ein Widerspruch in sich. Die Verpflichtung zur Teilnahme am Sport ist mit der sportimmanenten Logik der Willkür und Folgenlosigkeit unvereinbar: Wenn ein Schüler gezwungen wird, eine Kippe zu turnen, um mithilfe dieser ungewöhnlichen Bewegung auf eine Stange zu gelangen, auf die er vielleicht gar nicht will und auf der nichts los ist, wird er gezwungen, etwas objektiv und subjektiv Sinnloses zu tun. Dies jedoch ist das Prinzip des verpflichtenden Schulsports mit seiner Zensurengebung. Es entsteht die paradoxe Situation, in der versucht wird, Schüler zu einem individuellen Sinnerleben zu zwingen. Der durch die Institution Schule vorgegebene Erziehungsauftrag des Sportunterrichts führt zu einer Verfremdung des Sports: das, was man ja eigentlich um seiner selbst willen betreibt, soll pädagogische Zwecke erfüllen und wird somit instrumentalisiert.

Welche Konsequenzen ergeben sich aus der paradoxen Grundsituation des Sports in der Schule? Eine ausdrückliche Festlegung auf bestimmte Formen und Inhalte des Sporttreibens ist wohl nicht notwendig. Damit die ausgewählten Sportaktivitäten sinnvoll erlebt werden können, ist eine weitgehende Entschulung des Sportunterrichts unumgänglich: Er hat sich von den schulbedingten Zwängen der Teilnahmepflicht, der Zensurengebung, der Lehrplanvorschriften zu befreien. Damit die Grundidee des Sporttreibens nicht verfälscht wird, ist eine konsequente Abwehr aller Pädagogisierungsversuche notwendig: Sport hat sich von der Inanspruchnahme als Erziehungsmittel etwa zur Sozialerziehung oder zur Gesundheitserziehung zu befreien. Damit der unmittelbare Reiz des Sporttreibens erlebt werden kann, ist eine übertriebene „Vermethodisierung“ der Lern- und Vermittlungsprozesse im Sportunterricht zu vermeiden: Wenn die Methode zum Selbstzweck verkommt und inszeniert wird, um Schülern die besondere Befähigung des Lehrers zu demonstrieren, hat sie ihren Sinn verfehlt, Schülern ein in sich sinnvolles Erlebnis zu ermöglichen. Wichtiger als die Methode sind die Sachkompetenz des Sportlehrers, seine Motivation und Persönlichkeitseigenschaften wie Humor, Verständnis, Wertschätzung und Einfühlungsvermögen.

Die in diesem Kapitel dargestellte Position wird hauptsächlich von Meinhart VOLKAMER vertreten. Der Beitrag „Wieviel Pädagogik verträgt der Sport? – das Konzept der Entpädagogisierung“ (1995) gibt einen Einblick in VOLKAMERs Vorstellungen und Anliegen.

5 Und was nun?

Wer von dieser Lektion erwartet hatte, er könne klare und eindeutige Handlungsorientierungen für die Gestaltung des Schulsports gewinnen, wird enttäuscht sein. Bei der Vielzahl unterschiedlicher Strömungen, Positionen und Konzepte in der Sportdidaktik, die sich teilweise sogar widersprechen, fällt es schwer, die Übersicht zu behalten. So kann an die Stelle eines erhofften Zugewinns an Sicherheit ein nicht unerhebliches Maß an Verunsicherung getreten sein: Was ist denn nun richtig?

Um mögliche Missverständnisse auszuräumen: Es wäre eine Illusion, mit einer wahren, gültigen Theorie des Sportunterrichts zu rechnen. Zum einen ist Sportunterricht ein viel zu komplexer und vielschichtiger Handlungszusammenhang, als dass er von einer einzigen fachdidaktischen Theorie angemessen beschrieben und konstruktiv angeleitet werden könnte. Zum anderen stände die Vorstellung einer von oben verordneten, dogmatisierten Einheitskonzeption grundsätzlich im Widerspruch zu unserer demokratisch verfassten, pluralistisch orientierten Gesellschaftsordnung. Und zum Dritten: Jeder Versuch, eine bestimmte Konzeption gleichsam mit einem Alleinvertretungsrecht auszustatten und der Praxis vorzugeben, käme einer Absage an die professionelle Kompetenz des Sportlehrers gleich. Niemand kann einem Lehrer die Verantwortlichkeit für das, was er im Unterricht tut, abnehmen. Damit ist zugleich ein Anspruch verbunden, der dem Lehrer abverlangt, unter Berücksichtigung der Lehrplanvorgaben sein eigenes didaktisches Konzept zu entwickeln und dieses sich selbst und anderen erklären und begründen zu können.

Die Eigenverantwortlichkeit beginnt im fachdidaktischen Studium, das weniger dazu dient, die Köpfe der Studierenden mit Theorien voll zu stopfen, als vielmehr dazu anzuregen hat, sich der eigenen didaktischen Motive und Absichten klar zu werden. Für diese Aufgabe allerdings bieten die theoretischen Konzepte eine ausgesprochen geeignete Hilfe. Sie formulieren Gesichtspunkte, die eine bewusste Auseinandersetzung mit den subjektiven Vorstellungen und (Vor-) Urteilen herausfordern. Sie liefern Denkanstöße zur Entwicklung und argumentativen Absicherung der eigenen didaktischen Position. Daher ist die konzeptionelle Vielfalt für die Ausbildung zukünftiger Sportlehrer kein Verhängnis und beklagenswertes Übel, sondern ein enormer Gewinn. Und für berufstätige Sportlehrer ist es eine Bereicherung, wenn sie zur Bewältigung konkreter Alltagsprobleme unterschiedliche Hinweise und Anregungen bekommen, diese selbst überprüfen und diejenigen auswählen können, die angemessene Problemlösungen versprechen. Auf die Weise können sie ihren didaktischen Entwurf aus mehreren Ansätzen kombinieren und jeweils durch das anreichern, was sinnvoll und nötig erscheint. In diesem Sinne stellt das eingangs angeführte Selbstgespräch des Sportlehrers eine durchaus angemessene Form sportdidaktischer Selbstreflexion dar.

Um zum Abschluss auf die Ausgangsfrage dieser Lektion zurückzukommen: Gibt es konkrete Anleitungen zum Handeln? Ja, es gibt sie – und zwar sowohl umfang- als auch inhaltsreich. Diese liegen in Form von Praxisberichten und didaktischer Ratgeberliteratur vor. In dieser Lektion sind konkrete Beispiele angeführt – etwa zum Thema: „Damit Hochspringen nicht zum Flop wird!“ Doch es ist in diesem Zusammenhang eine mögliche Fehldeutung auszuräumen: Die vorgestellten theoretischen Positionen der Sportdidaktik treffen ihre Aussagen nicht auf der Ebene von Praxisberichten und didaktischer Ratgeberliteratur. Von ihnen ist eine direkte Anleitung zum Handeln nicht zu erwarten. Zwischen den theoretischen Konzepten und dem praktischen Handeln im Unterricht liegt die Mündigkeit und Urteilskraft des verantwortlichen Sportlehrers. Er muss die in den Entwürfen ausgewiesenen Orientierungen und Ideen aufgreifen und kann daraus Anregungen für sein praktisches Handeln gewinnen.

Die in dieser Lektion gewählte Darstellung geht auf eine Systematik zurück, die Eckart BALZ (1992) in seinem Aufsatz „Fachdidaktische Konzepte oder: Woran soll sich der Schulsport orientieren?“ vorgestellt hat. Eine andere Einteilung wählt Horst EHNI (2000) in seinem Beitrag „Vom Sinn des Schulsports“. Wer an einer umfassenden und kritischen Auseinandersetzung mit den verschiedenen sportdidaktischen Positionen interessiert ist, findet dies in differenzierter Form bei Matthias SCHIERZ (1997) sowie bei Robert PROHL (1999, bes. S. 106-149), der in seinem „Grundriß der Sportpädagogik“ derzeit vorliegende Konzepte aufnimmt und einordnet.

Literatur

BALZ, E. (1989). Mehrperspektivisches Ausdauerlaufen. *Lehrhilfen für den Sportunterricht, 38* (8), 117-121 (Teil 1); *38* (9), 129-133 (Teil 2).

BALZ, E. (1992). Fachdidaktische Konzepte oder: Woran soll sich der Schulsport orientieren? *sportpädagogik, 16* (2), 13-22.

BALZ, E. & NEUMANN, P. (1999). Erziehender Sportunterricht. In W. GÜNZEL & R. LAGING (Hrsg.), *Neues Taschenbuch des Sportunterrichts. Bd. 1* (S. 162-192). Baltmannsweiler: Schneider.

BRÄUTIGAM, M. (1994). Spaß als Leitidee jugendlichen Sportengagements. Konsequenzen für die Sportdidaktik? *sportunterricht, 43* (6), 236-244.

EHNI, H. (2000). Vom Sinn des Schulsports. In P. WOLTERS et al., *Didaktik des Schulsports* (S. 9-35). Schorndorf: Hofmann.

FUNKE, J. (1987). Über den didaktischen Ansatz der „Körpererfahrung". In D. PEPER & E. CHRISTMANN (Hrsg.), *Zur Standortbestimmung der Sportpädagogik* (S. 94-108). Schorndorf: Hofmann.

FUNKE-WIENEKE, J. (1992). Grundlagen unseres Ansatzes. In G. TREUTLEIN, J. FUNKE & N. SPERLE (Hrsg.), *Körpererfahrung im Sport* (S. 9-28). Aachen: Meyer & Meyer.

FUNKE-WIENEKE, J. (1995). Turndidaktik – verschiedene konzeptionelle Zugänge. In A. ZEUNER, G. SENF & S. HOFMANN (Hrsg.), *Sport unterrichten* (S. 72-80). Sankt Augustin: Academia.

GEßMANN, R. (1984). Sportunterricht heute: Zwischen Sportartenlernen, Sozialerziehung, Bewegungsarrangement und Körpererfahrung. In H. ALLMER (Hrsg.), *Sport und Schule* (S. 10-34). Reinbek: Rowohlt.

GRÖßING, S. (1995). Bewegungskultur durch Bewegungserziehung statt Handlungsfähigkeit im Sport durch Sporterziehung. In A. ZEUNER, G. SENF & S. HOFMANN (Hrsg.), *Sport unterrichten* (S. 49-57). Sankt Augustin: Academia.

GRÖßING, S. (2001). *Einführung in die Sportdidaktik* (8., überarbeitete Aufl.). Wiebelsheim: Limpert.

GÜNZEL, W. & LAGING, R. (1999). Sportunterricht und Schulsport auf neuen Wegen – eine Einführung. In W. GÜNZEL & R. LAGING (Hrsg.), *Neues Taschenbuch des Sportunterrichts. Bd. 1* (S. 2-12). Baltmannsweiler: Schneider.

HUMMEL, A. (2000). Schulsportkonzepte zwischen totaler Rationalisierung und postmoderner Beliebigkeit. *sportunterricht, 49* (1), 9-13.

HUMMEL, A. & BALZ, E. (1995). Sportpädagogische Strömungen – Fachdidaktische Modelle – Unterrichtskonzepte. Auf dem Weg zu einer fachdidaktischen Landkarte. In A. ZEUNER, G. SENF & S. HOFMANN (Hrsg.), *Sport unterrichten* (S. 28-40). Sankt Augustin: Academia.

JANALIK, H. (1989). *Sportlehrertypen.* (Video, produziert von Günter Pietsch im Audio-Visuellen Zentrum der PH Heidelberg.) Heidelberg.

JANALIK, H. (1998). Damit Hochspringen nicht zum Flop wird! In R. ZIMMER (Hrsg.), *Handbuch für Kinder- und Jugendarbeit im Sport* (S. 263-266). Aachen: Meyer & Meyer.

KURZ, D. (1977). *Elemente des Schulsports.* Schorndorf: Hofmann.

KURZ, D. (1987). Vom „Vollzug von Leibesübungen" zur „Handlungsfähigkeit im Sport" – Wandlungen didaktischer Grundvorstellungen. In D. PEPER & E. CHRISTMANN (Hrsg.), *Zur Standortbestimmung der Sportpädagogik* (S. 52-67). Schorndorf: Hofmann.

KURZ, D. (1992). Sport mehrperspektivisch unterrichten – warum und wie? In K. ZIESCHANG & W. BUCHMEIER (Hrsg.), *Sport zwischen Tradition und Zukunft* (S. 15-18). Schorndorf: Hofmann.

KURZ, D. (1995). Handlungsfähigkeit im Sport – Leitidee eines mehrperspektivischen Unterrichtskonzepts. In A. ZEUNER, G. SENF & S. HOFMANN (Hrsg.), *Sport unterrichten* (S. 41-48). Sankt Augustin: Academia.

PROHL, R. (1999). *Grundriß der Sportpädagogik.* Wiebelsheim: Limpert.

SCHIERZ, M. (1997). *Narrative Didaktik.* Weinheim: Beltz.

SÖLL, W. (1995). Sportunterricht ohne Sportarten? Plädoyer für ein richtig verstandenes „Sportartenkonzept". In A. ZEUNER, G. SENF & S. HOFMANN (Hrsg.), *Sport unterrichten* (S. 64-71). Sankt Augustin: Academia.

SÖLL, W. (1996). *Sportunterricht – Sport unterrichten.* Schorndorf: Hofmann.

SÖLL, W. (2000). Das Sportartenkonzept in Vergangenheit und Gegenwart. *sportunterricht, 49* (1), 4-8.

SÖLL, W. & KERN, U. (1999). *Alltagsprobleme des Sportunterrichts.* Schorndorf: Hofmann.

TREUTLEIN, G. (1992). Körperwahrnehmung und Körpererfahrung in der Leichtathletik. In G. TREUTLEIN, J. FUNKE & N. SPERLE, *Körpererfahrung im Sport* (S. 67-105). Aachen: Meyer & Meyer.

TREUTLEIN, G., JANALIK, H. & ULLMANN, R. (1998). Laufen, Werfen, Springen – Leichtathletik neu entdeckt. In R. ZIMMER (Hrsg.), *Handbuch für Kinder- und Jugendarbeit im Sport* (S. 245-272). Aachen: Meyer & Meyer.

VOLKAMER, M. (1987). *Von der Last mit der Lust im Schulsport.* Schorndorf: Hofmann.

VOLKAMER, M. (1995). Wieviel Pädagogik verträgt der Sport? – das Konzept der Entpädagogisierung. In A. ZEUNER, G. SENF & S. HOFMANN (Hrsg.), *Sport unterrichten* (S. 58-63). Sankt Augustin: Academia.

VOLKAMER, M. & ZIMMER, R. (1982). *Vom Mut, trotzdem Lehrer zu sein.* Schorndorf: Hofmann.

Lektion 6
Was soll im Sportunterricht gemacht werden und wozu?
Ziele und Inhalte des Faches

Eine übliche Szene vor Beginn einer Sportstunde: Beim Eintreffen des Lehrers wird er von den Schülern mit der Frage bedrängt: „Was machen wir heute?" Offensichtlich sind Schüler in erster Linie an der inhaltlichen Ausrichtung des anstehenden Sportunterrichts interessiert. Wenn sie das Thema erfahren, verbinden sie damit sogleich bestimmte Vorstellungen. Was der eine Schüler langweilig und uninteressant findet, ist für den anderen attraktiv und motivierend. Auch die Sportlehrer haben ihre Vorlieben und besonderen „Steckenpferde". Vor allem aber gilt: Ihre inhaltlichen Präferenzen bilden den Kern ihrer Unterrichtsentwürfe. Nach allem, was über den Unterrichtsalltag von Sportlehrern bekannt ist, hat die Frage nach dem „Was" des Lehrens und Lernens bei ihren Überlegungen und Entscheidungen eindeutig Vorrang.

Lange Zeit galten bestimmte Sportarten des außerschulischen Sports wie selbstverständlich auch als die zentralen Inhalte des Schulsports. Die Vorstellung eines einheitlichen Stoffkatalogs in Form eines vorgegebenen Sportartensortiments ist mittlerweile aufgegeben worden. Dafür gibt es gute didaktische Gründe. Nicht zuletzt die enorme Ausweitung und Ausdifferenzierung der Sport- und Bewegungsformen in der gesellschaftlichen Realität haben dafür gesorgt, dass eine problemlose Verständigung über die Zusammenstellung geeigneter Schulsportarten nicht mehr gelingt. Zum Einstieg in diese Lektion soll daher ein Überblick über die aktuellen Tendenzen in der Sport- und Bewegungswelt der Kinder und Jugendlichen gegeben werden. Die Kenntnis über die verbreiteten Erscheinungsformen des Sports bei Kindern und Jugendlichen liefert sicherlich wichtige Hinweise auf die inhaltliche Gestaltung des Sports in der Schule. Es kann jedoch nicht darum gehen, den außerhalb der Schule geläufigen Sport gleichsam ungefiltert in den Sportunterricht zu übernehmen. So geht es im zweiten Abschnitt dieser Lektion darum, eine grundlegende Bestimmung des Zusammenhangs zwischen dem Sport außerhalb und innerhalb der Schule vorzunehmen.

Im Mittelpunkt der Lektion steht die Übersicht über die Inhalte des Schulsports. Es wird eine Systematik von insgesamt 10 Bereichen vorgelegt. Diese Zusammenstellung macht die enorme inhaltliche Bandbreite des Sportunterrichts deutlich und gibt zugleich eine klare Orientierungslinie für die stoffliche Rahmung des Faches vor. Die Benennung und Charakterisierung von Inhaltsbereichen des Schulsports ist nur ein erster Schritt auf dem Weg zur didaktischen Konstruktion des Unterrichts. Denn die Sport-, Spiel- und Bewegungsaktivitäten besitzen nicht aus sich heraus – sozusagen aus der Natur der Sache – einen Wert, der sie für Bildungs- und Erziehungszwecke als geeignet ausweist. Es ist ständig zu klären und zu entscheiden, mit welchen pädagogischen Absichten die Inhalte verbunden sein sollen. Ein Sportunterricht, der die Angaben zu seinen Zielen und Inhalten nicht jeweils getrennt deklariert, sondern die gegenseitige Vermittlung der Ziel- und Inhaltsentscheidungen schon in der gemeinsamen Formulierung zum Ausdruck bringt, wird als „themenorientierter" Sportunterricht bezeichnet. Die mit diesem Konzept verbundenen Gedanken werden im vierten Abschnitt der Lektion erläutert. In einem letzten Schritt sind die pädagogischen Zielperspektiven, mit denen die Inhalte zu Themen des Unterrichts werden, aufgeführt.

Daraus ergibt sich für diese Lektion eine Gliederung, die fünf Fragen aufnimmt: Welche Tendenzen sind im Sport- und Bewegungsalltag junger Menschen zu erkennen? Wie kann das Verhältnis zwischen dem Sport außerhalb und innerhalb der Schule bestimmt werden? Welche Inhalte sind für den Schulsport vorzusehen? Wie lassen sich die Inhalte im Sportunterricht themenorientiert auslegen? Welchen pädagogischen Zielperspektiven kann der Schulsport folgen?

1 Wie sieht das außerschulische Sporttreiben der Schüler aus?

In einem Überblick über die aktuelle Sportentwicklung geht es in erster Linie darum, die verbreiteten Erscheinungsformen des Sports der Kinder und Jugendlichen aufzudecken und zu ordnen. Es wird sich zeigen, dass dem Sporttreiben der Heranwachsenden ein verändertes, weit gefasstes Sportverständnis zugrunde liegt. Dieses offene Sportverständnis ist zu berücksichtigen, wenn es um die Herleitung, Zusammenstellung und Auslegung der Schulsportinhalte geht.

- **Immer mehr Heranwachsende treiben Sport:** Nahezu jeder Jugendliche treibt Sport. Nach aktuellen Untersuchungen geben ca. 80 % der Jungen und 70 %

der Mädchen an, in ihrer Freizeit Sport zu treiben. Im Vergleich mit den verschiedenen Freizeitbeschäftigungen – und die Konkurrenz ist mittlerweile groß – liegt das Sporttreiben durchgängig auf den vorderen Rangplätzen, und wenn es um die Einschätzung des Bedeutungsgewichts geht, weisen Jugendliche dem Sport regelmäßig hohe Werte zu: Für ca. zwei Drittel ist er wichtig oder sehr wichtig.

Die Mitgliedschaft im Sportverein bleibt von diesen Entwicklungen nicht unberührt. Es ist davon auszugehen, dass zwischen 40 und 50 % der Kinder und Jugendlichen einem Sportverein angehören. Eine aktuelle Studie aus Nordrhein-Westfalen kommt zu dem Ergebnis, dass acht von 10 Jugendlichen im Durchschnitt über acht Jahre Sportvereinsmitglieder sind. Zwar verlassen einige Jugendliche den Sportverein (den Höhepunkt erreicht das Vereinsengagement etwa im 7. Schuljahr, und der Höhepunkt der Austrittswelle wird nach dem 9. Schuljahr erreicht) und der Gesamtumfang ihrer Sportaktivitäten sinkt mit zunehmendem Alter, zwar gibt es Unterschiede zwischen Jungen und Mädchen, die weniger und unregelmäßiger Sport treiben und sich in geringerem Maße im vereinsorganisierten Sport wohl fühlen, doch ist insgesamt zu bilanzieren: Sport ist eine Domäne der Heranwachsenden und wird mittlerweile als eine jugendspezifische Altersnorm bezeichnet.

- **Das Angebot an Sportarten wird immer größer:** Die Anzahl der von Kindern und Jugendlichen betriebenen Sportarten hat sich in rasanter Weise vervielfältigt. Ergibt sich im Zeitreihenvergleich zwischen den 1950er- und 1980er-Jahren schon mehr als eine Verdopplung der Sportarten, weisen aktuelle Befunde aus den 1990er-Jahren die Fortsetzung und Dynamisierung dieser Entwicklung nach. Fragt man Jugendliche, welche Sportarten sie in ihrer Freizeit betreiben, kommen sie mittlerweile auf mehr als 50 Nennungen.

Werden die Sportaktivitäten nach ihrer Beliebtheit geordnet, stehen Radfahren, Schwimmen und Inlineskaten an der Spitze. Es folgen Fußball (bei den Jungen) und Jogging. Es findet sich weiterhin neben einer ganzen Reihe von Rückschlagspielen (Tischtennis, Tennis, Badminton/Federball und Squash) und Mannschaftsspielen (vor allem Basketball/Streetball und Volleyball), neben Pferdesport und Tanzen (bei den Mädchen) und Fitnesstraining eine große Gruppe von Sport- und Freizeitaktivitäten wie Skateboarden, Eislaufen, Wandern, Billard, (Mini-)Golf, Skifahren, Surfen und bei den Jungen Kampfsport. Traditionelle Sportarten haben an Popularität deutlich verloren, werden aber im Vereinssport nach wie vor von vielen Jugendlichen getrieben. Die

Favoriten unter den Vereinssportarten sind Fußball, Tennis, Volleyball, Handball, Schwimmen, Leichtathletik und Turnen, wobei Fußball, Schwimmen, Leichtathletik und Turnen häufig die Sportarten sind, über die in jungen Jahren der erste Zugang zum Sportverein gelegt wird.

- **Der Sport differenziert sich in zunehmendem Maße aus:** Neben die quantitativen Zuwächse treten qualitative Veränderungen. Die inhaltliche Ausdifferenzierung und Vervielfältigung der Sportaktivitäten ist augenfällig. Da werden neue Sportarten erfunden (Skateboarding, Surfen, Drachenfliegen). Traditionelle, fast in Vergessenheit geratene Bewegungsaktivitäten werden aktualisiert (Jonglage, Seilspringen – heute als Rope Skipping bekannt) und durch neue Geräte weiterentwickelt (Rollschuhlaufen und Inlineskating). Das herkömmliche Einheitsfahrrad ist den unterschiedlichen Typen der BMX-Räder, Rennräder, Tourenräder und Mountainbikes gewichen. Bekannte Sportarten entwickeln sich zu modernen Varianten weiter, die alten und neuen Sportarten (wie Basketball und Streetball oder Volleyball und Beachvolleyball) existieren nebeneinander und werden trotz modifizierten Regelwerks und veränderter Handlungsmuster oft von denselben Akteuren parallel betrieben. Gängige Sportarten werden kombiniert und als neue Wettbewerbsformen angeboten (Triathlon). Die Differenzierungsprozesse innerhalb der Sportbereiche beschleunigen sich. Das Tanzen umfasst mittlerweile mehr als 50 verschiedene Ausprägungen – vom Standardtanz bis zum Hip-Hop. Der Gesundheitsboom produziert seine Moden (Jogging, Walking) und integriert in seine Bewegungsprogramme Entspannungstechniken und Meditationsübungen. Die Angebotspalette in den Fitnessstudios reicht vom Krafttraining über Wassergymnastik bis zum Spinning, und die verschiedenen Varianten der Aerobic (Stepp-Aerobic, High-Impact, Low-Impact etc.) machen es schwer, den Überblick zu behalten. Bisher nicht oder nur wenig bekannte Sportarten aus anderen Kulturkreisen stoßen auf das Interesse der Heranwachsenden: etwa American Football und Baseball aus den USA, Karate und Taekwondo aus Asien und Bumerangwerfen aus Australien.

Mit den inhaltlichen Weiterentwicklungen öffnen sich die Sportarten zugleich in der Sozial-, Raum- und Zeitdimension. Das Betreiben einer Sportart ist nicht mehr auf bestimmte soziale Kontexte wie etwa die Schule und den Sportverein festgelegt. Vielmehr werden verschiedene Anbieter und Einrichtungen aufgesucht, wechseln die Gruppierungs- und Interaktionsformen, Orte und Zeiten werden flexibel variiert. Ein festes und für alle verbindliches Muster, wie, mit wem, wo und wann Sportarten zu betreiben sind, existiert nicht mehr. Aus der

Vielfalt der Möglichkeiten wählen sich Jugendliche das aus, was ihnen am meisten Spaß macht. Oft stellen sie sich ein gemischtes Programm zusammen, das individuell geprägt ist, mehrfach gewechselt, unterbrochen, neu aufgenommen, anders zusammengestellt oder ganz abgebrochen wird und wie selbstverständlich in die normalen Abläufe und Routinen der eigenen Lebensführung eingebunden ist.

- **Das traditionelle Sportverständnis löst sich auf und die sportbezogenen Motivlagen variieren:** Im Zuge der Ausdifferenzierungs- und Öffnungsprozesse verabschieden sich die Sportarten vom traditionellen Sportkonzept und seinen einheitlichen Vorstellungen. Die Jugendlichen selbst haben diese Entwicklung maßgeblich in Gang gesetzt, in deren Folge ein ehemals klares und für alle verbindliches Verständnis von Sportarten an inhaltlicher Eindeutigkeit verloren hat. So ist der Sportbegriff der Jugendlichen nicht mehr unabdingbar an die Logik von Verpflichtung, Training, Wettkampf und Verein geknüpft. Die traditionelle Sinndeutung mit ihren leistungsethischen Prinzipien wie Fleiß, Disziplin, Askese, Bedürfnis- und Lustaufschub hat die Definitionsmacht für ein geschlossenes Sportverständnis verloren. Nach diesem weiten Verständnis gelten nicht ausschließlich die normierten und durch ein festes Regelwerk standardisierten Sportarten als Sport, sondern die vielfältigen, wenig reglementierten Bewegungsformen, die für individuelle und situationsspezifische Auslegungen offen sind.

Diese erweiterten Deutungsspielräume erleichtern für viele den Zugang zum Sport und öffnen ihn für die Befriedigung ganz unterschiedlicher subjektiver Bedürfnisse und Interessen. Es liegt auf der Hand, dass sich in Verbindung mit der Öffnung des Sportverständnisses die Beweggründe der Jugendlichen, Sport zu treiben, verlagern. Während früher Wettbewerb und Leistung im Mittelpunkt standen, ist heute eine zunehmende Orientierung an Spaß, Geselligkeit, Erlebnis und Fitness festzustellen.

- **Sportarten werden inszeniert und sind wichtige Elemente jugendtypischer Lebensstile:** Jugendliche haben in vielen Bereichen des Sports das ursprüngliche Deutungsmonopol der Institutionen, Organisationen und Anbieter außer Kraft gesetzt und agieren nach ihren eigenen Vorstellungen und Regeln. Sie nehmen neue Sportarten auf, modernisieren die alten und legen sie für ihre Zwecke aus. Dabei verbinden sie Sport- und Bewegungsaktivitäten mit besonderen Sprach-, Musik- und Modestilen, typischen Konsumformen, eigenen Ritualen und auf Expression angelegten Verhaltensmustern. Derart in Szene gesetzt, definieren sich die modernen Varianten des Sporttreibens nicht mehr ausschließlich über die Art der aktiven Körperbetätigung. Vielmehr ist die Praxis des Sporttreibens mit ihrer inneren Logik nur ein Element einer kompletten jugendspezifischen Ausdrucksweise. Eingebettet in eine Szene (Skaterszene, Streetballszene, Surferszene) werden mit einer Sportaktivität zugleich Attribute ins Spiel gebracht, die die eigene Individualität zum Ausdruck bringen und die Zugehörigkeit zu einer sozialen Gruppe signalisieren. Sport wird zu einem attraktiven Werkzeug jugendgemäßer Identitätsarbeit. Auf diesem Wege dringen sportive Sinnmuster und Ausdrucksformen immer mehr in das alltägliche Leben ein. Sportliche Kleidung, Lauf-, Basketball- und Tennisschuhe, Baseballkappen etc. sind mittlerweile ein gängiges Stück (nicht nur) jugendlicher Garderobe.

Der dynamische Wandel in unserer Sport- und Bewegungskultur bleibt nicht ohne Konsequenzen für den Schulsport. Eines ist offensichtlich: Bei der enormen Expansion und Ausdifferenzierung der Sportaktivitäten ist es wenig aussichtsreich, mit dem Wandel in der historischen Zeit die Schulsportinhalte hin und wieder zu aktualisieren. Vielmehr ist ein grundlegender Verständniswandel angezeigt: Danach ist zum einen die enge Verknüpfung der Schulsportinhalte an die fest geregelten und normierten Sportarten aufzugeben und eine weite Auffassung zu favorisieren, die die vielfältigen Sport-, Spiel- und Bewegungsmöglichkeiten in ein offenes Ordnungsmuster zusammenführt. Zum anderen setzt sich aufgrund der bald unübersehbaren Vielzahl von Sportaktivitäten in zunehmendem Maße die Argumentation durch, die zu vermittelnden Inhalte des Schulsports nicht mehr über zentrale Steuerungsinstrumente einheitlich vorzugeben, sondern der Idee der Dezentralisierung zu folgen und die konkrete Auswahl der Inhalte „vor Ort" vorzunehmen. Damit sind die Entscheidungsträger in den einzelnen Schulen – vor allem das Kollegium der Sportlehrkräfte – aufgefordert, für ihre Voraussetzungen und Verhältnisse geeignete Inhalte auszuwählen und diese in einem schuleigenen Lehrplan festzulegen.

Die aufgezeigten Tendenzen im Sport der Kinder und Jugendlichen sind über verschiedene Studien empirisch belegt (BRETTSCHNEIDER & BRÄUTIGAM, 1990; KURZ, SACK & BRINKHOFF, 1996; DEUTSCHER SPORTBUND, 2001). Auf der Grundlage eines zusammenfassenden Überblicks über die aktuelle Lebens- und Bewegungswelt der Heranwachsenden gibt Christian WOPP (1999) Hinweise darauf, welche Konsequenzen daraus für den Schulsport gezogen werden können.

2 Wie kann das Verhältnis zwischen Schulsport und außerschulischem Sport bestimmt werden?

Bei der Bestimmung des Verhältnisses zwischen dem Sport außerhalb und innerhalb der Schule sind verschiedene Positionen denkbar. Wird der Schulsport als eine *Eigenwelt* angelegt, nimmt er bewusst eine unabhängige Stellung zur alltäglichen Sportpraxis außerhalb des Unterrichts ein. Losgelöst von den Bewegungs- und Sportaktivitäten, die Kinder und Jugendliche in ihrer Freizeit attraktiv finden und mit Vorliebe betreiben, konzentriert sich der Schulsport auf die Vermittlung von Inhalten, die aus pädagogischen Überlegungen heraus für den Schulsport geeignet und angemessen erscheinen. Um Heranwachsende auf die Welt des Sports außerhalb der Schule vorzubereiten, wird ihnen innerhalb der Schule noch nicht die gesamte Komplexität der eigentlich geforderten Aufgaben und die volle Verantwortung für das eigene Handeln abverlangt. Wie in einem „Schonraum" können Schüler in der Schule gleichsam auf Probe handeln, ehe es außerhalb und nach der Schule richtig ernst wird.

Der Schulsport kann sogar mit Absicht als *Gegenwelt* verstanden werden. Im bewussten Kontrast zu einer Art des Sporttreibens, die für pädagogische Zwecke ungeeignet erscheint, finden im Schulsport ausschließlich jene Formen Berücksichtigung, die der Idee eines besseren, humanen Sports gerecht werden. Der Schulsport wird zu einer pädagogischen Instanz, die sich als Alternative zur außerschulischen Sportwirklichkeit versteht und Schüler mit der Kompetenz ausstattet, ihr eigenes Sporttreiben unter anderen als den üblichen Vorstellungen, vielleicht sogar vorbildlich, zu gestalten. Versteht sich der Schulsport als *Doppelwelt,* geht es in erster Linie darum, die außerschulische Sportrealität möglichst unverstellt in die Schule hineinzuholen. Die Aufgabe des Schulsports besteht darin, im Unterricht abbildhaft das zu simulieren, was außerhalb der Schule an Sport stattfindet.

Gute Gründe sprechen dafür, eine ausgewogene „mittlere" Position zu favorisieren. Folgt der Schulsport der Auffassung, sich gegenüber dem außerschulischen Sport als *Mitwelt* zu verstehen, sind Schulsport und außerschulischer Sport wechselweise und konstruktiv aufeinander zu beziehen: Einerseits knüpft der Schulsport an die Formen und Muster der vorfindbaren Sportrealität an. Es geht jedoch nicht darum, ihn schlicht zu reproduzieren. Vielmehr soll er als Ausgangs- und Bezugspunkt für die didaktische Auswahl und Vermittlung im Sportunterricht berücksichtigt werden. Daher wird an die vorgegebene Sportwirklichkeit angeknüpft, diese aber – andererseits – zugleich überschritten und weitergeführt. Schüler lernen an exemplarisch ausgewählten Beispielen, den Sport auch unter anderen als den bisher erfahrenen Regeln und Perspektiven anzulegen, ihn nach ihren Vorstellungen und Bedürfnissen zu verändern. Aufgabe des Schulsports als Mitwelt ist es also, Schüler zur Teilnahme an den außerschulisch verbreiteten Sportaktivitäten zu befähigen und ihnen darüber hinaus systematisch Zugänge zu dem zu eröffnen, was im Umkreis ihrer eigenen Erfahrungen außerhalb der Schule nicht vorkommt.

Die vorangegangenen Ausführungen folgen den Überlegungen, die Matthias SCHIERZ *(1993) in seinem Aufsatz „Schule: Eigenwelt, Doppelwelt, Mitwelt" angestellt hat.*

3 Welche Inhaltsbereiche sollen im Sportunterricht vermittelt werden?

Die Übersicht über die aktuelle Sportentwicklung hat gezeigt, dass dem Sporttreiben der Kinder und Jugendlichen ein verändertes, weit gefasstes Sportverständnis zugrunde liegt. Auch in der sportdidaktischen Diskussion herrscht inzwischen eine veränderte Vorstellung davon, was die Inhalte des Schulsports sind und wie sie im Unterricht auszulegen und zu vermitteln sind. Infolge des gewandelten Verständnisses sind die aufgeführten Inhaltsbereiche mit der Bezeichnung „Bewegungsfelder und Sportbereiche" versehen worden. Diese verstehen sich also nicht in einem engen Sinne als Sportarten in ihrer institutionalisierten und reglementierten Fassung, sondern in einem weiten Verständnis als offen auszulegende Sport-, Spiel- und Bewegungsaktivitäten.

Die Zusammenstellung umfasst insgesamt 10 Inhaltsbereiche. Ihre systematische Anordnung enthält den Vorschlag einer Dreiteilung (vgl. Abb. 4). Die ersten beiden (Körperwahrnehmung und Bewegungsgrundlagen; Spielfähigkeit) sind als sportbereichsübergreifende Bewegungsfelder von grundlegender Bedeutung für die Erziehungsaufgaben des Schulsports. In ihnen wird das Fundament für die Erarbeitung der Themen aus den anderen Inhaltsbereichen gelegt. Die folgenden Inhaltsbereiche – es sind insgesamt sieben – enthalten jeweils eine Bandbreite von Sport-, Spiel- und Bewegungsaktivitäten. Auf einem Kontinuum sind an dem einen Pol Bewegungsformen als grundlegende Tätigkeiten und Erfahrungsbereiche angeordnet, an dem anderen Pol jene

Sportbereiche und Sportarten, die speziell für dieses Bewegungsfeld charakteristisch sind. Durch den Gedankenstrich in der Mitte der Benennung wird auf das didaktische Anliegen hingewiesen, im Schulsport einerseits den Bezug zu den außerschulisch üblichen Sportarten herzustellen und andererseits deren Grenzen zu überschreiten und die Vielfalt der Sport-, Spiel- und Bewegungsmöglichkeiten zu thematisieren. In einem letzten Inhaltsbereich sind die Kenntnisse und Einsichten zusammengenommen, die im Sportunterricht zu vermitteln sind.

1	Den Körper wahrnehmen und Bewegungsfähigkeiten ausprägen
2	Das Spielen entdecken und Spielräume nutzen

3	Laufen, Springen, Werfen – Leichtathletik
4	Bewegen im Wasser – Schwimmen
5	Bewegen an Geräten – Turnen
6	Gestalten, Tanzen, Darstellen – Gymnastik/Tanz, Bewegungskünste
7	Spielen in und mit Regelstrukturen – Sportspiele
8	Gleiten, Fahren, Rollen – Rollsport, Bootssport, Wintersport
9	Ringen und Kämpfen – Zweikampfsport

10	Wissen erwerben und Sport begreifen

Abb. 4: Inhaltsbereiche des Schulsports (nach dem Lehrplan NRW)

(1) **Körperwahrnehmung und Bewegungsgrundlagen:** Dieser Inhaltsbereich richtet sich auf die sensible und bewusste Auseinandersetzung mit dem eigenen Körper und seinen individuellen Bewegungspotenzialen. Die Aufgaben sind so zu stellen, dass körperliche Prozesse und Zustände differenziert wahrgenommen, die Beanspruchungsgrade und Grenzen der körperlichen Belastbarkeit erfahren und die Fülle seiner Aktionsmöglichkeiten entdeckt und systematisch erweitert werden.

(2) **Spielfähigkeit:** Dieser Inhaltsbereich umfasst Betätigungsformen und Aktionsweisen, die ein freudvolles Bewegen um seiner selbst willen ermöglichen. Spielideen sind zu entwickeln und zu gestalten, Spielsituationen und -verläufe in ihrer Dynamik,

Wechselhaftigkeit und Spannungsbalance in Erfahrung zu bringen, Spielräume und -materialien zu entdecken und zu nutzen. Drei verschiedene Typen von Spielen sind zu berücksichtigen: Bei den Spielen mit Etwas (Spiele mit Objekten) geht es darum, sich mit einem Gegenstand besondere Aufgaben und Situationen auszudenken oder den Gegenstand in immer schwierigeren Situationen zu manipulieren. Bei den Spielen als Etwas (darstellende Spiele, Rollenspiele) werden mithilfe der eigenen Phantasie bereits gekonnte Handlungsweisen genutzt und zugleich überschritten, gleichsam neu ins Spiel gebracht. Bei der dritten Gruppe von Spielen, den Spielen um Etwas (Regelspiele), liegt der Reiz in der Spannung: „Gewinne oder verliere ich?". Die Offenheit und Unsicherheit des Ausgangs sorgen für Erregung und Nervenkitzel, die mit einfachen Mitteln über lange Zeitspannen aufrechterhalten und als Gruppenerlebnis besonders intensiv empfunden werden können.

(3) **Laufen, Springen, Werfen – Leichtathletik:** Laufen, Springen und Werfen sind Grundformen menschlicher Bewegung und können in vielfältiger Weise durchgeführt werden. Laufen kann man ausdauernd, schnell, über Hindernisse und Hürden, auf Bahnen und im Gelände, in Gruppen und in Staffelform, mit Hilfsmitteln wie etwa auf Stelzen. Springen kann man in die Höhe, in die Weite, in die Tiefe, mit Stäben und in Mehrfachsprüngen. Werfen und Stoßen kann man mit Bällen, Kugeln, Speeren, Scheiben, in die Weite, in die Höhe und auf Ziele. Aus der Handlungsabsicht, schnell zu laufen, hoch und weit zu springen, weit zu werfen und zu stoßen, sind in der Sportart Leichtathletik normierte und geregelte Wettkampfdisziplinen geworden.

(4) **Bewegen im Wasser – Schwimmen:** Dieser Inhaltsbereich umfasst alle Bewegungsaktivitäten, die sich durch die situativen Bedingungen des Wassers ergeben. Das besondere Gefühl, sich im Wasser wahrzunehmen und zu erleben, hängt mit den physikalischen Eigenschaften (Auftrieb – Widerstand – Vortrieb) und den Wirkungen des Wassers auf den menschlichen Körper zusammen. Das Wasser eröffnet zudem eine Fülle von Bewegungsmöglichkeiten, die durch die besonderen Bedingungen des Elements erlebnisreich und -intensiv im Wasser, unter Wasser und ins Wasser hinein gestaltet werden können. Die normierten Grundschwimmarten des Kraul-, Brust-, Rücken- und Delphinschwimmens sind ein Teil dieses umfassenden Programms.

(5) **Bewegen an Geräten – Turnen:** In diesem Inhaltsbereich eröffnet sich eine große Bandbreite ausgefallener, origineller und unverwechselbarer Bewegungserfahrungen. Dazu gehören ungewöhnliche Körperlagen im Raum (beim Hängen, Handstehen, Rollen, Überschlagen), das nicht alltägliche Spielen mit der Schwer-

kraft und dem Gleichgewicht (beim Balancieren, bei der Akrobatik), das spektakuläre Erfahren der Höhe (beim Klimmen und Klettern) sowie des Fliegens (beim Schwingen, Schaukeln und Springen). Sich-Bewegen an Geräten vermittelt Bewegungsgefühle und Erlebnisse besonderer Art, fördert und fordert bewegungstechnisches Können und Körperbeherrschung und bietet die Gelegenheit, sich mit normierten Bewegungsweisen und ihrer kunstvollen Gestaltung auseinander zu setzen.

(6) **Gestalten, Tanzen, Darstellen – Gymnastik, Tanz, Bewegungskünste:** In diesem Inhaltsbereich geht es darum, elementare Bewegungsmuster vielfältig und kreativ zu gestalten. Es sind Aufgaben und Situationen anzubieten, die zur Exploration der Bewegungsgrundformen auffordern und zu rhythmischen, räumlichen und dynamischen Variationen anregen. Offene Situationen, in denen verschiedene Bewegungs- und Körperinszenierungen ausprobiert, entwickelt und präsentiert werden, bieten sich ebenso an wie Aufgabenstellungen, die eine eher nachvollziehende Auseinandersetzung mit historischen und modernen Ausprägungen von Gymnastik, Tanz und Bewegungskünsten anstreben.

(7) **Spielen in und mit Regelstrukturen – Sportspiele:** Dieser Inhaltsbereich umfasst das gesamte Spektrum der geläufigen Partner- und Mannschaftsspiele einschließlich ihrer Vorformen und Variationsmöglichkeiten. Die unterschiedlichen Spielformen reichen von den Wurfspielen (Basketball, Handball), Torschussspielen (Fußball, Hockey) über die Rückschlagspiele (Volleyball, Tennis, Squash, Badminton, Tischtennis) bis hin zu den Mal- und Schlagballspielen (American Football, Baseball, Softball). Die Spiele sind gekennzeichnet durch eine typische Spielidee, besondere Spielgeräte und ein eigenes Regelwerk. Die komplexen Anforderungsstrukturen der Spiele erfordern von den Teilnehmern differenzierte Wahrnehmungs-, Entscheidungs- und Handlungsfähigkeiten, um in den wechselnden Spielsituationen angemessen und erfolgreich agieren zu können.

(8) **Gleiten, Fahren, Rollen – Rollsport/Bootssport/Wintersport:** In diesem Inhaltsbereich werden vor allem Gleichgewichtsfähigkeiten verlangt. Die Anforderungen an das dynamische Gleichgewicht und die Bewegungssteuerung können über eine breite Palette von Bewegungs- und Sportaktivitäten variiert werden. Je nach der Art der Geräteeigenschaften und der Umgebungs- und Geländebedingungen bieten die verschiedenen Fortbewegungsarten des Gleitens, Fahrens und Rollens die Möglichkeit, besondere Erfahrungen von Geschwindigkeit, Beschleunigung und Tempowechsel (Skifahren, Halfpipe) zu machen, sich mit spektakulären Bewegungsfertigkeiten zu beschäftigen und diese zu präsentieren (Skateboard, Einräder) oder auch, sich ausdauernd zu belasten (Rudern, Radfahren).

(9) **Ringen und Kämpfen – Zweikampfsport:** In diesem Inhaltsbereich geht es um die Ring- und Kampfspiele ohne direkten Körperkontakt (Tauziehen, Medizinballschieben und -ziehen), mit Körperkontakt am Boden und im Stand (Zieh- und Schiebespiele, Reiterkämpfe, Hahnenkampf, Sitzringkampf, Bodenkämpfe) und ausgewählte normierte Formen des Zweikampfsports (Judo, Fechten). Dabei gilt es, das Kräftemessen gegeneinander streng an den Regeln von Fairness und den Prinzipien der Selbstdisziplin und Aggressionskontrolle auszurichten. Im Mittelpunkt steht die Vermittlung von Erfahrungen, die durch einen verantwortungsbewussten, fürsorglichen und die Verletzlichkeit des Partners kalkulierenden Umgang miteinander gekennzeichnet sind.

(10) **Kenntnisse und Einsichten:** Neben den Bewegungsinhalten kennt das Fach Sport Wissensinhalte. Diese ergeben sich zunächst aus der kognitiven Dimension, die jede Bewegungshandlung einschließt. Diese zu thematisieren, führt zu Kenntnissen, die das motorische Lernen und Üben unterstützen und effektivieren helfen. Darüber hinaus sind Kenntnisse zu vermitteln, die das eigene Sporttreiben und die verschiedenen Situationen sportlicher Betätigung einsichtig und begreifbar machen. Mit einem grundlegenden Verständnis für die verschiedenen Handlungsweisen und -absichten und für die typischen Anforderungsstrukturen und Probleme sportlichen Tuns wächst der Grad der Selbständigkeit, mit dem Schüler ihre Sportpraxis anlegen und beurteilen können. Zuletzt wird es um die Vermittlung von Wissensinhalten gehen, die dazu beitragen, das facettenreiche Bild des Sports auch über das eigene Handeln hinaus zu verstehen und kritisch zu bewerten. In diesem Fall sind Kenntnisse zu erarbeiten, die ein differenziertes Bild des Sports als Teil unserer gesellschaftlich-kulturellen Wirklichkeit herbeiführen und die Entwicklung begründeter Einstellungen und Werthaltungen dem Sport gegenüber fördern.

Die Abhandlung der Inhalte des Schulsports orientiert sich an der Systematik und den Benennungen, wie sie in den nordrhein-westfälischen Richtlinien und Lehrplänen Sport von 1999 zu finden sind. Aus der Fülle vorliegender didaktischer und methodischer Beiträge zu den einzelnen Inhaltsbereichen soll jeweils nur ein Text zur Vertiefung empfohlen werden: Dies sind in der Reihenfolge der mit Ziffern versehenen Sportbereiche zu (1) Küpper (2000), (2) Dietrich (1992), (3) Lutter & Günzel (1999), (4) Lange & Volck (1999), (5) Bruckmann (1993), (6) Lange (1999), (7) Kuhlmann (1999), (8) Wopp (1998), (9) Janalik (1998) und (10) Groth (1998).

4 Was ist unter der Themenorientierung des Sportunterrichts zu verstehen?

Offensichtlich gibt es für das Fach Sport keinesfalls einen Mangel an Inhalten. Im Gegenteil: Möglicher Unterrichtsstoff ist in unserer vielfältigen und ausdifferenzierten Sport-, Spiel- und Bewegungskultur im Überfluss vorhanden. Aus der Fülle der geläufigen Bewegungs- und Sportaktivitäten ist hinsichtlich ihrer potenziellen Verwendbarkeit für den Schulsport zunächst keine Rangfolge der Inhalte zu entnehmen. Welche sind dann für den Unterricht auszuwählen, wenn eine Überlegenheit bestimmter Inhalte gegenüber anderen auf Anhieb nicht zu erkennen ist?

Für die Lösung dieses Problems gibt es Vorschläge. Nach dem bildungstheoretischen Modell der Didaktik von KLAFKI (1999) ist für die Auswahl der Unterrichtsinhalte entscheidend, inwieweit sich durch die Inhalte für die Schüler ein Bildungsgehalt erschließen lässt. Der Bildungsgehalt ist das erzieherisch Wirksame eines Inhalts. In einem eigenen Prüfverfahren ist also zunächst zu ermitteln, ob dieses Potenzial gegeben ist und worin dieses besteht. Im Zusammenhang dieser Begründungsversuche wird nach der Gegenwartsbedeutung, der Zukunftsbedeutung und der exemplarischen Bedeutung gefragt. Mit der Frage nach der Gegenwartsbedeutung ist man bemüht, die aktuelle Lebenswelt der Heranwachsenden und die dort praktizierten Handlungs- und Erfahrungszusammenhänge zu berücksichtigen. Mit der Frage nach der Zukunftsbedeutung ist zu prüfen, ob sich Kompetenzen vermitteln lassen, die für die Lösung der in naher Zukunft erwarteten Probleme und typischen Anforderungen erforderlich sind. Die Frage nach der exemplarischen Bedeutung berücksichtigt den Umstand, dass sich am Inhalt allgemeinere Zusammenhänge, Beziehungen, Gesetzmäßigkeiten und Strukturen erarbeiten und aufzeigen lassen.

Diese didaktischen Überlegungen zur Auswahl von Inhalten – die im Übrigen nicht nur für den Sport, sondern für alle Schulfächer relevant sind – machen vor allem zweierlei deutlich. Zum Ersten ist erkennbar, dass eine qualitativ angemessene Entscheidungsfindung nur zu erwarten ist, wenn das Niveau der gedanklichen Auseinandersetzung hohen Ansprüchen genügt. Der damit verbundene Aufwand würde den einzelnen Lehrer in seiner Alltagsarbeit stark in Anspruch nehmen. Zur Entlastung finden Sportlehrer in ihren Sportlehrplänen eine Vorauswahl an geeigneten Inhalten. Lehrpläne können die verantwortlichen Lehrer allerdings nicht von der Verpflichtung entbinden, die konkrete Inhaltsauswahl für die jeweilige Situation und den anstehenden

Unterricht selbst vorzunehmen und dies begründet zu tun. Dabei können Kriterien wie die Schülerinteressen und -bedürfnisse, ihre Fähigkeiten und Vorerfahrungen, die schulischen Rahmenbedingungen, traditionelle Schulsportinhalte der Schule, die örtlichen, kommunalen und regionalen Besonderheiten und nicht zuletzt die eigenen Kompetenzen als Lehrer Entscheidungshilfen bieten.

Die übergeordneten Kriterien zur Auswahl von Unterrichtsinhalten machen ein Zweites deutlich: Der vorgesehene Stoff wird erst nach der Prüfung seines pädagogischen Potenzials für die Aufnahme in den Unterricht relevant. Der sachliche Inhalt allein reicht nicht aus, einen vollständigen Begründungszusammenhang für seine Behandlung im Sportunterricht zu entfalten. Es ist jedes Mal zu klären, unter welcher pädagogisch bedeutsamen Fragestellung der Inhalt stehen und im Unterricht abgearbeitet werden soll.

Inhalte sind vieldeutig und können im Hinblick auf ihre Verwendung im Sportunterricht verschiedene Perspektiven verfolgen. Dazu ein Beispiel: Weitsprung kann heißen, dass

- verschiedene natürliche und künstliche Absprunghilfen genutzt werden, um Schülern Gelegenheit zum Sammeln von Bewegungserfahrungen zu bieten;
- unter Anleitung des Lehrers an der normierten Weitsprunganlage die Technik des Hitch-Kicks gelernt wird;
- zum Zwecke der Leistungsverbesserung im Weitsprung die spezifischen konditionellen und koordinativen Voraussetzungen trainiert werden;
- der Lehrer eine Leistungsmessung im Weitsprung durchführt, um die Ergebnisse für seine Zensurengebung zu verwerten;
- die Schüler verschiedene Weitsprungvarianten ausprobieren und eine geeignete Form für das Programm eines alternativen Sportfestes auswählen;
- die Schüler am Beispiel des Weitsprungs verschiedene Arten von Gruppenwettkämpfen kennen und dabei die Möglichkeiten von Handicap- und Bonusregelungen einschätzen lernen;
- die Schüler über eigene Berechnungen Einsicht in die Relevanz von Anlaufgeschwindigkeit und Absprungwinkel beim Weitsprung gewinnen.

Andererseits legen Inhalte aufgrund ihrer typischen Kennzeichen und Anforderungsstrukturen die Verbindung mit bestimmten Perspektiven nahe: Läufe etwa über lange Strecken bieten wohl eher Gelegenheiten, Erfahrungen und Einsichten über gesundheitsförderliche Ausdauerbelastungen zu gewinnen als Tempoläufe über kurze Distanzen. Ausgewählte Sportspiele liefern wertvolle

Anlässe, sich mit Problemen und Formen des sozialen Miteinanders und Gegeneinanders auseinander zu setzen. Das Trampolinspringen scheint besonders geeignet, zur Aufgabe gewohnter Sicherheiten zu motivieren und spektakuläre Bewegungen zu wagen – und die Beispiele ließen sich fortsetzen. Es kann aber auch gezeigt werden, dass die gewählten Inhalte andere als die genannten Perspektiven keinesfalls ausschließen. Das Trampolinturnen bietet verschiedene Möglichkeiten: Sprungtechniken einüben, Bewegungen ausdrucksvoll gestalten, einstudierte Kunststücke präsentieren, Sprünge auf Partner abstimmen und synchron turnen, beim Springen mit verbundenen Augen intensive Körperwahrnehmungen provozieren. Die Beispiele zeigen: Die bloße Auswahl und Benennung von Inhaltsbereichen geben noch keinen Aufschluss darüber, mit welchen Absichten und Zielen ihre Aufarbeitung und Behandlung im Sportunterricht erfolgen soll.

Wird die Verbindung zwischen der Inhaltsbestimmung und der Zielsetzung des Unterrichts hergestellt, wird dieses als „Thematisierung" bezeichnet. Themen geben also Unterrichtsgegenstände an und weisen zugleich die didaktischen Aspekte aus, unter denen sie behandelt werden sollen. Damit kommt in einem Thema die inhaltliche und die intentionale Dimension des Unterrichts zum Ausdruck. Dazu ein konkretes Beispiel: Für die Jahrgangsstufe 11.1 der gymnasialen Oberstufe ist eine Unterrichtsreihe von sechs Doppelstunden vorgesehen, in denen Fitnesstraining unter gesundheitspädagogischen Zielen thematisiert wird. Die Themen der einzelnen Stunden sind: 1. Einführung in die Unterrichtsreihe unter besonderer Berücksichtigung der Sensibilisierung für die Wahrnehmung des eigenen Körpers: Ermittlung der Schülervoraussetzungen zur Funktionsfähigkeit ihrer Muskulatur mithilfe eines Muskelfunktionstests zur Beweglichkeit. 2. Wahrnehmen, Erfahren und Erspüren der eigenen Bewegungsamplitude: Erarbeitung eines Dehnprogramms mithilfe der Kenntnis entsprechender Muskelfunktionen. 3. Wahrnehmen, Erfahren und Begreifen von Muskelspannungen am eigenen und fremden Körper: Ermittlung der Schülervoraussetzungen zur Funktionsfähigkeit ihrer Muskulatur mithilfe eines Muskelfunktionstests zur Kraft. 4. Wahrnehmen und Erspüren der Wirbelsäule: Erlernen eines wirbelsäulengerechten Alltagsverhaltens und Erstellen eines wirbelsäulenfreundlichen Kräftigungsprogramms. 5. Aufsuchen und Erkunden einer Laufstrecke im Umfeld der Sporthalle: Erlernen einer rationellen Atemtechnik beim Ausdauerlaufen. 6. Freudvolles und abwechslungsreiches Laufen zu zweit auf einer unter ökologischen Gesichtspunkten selbständig gewählten Strecke: Förderung eines ökonomischen und individuellen Laufstils.

Die Zeitschrift „sportunterricht" widmet sich im Heft 8/1994 schwerpunktmäßig der „Themenorientierung im Sportunterricht". Die Beiträge von Heinz-Dieter RECKTENWALD, Günter KLOOS & Ude MAYK, Rudolf KÖSTER sowie von Eckart ROSZINSKY (mit einem Praxisbeispiel) geben einen Einblick in das didaktische Prinzip der Themenorientierung. Das Unterrichtsbeispiel am Ende des Kapitels ist im Beitrag von Eilert DEDDENS & Kerstin JEDNER (1995) beschrieben.

5 Welche Ziele sollen mit den Inhalten verfolgt werden?

Unter einem Inhalt versteht man den Unterrichtsstoff, der vermittelt werden soll. Es geht also um die Frage nach dem „Was" des Lehrens und Lernens im Unterricht. Mit dem Begriff der Intentionen werden die pädagogischen Absichten bezeichnet, die im Unterricht verwirklicht werden sollen. Es geht damit um die Frage nach dem „Wozu", den Zielen des Unterrichts. Ziele und Inhalte sind eng aufeinander bezogen. Auf diesen wechselweisen Zusammenhang hebt die Bezeichnung Thema ab. In der Formulierung des Themas ist dann bereits enthalten, was den Schülern am Inhalt nahe gebracht werden soll, oder: welche Zielsetzungen der Inhalt verfolgt.

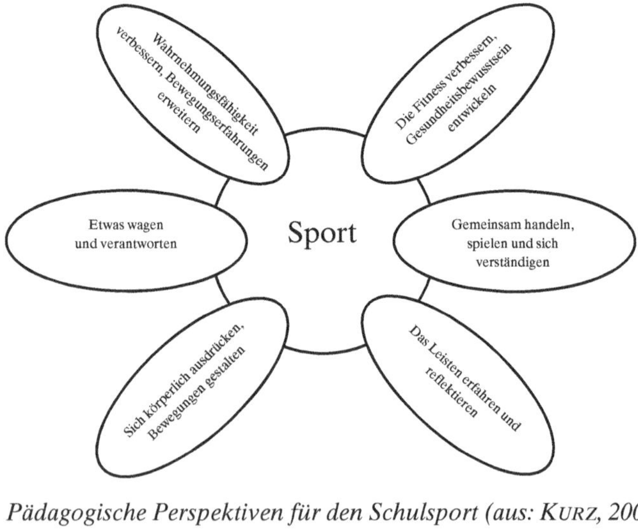

Abb. 5: Pädagogische Perspektiven für den Schulsport (aus: KURZ, 2001, S. 175)

Nun stellt sich das Problem: Unter welchen pädagogischen Perspektiven können die Inhalte des Faches Sport didaktisch thematisiert werden? Die vorgeschlagene Systematik unterscheidet sechs Perspektiven (vgl. Abb. 5).

- **Wahrnehmungsfähigkeit verbessern, Bewegungserfahrungen erweitern:** Eine erste Aufgabe besteht darin, die mit dem Sichbewegen verbundenen sinnlichen Erfahrungen zu erschließen. Durch Bewegungen werden vor allem vestibuläre (Gleichgewicht), kinästhetische (Körperstellungen) und taktile (Hautkontakte) Wahrnehmungen angeregt. An der Ausführung von Bewegungen sind zudem das optische und akustische Sinnessystem beteiligt – während Geruchs- und Geschmackssinn keine Bedeutung haben. Ziel ist es zum einen, die einzelnen körpernahen Sinne durch Bewegungsaufgaben in besonderer Weise anzusprechen und zunehmend auszubilden. Zum anderen geht es darum, das Zusammenwirken der Sinne zu stimulieren und ihre Integration zu fördern. Mit der Erweiterung und Verbesserung des Bewegungskönnens soll zugleich die Wahrnehmungsfähigkeit weiterentwickelt und ausdifferenziert werden. Sinnliche Prozesse und Zustände, die sich bei sportlichen Bewegungen einstellen, sind mit Emotionen verbunden. Sie tragen dazu bei, die Freude an der Bewegung zu entwickeln und zu erhalten. Ein besonderes Anliegen des Schulsports ist es daher, die in den Bewegungsvollzügen selbst liegenden Tätigkeitsanreize zu erschließen. Außerdem kommt es darauf an, zur aktiven Auseinandersetzung mit verschiedenen Materialien, Geräten, Bällen und räumlichen Gegebenheiten aufzufordern, damit die Eigenschaften und Verwendungsmöglichkeiten von unterschiedlichen Gegenständen erfahren und die eigenen Bewegungsfähigkeiten erweitert werden.

- **Sich körperlich ausdrücken, Bewegungen gestalten:** Eine Aufgabe des Schulsports besteht darin, den eigenen Körper und seine Bewegungen als bedeutsame Träger von Botschaften zu thematisieren. Wie man sich selbst erlebt und wie man sich anderen mitteilt, ist maßgeblich an den Körper als Medium und seine besonderen Ausdrucks- und Gestaltungsmöglichkeiten gebunden. Ziel ist es daher, die Vielfalt des individuellen Bewegungsrepertoires zu erschließen, mit den eigenen Bewegungsfähigkeiten zu spielen und Bewegungsideen zu kreieren und kunstvoll zu gestalten. Die Beschäftigung mit dem eigenen Körper und seinen Bewegungspotenzialen bildet die Fähigkeit aus, sich selbst darzustellen und die eigene Individualität zum Ausdruck zu bringen. Ziel ist es ebenfalls, die kommunikative Funktion von Bewegungsgestaltungen zu erfahren. Das Körperkonzept ist ein wichtiger Teil des Selbstkonzepts. Es ist das besondere Ziel des Schulsports, die Akzeptanz des eigenen Körpers zu fördern und die kritische Auseinandersetzung mit sozialen Erwartungen, Normierungen und Idealisierungen von Körperlichkeit, Figur und Aussehen anzubahnen.

- **Etwas wagen und verantworten:** Eine weitere Aufgabe des Schulsports besteht in der Förderung der Bereitschaft und Fähigkeit, sich auf anspruchsvolle und herausfordernde Situationen einzulassen und diese durch eigenes Können zu bewältigen. Anforderungen, die an die Grenze des individuellen Vermögens heranführen, bieten Anlässe für eine Vielzahl wertvoller Erfahrungen und Einsichten: Die Schwierigkeiten der Aufgaben und die eigenen Fähigkeiten sind realistisch abzuschätzen; die Folgen des Handelns für sich und andere sind verantwortlich zu kalkulieren; Befürchtungen und Ängste sind zu überwinden und angemessene Formen des Umgangs mit der Angst zu entwickeln; im Grenzbereich der eigenen Fähigkeiten sind Anreize aufzunehmen, das eigene Können weiterzuentwickeln; in Situationen der gemeinsamen Bewährung ist die Verlässlichkeit partnerschaftlicher Hilfe und Sicherung ebenso notwendig wie die eigene Kompetenz zur vertrauensvollen Zusammenarbeit und Unterstützung anderer.

- **Das Leisten erfahren, verstehen und einschätzen:** Eine Aufgabe des Schulsports besteht darin, die Lern- und Leistungsbereitschaft zu fördern. Das individuelle Können entwickelt sich weiter, wenn es gelingt, gestellte Aufgaben motiviert, konzentriert und konsequent zu verfolgen. Es kommt vor allem darauf an, die Bereitschaft und Fähigkeit zum Üben auszubilden. Über die Verdeutlichung des Zusammenhangs von Leisten und Üben hinaus ist verständlich zu machen, dass Leistungen als Ergebnisse sozialer Verständigungs- und Bewertungsprozesse anzusehen sind. Durch die Erfahrung der eigenen Leistungsfähigkeit und Leistungsentwicklung soll der Schulsport das Selbstbewusstsein stabilisieren und die Chancen sozialer Anerkennung steigern.

- **Kooperieren, wettkämpfen und sich verständigen:** Zu den Aufgaben des Schulsports gehört die Befähigung zum sozialen Handeln. Es sollen die verschiedenen Möglichkeiten des Sports genutzt werden, Erfahrungen des sozialen Miteinanders und Gegeneinanders zu inszenieren und zu reflektieren. Beim Sporttreiben sind gemeinsames Handeln und arbeitsteiliges Kooperieren ebenso verlangt wie ein verantwortungsvolles und verträgliches Miteinander in konkurrenzorientierten Situationen des Wettkampfs und -spiels. Die Bereitschaft und Fähigkeit, sich zu verständigen, Regeln zu befolgen und diese zu verändern, sind am Beispiel konkreter Probleme und in zunehmender Selbständigkeit und Eigenverantwortung zu entwickeln. Der Wert sozial verlässlichen und geordneten Handelns kann im Sportunterricht nicht nur einsichtig, sondern praktisch und sozusagen leibhaftig erfahrbar gemacht werden.

- **Gesundheit fördern, Gesundheitsbewusstsein entwickeln:** Zu den Aufgaben des Schulsports gehört es, die Möglichkeiten von Sport, Spiel und Bewegung zur Stabilisierung der Gesundheit zu nutzen. Durch eigene Erfahrungen soll der Beitrag des Sports zu einer gesundheitsgerechten und verantwortungsvollen Lebensführung wahrgenommen und erkannt werden. Schulsport soll zeigen, wie man selbständig trainieren, wie man seine körperliche Leistungsfähigkeit und Fitness verbessern, die psychophysische Belastbarkeit stärken, gesundheitliche Gefährdungen und Risiken abbauen und gesundheitsförderliche Ressourcen und Kompetenzen entwickeln kann.

> *Die pädagogischen Perspektiven für den Schulsport sind von Dietrich KURZ in mehreren Beiträgen entfaltet und begründet worden (KURZ, 1998; 2001). Im Lehrplan von Nordrhein-Westfalen finden sie sich an prominenter Stelle wieder und geben dort an, welche Ausschnitte des Sports besonders geeignet sind, den pädagogischen Auftrag des Schulsports zu erfüllen. Die Ausführungen in dem vorangegangenen Kapitel folgen weitgehend den einschlägigen Passagen des Sekundarstufe-II-Lehrplans (1999) auf den Seiten XXX bis XXXVI.*

Literatur

BALZ, E. (1995). Inhaltsauswahl im Schulsport. In F. BORKENHAGEN & K. SCHERLER (Hrsg.), *Inhalte und Themen des Schulsports* (S. 35-46). Sankt Augustin: Academia.

BECKERS, E., HERCHER, J. & NEUBER, N. (Hrsg.). (2000). *Schulsport auf neuen Wegen*. Butzbach-Griedel: Afra.

BRÄUTIGAM, M. (1997). Zur Sportartenorientierung von Jugendlichen. In E. BALZ & P. NEUMANN (Hrsg.), *Wie pädagogisch soll der Schulsport sein?* (S. 203-218). Schorndorf: Hofmann.

BRETTSCHNEIDER, W.-D. & BRÄUTIGAM, M. (1990). *Sport in der Alltagswelt von Jugendlichen*. Frechen: Ritterbach.

BRODTMANN, D. (1979). *Sportunterricht und Schulsport*. Bad Heilbrunn: Klinkhardt.

BRUCKMANN, M. (1993). Gerätturnen in der Schule heute: Aus wenig viel machen! *sportunterricht, 42* (1), 3-23.

DEDDENS, E. & JEDNER, K. (1995). Fit sein – Vom Modetrend zur Lebensqualität finden – Ein Unterrichtsvorschlag auf der Grundlage des gesundheitserzieherischen Ansatzes für die Jahrgangsstufe 11.1. In A. ZEUNER, G. SENF & S. HOFMANN (Hrsg.), *Sport unterrichten* (S. 199-210). Sankt Augustin: Academia.

DEUTSCHER SPORTBUND (Hrsg.). (2001). *WIAD-Studie: Bewegungsstatus von Kindern und Jugendlichen in Deutschland*. Frankfurt a. M.

DIETRICH, K. (1992). Miteinander spielen. *sportpädagogik, 16* (1), 21-26.

GEßMANN, R. (2000). Vom Sportartenkanon zum offenen Bewegungskonzept. In LANDESINSTITUT FÜR SCHULE UND WEITERBILDUNG (Hrsg.), *Erziehender Schulsport. Pädagogische Grundlagen der Curriculumrevision in Nordrhein-Westfalen* (S. 56-85). Bönen: Kettler.

GROTH, K. (1998). Wie wird Theorie in der Sportpraxis vermittelt? In BIELEFELDER SPORTPÄDAGOGEN, *Methoden im Sportunterricht* (S. 169-184). Schorndorf: Hofmann.

JANALIK, H. (1998). Ju-Do – Ein Weg zum rücksichtsvollen Umgang mit sich und anderen. In R. ZIMMER (Hrsg.), *Handbuch für Kinder- und Jugendarbeit im Sport* (S. 169-192). Aachen: Meyer & Meyer.

KLAFKI, W. (1999). Die bildungstheoretische Didaktik im Rahmen kritisch-konstruktiver Erziehungswissenschaft. In H. GUDJONS & R. WINKEL (Hrsg.), *Didaktische Theorien* (S. 13-34). Hamburg: Bergmann & Helbig.

KLOOS, G. & MAYK, U. (1994). Themenorientierung als pragmatischer Planungsansatz. *sportunterricht, 43* (8), 325-335.

KÖSTER, R. (1994). Gesundheit „zum Thema" machen. *sportunterricht, 43* (8), 336-342.

KUHLMANN, D. (1999). Zur Vermittlung von Sportspielen. In W. GÜNZEL & R. LAGING (Hrsg.), *Neues Taschenbuch des Sportunterrichts. Bd. 2* (S. 110-128). Baltmannsweiler: Schneider.

KÜPPER, D. (2000). Den Körper wahrnehmen und Bewegungsfähigkeiten ausprägen. In LANDESINSTITUT FÜR SCHULE UND WEITERBILDUNG (Hrsg.), *Erziehender Schulsport* (S. 235-253). Bönen: Kettler.

KURZ, D. (1998). Schulsport in Nordrhein-Westfalen. Das pädagogische Konzept der Richtlinien- und Lehrplanrevision. *sportunterricht, 47* (4), 141-147.

KURZ, D. (2001). Pädagogische Perspektiven für den Schulsport – Orientierungen für einen erziehenden Sportunterricht. In H. ALTENBERGER et al. (Hrsg.), *Im Sport lernen, mit Sport leben* (S. 173-180). Augsburg: Ziel.

KURZ, D., SACK, H.-G. & BRINKHOFF, K.-D. (1996). *Kindheit, Jugend und Sport in Nordrhein-Westfalen*. Düsseldorf: Moll.

LANGE, H. (1999). Gymnastik und Tanz im Kontext ästhetischer Erziehung. In W. GÜNZEL & R. LAGING (Hrsg.), *Neues Taschenbuch des Sportunterrichts. Bd. 2* (S. 268-291). Baltmannsweiler: Schneider.

LANGE, J. & VOLCK, G. (1999). Schwimmen und Schwimmunterricht in der Schule. *sportpädagogik, 23* (5), 16-25.

LUTTER, K. & GÜNZEL, W. (1999). Abwechslungsreiche Leichtathletik in der Schule. In W. GÜNZEL & R. LAGING (Hrsg.), *Neues Taschenbuch des Sportunterrichts. Bd. 2* (S. 198-227). Baltmannsweiler: Schneider.

MINISTERIUM FÜR SCHULE UND WEITERBILDUNG, WISSENSCHAFT UND FORSCHUNG DES LANDES NORDRHEIN-WESTFALEN (Hrsg.). (1999). *Richtlinien und Lehrpläne für die Sekundarstufe II – Gymnasium/ Gesamtschule in Nordrhein-Westfalen. Sport*. Frechen: Ritterbach.

RECKTENWALD, H.-D. (1994). Themenorientierung als didaktische Forderung für Sportunterricht. *sportunterricht, 43* (8), 316-324.

ROSZINSKY, E. (1994). Basketball themenorientiert unterrichten. *sportunterricht, 43* (8), 343-350.

SAß, I. (1997). Themenorientierter Sportunterricht – aber wie? In E. BALZ & P. NEUMANN (Hrsg.), *Wie pädagogisch soll der Schulsport sein?* (S. 229-242). Schorndorf: Hofmann.

SCHIERZ, M. (1993). Schule: Eigenwelt, Doppelwelt, Mitwelt. In W.-D. BRETTSCHNEIDER & M. SCHIERZ (Hrsg.), *Kindheit und Jugend im Wandel – Konsequenzen für die Sportpädagogik?* (S. 161-176). Sankt Augustin: Academia.

SCHRÖDER, H. (2000). *Lernen – Lehren – Unterricht. Lernpsychologische und didaktische Grundlagen*. München: Oldenbourg.

SCHULZ, N. (1994). Mit der Zeit gehen – zur Aktualisierung von Schulsportinhalten. *sportunterricht, 43* (12), 492-503.

WOPP, C. (1998). Sich-Bewegen auf Rollen und Rädern oder: Von der Faszination labiler Gleichgewichte. In R. ZIMMER (Hrsg.), *Handbuch für Kinder- und Jugendarbeit im Sport* (S. 57-87). Aachen: Meyer & Meyer.

WOPP, C. (1999). Lebenswelt, Jugendkulturen und Sport in der Schule. In W. GÜNZEL & R. LAGING (Hrsg.), *Neues Taschenbuch des Sportunterrichts. Bd. 1* (S. 342-359). Baltmannsweiler: Schneider.

WYDRA, G. (2001). Beliebtheit und Akzeptanz des Sportunterrichts. *sportunterricht, 50* (3), 67-72.

Lektion 7
Wie kann Sport vermittelt werden? Methoden im Sportunterricht

Die Vermittlung des Sports – soll sie professionell und in pädagogischer Verantwortung geschehen – verlangt eine bewusste und begründete Anwendung von Methoden. Dies setzt – abgesehen von der Nützlichkeit eigener Lehrerfahrungen – eine umfassende Kenntnis bewährter Vermittlungsverfahren voraus. Nun kann es auf den wenigen Seiten dieses Kapitels nicht gelingen, eine ausführliche Darstellung und Diskussion aller bekannten Methoden des Sportunterrichts zu liefern.

Der Grund liegt auf der Hand: Die Vermittlungsprobleme im Sport ändern sich je nach der Art der Sport- und Bewegungsaktivität und je nachdem, was mit ihrer Vermittlung beabsichtigt ist. Bei der großen Anzahl sportlicher Betätigungsformen und der Vielfalt pädagogischer Perspektiven auf den Sport ist zu erwarten, dass es sowohl in Bezug auf den Umfang eine reichhaltige Auswahl an methodischen Empfehlungen und Hinweisen gibt als auch wegen der Unterschiedlichkeit der Vermittlungsprobleme qualitativ verschiedene und jeweils spezifische Lösungsmöglichkeiten vorliegen. Bei einem Blick in die einschlägige Literatur findet sich diese Erwartung eindrucksvoll bestätigt. Allein das Angebot an methodischen Konzepten zu den verschiedenen Sportarten ist kaum noch zu überblicken.

Es gibt eine zweite Komplikation: Der enge Zusammenhang der Methoden nicht nur zu den Zielen und Inhalten des Unterrichts, sondern auch zur Grundauffassung über den Auftrag des pädagogischen Handelns in Schule und Unterricht verbietet es, Methoden darzustellen, ohne sie jeweils im Gesamtzusammenhang didaktischer Überlegungen und Vorentscheidungen zu reflektieren. Daher ist eine eigenständige Abhandlung über die Methoden des Sportunterrichts mit enormen Schwierigkeiten verbunden. Will man auf eine eher additive Zusammenstellung gebräuchlicher Methoden im Sportunterricht verzichten und sie jeweils in die komplexen Wechselbeziehungen zwischen den Dimensionen didaktischen Handelns einbinden, besteht die Gefahr, mit der fehlenden Ordnung und Übersicht die Lesbarkeit der Lektion zu vernachlässigen. Wollte man dem Anspruch auf Vollständigkeit folgen, ist bei der Vielzahl methodischer Möglichkeiten im Sportunterricht das für eine Lektion verfügbare Maß an Umfang weit überschritten.

Es kann somit im folgenden Text nicht um die vollständige Darstellung konkreter methodischer Wege und Verfahren im Sportunterricht gehen. Es wird zudem nicht gelingen, die Zusammenhänge zwischen den Methoden des Sportunterrichts und dem Gesamtfeld sportdidaktischer Dimensionen differenziert zu entfalten. Vielmehr soll der Versuch unternommen werden, ein Grundverständnis für das methodische Entscheiden und Handeln des Sportlehrers herzustellen und einen orientierenden Überblick über die verschiedenen Aspekte der methodischen Gestaltung des Sportunterrichts zu geben. Fünf Fragen stehen im Mittelpunkt der Erörterungen: Was sind Methoden? Was ist von den Methoden zu erwarten? Welche Stellung haben Methoden im didaktischen Gesamtzusammenhang? Wie kann die Vielzahl der Methoden geordnet werden? Gibt es passende und unpassende Methoden?

1 Was sind Methoden?

Ein Beispiel: Der Skianfänger – die ungewohnten Bretter erstmalig unter den Füßen – steht am Hang und hat die Absicht, einen Abfahrtsversuch zu unternehmen (vgl. Abb. 6). Gibt es geeignete Wege und Verfahren, die helfen, den Erfolg der Lösungsversuche herbeizuführen? Vielleicht macht sich der Anfänger selbst Mut und sagt sich: „Was andere geschafft haben, wird mir ja wohl auch noch gelingen. Irgendwie komme ich da schon runter!“ – und er fährt einfach los. Vielleicht überlegt sich der Anfänger vorher, dass er auf keinen Fall zu schnell werden darf. Er sucht sich ein geeignetes Gelände (eine wenig geneigte Abfahrtsstrecke, die in einen leichten Gegenhang übergeht), in dem seine ersten Versuche auf Anhieb gelingen können. Die Fahrgeschwindigkeit erlaubt eine sichere Abfahrt und nach und nach steigert er die Schwierigkeit, indem er von höher gelegenen Ausgangspunkten losfährt. Vielleicht vertraut der Anfänger auf die Anweisungen eines Skilehrers: Nach einer kurzen Erklärung, wie die Ski in eine Winkelstellung zu bringen sind und durch aktives Belasten und zeitgleiches Auseinanderdrücken der Skienden eine Temporegulierung gelingen kann, ergeht die Aufforderung „Okay – ich fahre das jetzt vor, du fährst mir langsam nach!“ Vielleicht schließt sich der Anfänger einer Gruppe an, die sich auf die Empfehlung eines erfahrenen Skiläufers mit Big Foots ausrüstet und über gegenseitige Ratschläge und die tatkräftige Unterstützung der gesamten Gruppe zu ersten erfolgreichen Abfahrten gelangt.

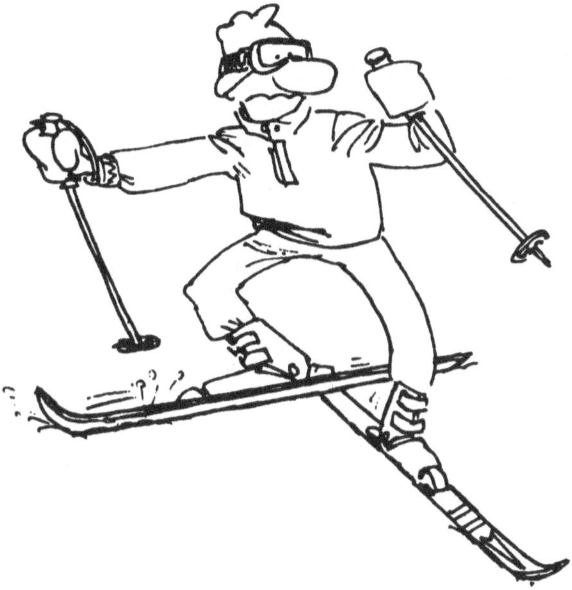

Abb. 6: Ein Skianfänger (aus: BIELEFELDER SPORTPÄDAGOGEN, 1998, S. 51)

Offensichtlich gibt es mehrere Möglichkeiten. Alle zeichnen sich dadurch aus, dass die Aufgabe in einer bestimmten Weise angegangen und zur Erreichung des Ziels ein besonderer Weg eingeschlagen wird. Solche methodischen Zugänge auf ungelöste Fragen und offene Probleme gibt es in vielen Lebensbereichen und – wie das Beispiel Skilauf zeigt – selbstverständlich auch in den verschiedenen Situationen unserer alltäglichen Sport- und Bewegungswelt. Methoden sind in diesen Zusammenhängen mehr oder weniger bewusst eingesetzte Strategien zur Problemlösung und systematische Verfahrensweisen der Aneignung und Vermittlung von Fertigkeiten, Fähigkeiten, Kompetenzen und Einsichten.

> *In der umfangreichen Fachliteratur zum Thema ist das Buch von Hilbert MEYER (1994a + b) „Unterrichtsmethoden" als ein Standardwerk anzusehen. Mit der Frage, was unter Methoden zu verstehen ist, setzt sich MEYER in der ersten Lektion des Theoriebandes auseinander (bes. S. 38-48). Im zweiten Band mit gleich lautendem Titel geht es um praktische Hinweise zum methodischen Handeln.*

2 Was ist von Methoden zu erwarten?

In der Praxis des Schulsports sind Methoden allgegenwärtig. Die gesamte Gestaltung des Unterrichts ist darauf ausgerichtet, die zielorientierte Auseinandersetzung mit den Unterrichtsthemen systematisch und planmäßig anzulegen, Unterricht also so zu inszenieren, dass Schüler leichter und besser lernen, als sie dies ohne die Hilfe des Lehrers täten.

Unterrichtsmethoden sind geeignete Verfahrensweisen, derer man sich bedient, um Unterrichtsthemen zweckrational und effektiv zu vermitteln. In diesem Sinne haben Methoden ganz offensichtlich eine *technisch-instrumentelle Funktion*: Sie sind Mittel zum Zweck. Ihre Wirkung allerdings geht grundsätzlich darüber hinaus. Es wäre ein Missverständnis zu glauben, Methoden würden geradewegs und zwangsläufig zu einem vorab festgelegten, eindeutigen Endergebnis führen. Vielmehr ist es so, dass die methodisch gestaltete Unterrichtssituation selbst besondere Prozesse in Gang setzt, die eine eigene Dynamik entfalten. Im Verlauf der methodischen Begegnung mit den konkreten Fragen und Problemen wird sich erweisen, welche inhaltlichen Zugänge sich die Schüler verschaffen und zu welchen Ergebnissen dies führt. In diesem Verständnis haben Methoden einen *konstituierenden Charakter*: Sie schaffen den Rahmen dafür, welche Ziele mit den Inhalten des Unterrichts erreicht werden und welche Lernerfahrungen sich über sie vermitteln. Auf diese Weise prägen Methoden wesentlich, wie Inhalte gedeutet und „thematisiert" werden und was sie bei den Schülern auslösen und bewirken.

Darüber hinaus *strukturieren* Unterrichtsmethoden *die Beziehungen zwischen Lehrer und Schülern und der Schüler untereinander*. Sie fördern oder behindern Kommunikations- und Interaktionsmöglichkeiten, sie verändern das soziale und emotionale Arbeitsklima der Klasse. Und indem sich die Unterrichtsmethoden auf die Zusammenarbeit und die sozialen und emotionalen Prozesse in der Klasse auswirken, nehmen sie Einfluss auf die Persönlichkeitsentwicklung der Schüler. Entscheidungen über die Auswahl der Methoden stehen grundsätzlich in einem Zusammenhang mit der Frage, welchen Beitrag sie zur Verwirklichung des pädagogischen Auftrags der Institution Schule leisten. Das pädagogische Interesse an der Entwicklung der Mündigkeit der Schüler begründet die Notwendigkeit, dass sich Lehrer mit ihren Schülern auch über die unterrichtlichen Arbeits- und Vorgehensweisen verständigen, und Schüler angehalten werden, ihre Erfahrungen mit den verschiedenen Methoden zu reflektieren und eine eigene Methodenkompetenz zu entwickeln.

In einem Beitrag zur Methodendiskussion in der Sportdidaktik vertritt Ralf LAGING (1999) die Position, dass Entscheidungen über Methoden in den Verständigungsprozess zwischen Lehrenden und Lernenden eingebunden sind. Vor diesem Hintergrund liefert er eine umfassende Zusammenstellung von konkreten Vermittlungs- und Inszenierungsformen für den Sportunterricht.

3 Welche Stellung haben Methoden im didaktischen Gesamtzusammenhang?

Sportunterricht wird maßgeblich durch drei Strukturmomente bestimmt:

- die Intentionen (Ziele), mit denen die pädagogischen Absichten des Unterrichts angestrebt werden;
- die Inhalte (Stoffe), die vermittelt werden, um die Ziele zu erreichen, und
- die Methoden (Wege und Verfahren), die dabei Verwendung finden.

Demnach hat jeder Sportlehrer didaktische Entscheidungen zu treffen, die das „Wozu" (Ziele), „Was" (Inhalte) und „Wie" (Methoden) des Unterrichts bestimmen. In einer knappen Formel lässt sich also sagen: Methodenentscheidungen beziehen sich auf das „Wie" der Darbietung von Inhalten und der Ansteuerung von Zielen des Sportunterrichts. Die drei Dimensionen Ziele, Inhalte und Methoden stehen in einem engen Wechselverhältnis. Man spricht üblicherweise von einer *Interdependenz* oder einem *Implikationszusammenhang*, was heißt: Entscheidungen in einer Dimension beeinflussen die Entscheidung in den anderen Dimensionen und umgekehrt.

Die wechselweise Verbundenheit zwischen den Intentionen und den Inhalten des Unterrichts findet sich in der Formulierung des Unterrichtsthemas wieder, da ein Thema die intentionalen und inhaltlichen Aspekte des Unterrichts zugleich bezeichnet – dieser Zusammenhang ist bereits erläutert. Das Verhältnis zwischen den Zielen und Inhalten einerseits und den Methoden andererseits wird nun unterschiedlich bestimmt. Zwei Auffassungen liegen vor. Position 1: Die Ziel- und Inhaltsentscheidungen haben Vorrang vor der Auswahl geeigneter Methoden. Denn nur wer weiß, wohin er will, kann überlegen, auf welchen Wegen das Ziel zu erreichen ist. Position 2: Die Methode nimmt eine übergeordnete Stellung ein. Der Prozess der unmittelbaren Auseinandersetzung mit ausgewählten Aufgaben und

Anforderungen ist das Ziel pädagogischen Handelns. Erst im Verlauf der methodischen Begegnung mit konkreten Fragen und Problemen kann sich erweisen, welche inhaltlichen Zugänge sich die Schüler verschaffen und zu welchen Ergebnissen dies führt. Danach nehmen methodische Überlegungen eine Vorrangstellung im Gesamtzusammenhang des Unterrichtsgeschehens ein.

> *Einen Überblick über die allgemeinen Positionen, Zusammenhänge und Einordnungen der Methodik des Sportunterrichts liefert Dietrich KURZ (1998). Der Beitrag führt in ein Lehrbuch ein, das für Studienanfänger geeignet ist (BIELEFELDER SPORTPÄDAGOGEN, 1998). Von verschiedenen Autoren werden in insgesamt 14 Lektionen vier Fragestellungen abgearbeitet: Wie kann man motorische Fertigkeiten lehren, motorische Fähigkeiten fördern, übergreifende Kompetenzen entwickeln und Sport unterrichten und reflektieren? Eine Zusammenstellung und Diskussion für die allgemeine Methodik aller Unterrichtsfächer findet sich bei Hilbert MEYER (1994a).*

4 Wie lässt sich die Vielzahl der Methoden ordnen?

Die Komplexität des methodischen Handelns macht es notwendig, die verschiedenen Formen und Möglichkeiten der Gestaltung des Sportunterrichts in differenzierter und gleichwohl geordneter Weise zusammenzustellen. Nach einer weit verbreiteten Vorstellung sind die methodischen Entscheidungen, die Sportlehrer zu treffen haben, auf fünf Ebenen angeordnet: auf der Ebene des allgemeinen Unterrichtskonzepts, der Unterrichtsschritte, der Sozialformen, der Aktionsformen und der Auswertung.

(1) Entscheidungen auf der Ebene des **allgemeinen Unterrichtskonzepts** beziehen sich auf die Position und Auffassung dazu, wie Unterricht im Grundsatz anzulegen und zu gestalten ist. Dabei sind eher geschlossene und eher offene Formen zu unterscheiden. *Geschlossene* Konzepte zeichnen sich durch einen hohen Anteil an Lenkung durch den Lehrer aus. Die Vermittlungsprozesse sind stärker auf die Aneignung vorgegebener Lehrstoffe ausgerichtet. Der Lehrer sorgt dafür, dass die Schüler über optimale Lernwege schnell und effektiv das angezielte Ergebnis erreichen.

Offene Unterrichtskonzepte sind durch ein hohes Ausmaß an Selbsttätigkeit der Schüler gekennzeichnet. Die Unterrichtsarbeit und der Unterrichtsverlauf orientieren sich maßgeblich an den Vorerfahrungen der Schüler und ihren subjektiven Interessen und Bedürfnissen. Die Unterrichtssituationen sind so zu gestalten, dass die Schüler sich auf die eigenständige und kreative Auseinandersetzung mit den anstehenden Problemen einlassen. Die Rolle des Lehrers besteht vornehmlich darin, die Schüler bei der Suche nach Lösungen zu beraten und zu unterstützen. In der praktischen Begegnung und Auseinandersetzung der Schüler mit den Aufgaben stellt sich heraus, welche inhaltlichen Zugänge Schüler wählen und zu welchen Ergebnissen dies führt. Die methodische Offenheit dieser Vorgehensweise ist das übergeordnete Bestimmungsmerkmal des gesamten Unterrichts.

Es ist die Frage, ob für diese Grundkonzeption eines offenen Unterrichts der Begriff *Methode* noch angemessen ist. Üblicherweise wird für diese Art der Unterrichtsgestaltung der Begriff *Inszenierung* gewählt. Unterrichtsinszenierungen lenken den Blick auf die Schaffung einer geeigneten Ausgangssituation, die Raum und Anregung für selbstbestimmte Lernprozesse der Schüler bietet. Die Absicht derartiger Situationsarrangements besteht darin, die aktive Mitwirkung der Schüler an der Bestimmung der Ziele und Inhalte herauszufordern.

(2) Entscheidungen auf der zweiten Ebene der **Unterrichtsschritte** strukturieren den Ablauf des Unterrichts. Die Bestimmung einzelner Phasen und Etappen im Unterrichtsaufbau kann formal über Zeitangaben erfolgen. Die zeitliche Gliederung begründet sich aber dadurch, dass einzelnen Unterrichtsschritten eine besondere Funktion und Absicht im methodischen Gesamtzusammenhang des Unterrichts zukommt. Eine Einzelstunde könnte z. B. durch folgende Unterrichtsschritte gegliedert sein: Zu Beginn wird eine klärende Einordnung des Stundenthemas vorgenommen (z. B.: vom Pritschen zum Richtungspritschen im Volleyball), motivierende Spielformen mit der gesamten Klasse schließen sich an, im Hauptteil ist die Erarbeitung der Spieltechnik vorgesehen (Anleitung zum Richtungspritschen durch ein Arbeitsblatt; Üben in Dreiergruppen), im nächsten Schritt soll es zur Anwendung im Spiel kommen (Kleinfeld-Volleyball Drei gegen Drei), es folgt ein freies Spiel auf dem Großfeld, die kurze Abschlussbesprechung dient der Verständigung über das Thema der nächsten Stunde. Der Unterrichtsverlauf macht deutlich, dass die einzelnen Unterrichtsschritte zwar inhaltlich miteinander verknüpft sind, dennoch eine Einteilung nach deutlich unterscheidbaren Abschnitten vorgesehen ist. Und nicht nur Einzelstunden sind derart gegliedert. Unterrichtsreihen über mehrere Stunden folgen ebenso einem methodischen Aufbau wie die Abschnitte innerhalb einer Einzelstunde.

Ein schrittweiser Aufbau nach methodischen Prinzipien (vom Leichten zum Schweren, vom Bekannten zum Unbekannten, vom Einfachen zum Komplexen) wird immer dann notwendig, wenn die Schüler die anstehende Aufgabe nicht auf einmal und in ihrer Gesamtheit lösen können. Oft folgt der methodische Gang des Unterrichts einer Vereinfachungsstrategie, nach der das, was auf Anhieb nicht zu leisten ist, in überschaubare Schritte und kleinere Portionen zerlegt ist.

(3) Die **Sozialformen** des Unterrichts sind der Klassen- und Frontalunterricht, der Gruppenunterricht, die Partnerarbeit und die Einzelarbeit. Beim Frontalunterricht steht der Lehrer im Vordergrund, wenn er z. B. der gesamten Klasse etwas vorträgt, erklärt oder Bewegungsanweisungen und -aufgaben formuliert, wenn er z. B. mit den Schülern in eine Gesprächs- oder Reflexionsphase eintritt, wenn er z. B. für die gesamte Klasse das Aufwärmprogramm vorgibt und organisiert. Der Gruppenunterricht kann arbeitsgleich (mit denselben Themen und Aufgaben für alle) oder arbeitsteilig (mit verschiedenen Themen und Aufgaben) erfolgen. Bei der Partnerarbeit beschäftigen sich jeweils zwei Schüler mit einer Aufgabe, bei der Einzelarbeit arbeiten Schüler für sich allein.

Äußerlich gesehen, ergeben sich die einzelnen Sozialformen aus dem Verhältnis zwischen der jeweils unterschiedlichen Größe der Lerngruppe und der Grundgesamtheit der Unterrichtsteilnehmer. Über diese formale Sicht hinaus bestimmen sie maßgeblich die Interaktions- und Kommunikationsstruktur des Unterrichts. Die Wahl der Sozialformen hängt unmittelbar zusammen mit den praktizierten Formen der Kooperation zwischen Lehrer und Schülern und der Schüler untereinander und ermöglicht differenzierte Vorgehensweisen, wonach sich nicht alle Schüler zugleich das Gleiche und auf den gleichen Wegen aneignen müssen. Im Sportunterricht sind Ordnungs- und Organisationsformen, die Zusammenstellung von Gruppen und die Bildung von Mannschaften von besonderer Bedeutung. Oft entscheiden sie über den Erfolg und Misserfolg des gesamten Unterrichtsverlaufs und seiner Ergebnisse.

(4) **Aktionsformen** sind zeitlich begrenzte, kleinste Unterrichtseinheiten, die als eigene Handlungs- und Lernsituationen erkennbar und in methodischer Absicht bewusst gestaltet sind. Es sind dies Inszenierungstechniken des Lehrers, mit denen er Lernprozesse in Gang setzt und im Fortlauf steuert. Dabei stehen dem Sportlehrer verschiedene Instrumente zur Verfügung: Er kann etwas sagen, etwas zeigen und etwas tun.

Verbale Maßnahmen sind das Beschreiben, Erklären, Aufgeben, Anregen, Auffordern, Verstärken, Korrigieren. Diese Tätigkeiten beziehen sich im Sportunterricht häufig auf Bewegungsaufgaben. Über Bewegungsanweisungen, -erklärungen und -anregungen hinaus hat der Sportlehrer aber auch Unterrichtsgespräche und Diskussionen zu führen. Besondere Möglichkeiten bieten sich im Sportunterricht durch den Einsatz akustischer Hilfsmittel. *Visuelle Maßnahmen* sind das Vormachen, Vorzeigen, Mitmachen, Vorleben. Das Vormachen kann durch den Lehrer selbst oder durch Schüler erfolgen. Beim Vorzeigen werden Medien wie Zeichnungen, Bilder, Bildreihen, Filme etc. eingesetzt. Das Mitmachen des Lehrers kann dazu dienen, die Anforderungen einer Aufgabe durch die Mithilfe des Lehrers zu reduzieren, und bietet Schülern die Gelegenheit, am Modell zu lernen. *Praktische Maßnahmen* sind taktile Bewegungs-, Wahrnehmungs- und Korrekturhilfen, die in aktiver und passiver Weise eingesetzt werden. Diese personalen Bewegungshilfen sind z. B. Zug-, Schub-, Dreh- oder Gleichgewichtshilfen. An die Stelle von Personen (Lehrer, Mitschüler) können auch Materialien, Raumgegebenheiten und Geländeformen treten und in vielfältiger Weise als praktische Hilfen eingesetzt werden.

(5) Die letzte Ebene methodischer Überlegungen und Entscheidungen zielt auf die **Auswertung** des Unterrichts. Darunter fallen alle Maßnahmen, mit denen der Lehrer systematisch und gezielt Ablauf, Erfolg und Wirkungen des Unterrichts überprüft und bewertet. Zum Zwecke der Auswertung kann der Lehrer beobachten, messen, deuten, kontrollieren, fragen und analysieren.

Die vorgenommene Unterscheidung von fünf Ebenen folgt der Aufteilung, die Dietrich KURZ in seinem bereits angegebenen Beitrag von 1998 vornimmt. Eine Zusammenstellung und Diskussion der verschiedenen Ebenen methodischen Handelns für die allgemeine Methodik aller Unterrichtsfächer findet sich bei Hilbert MEYER (1994a, bes. S. 109-147).

5 Gibt es passende und unpassende Methoden?

Die Beantwortung der Frage nach geeigneten Methoden wird nicht eindeutig ausfallen. Das methodische Handeln des Lehrers ist eingebettet in den unterrichtlichen Gesamtzusammenhang mit seinen wechselnden situativen Bedingungen und unvorhersehbaren Verlaufsformen. Die Komplexität der Unterrichtswirklichkeit verbietet die mögliche Sichtweise, es könne mittels effektiver Methoden, quasi wie mit technischen Instrumenten, eine angezielte Wirkung mit verbürgter Sicherheit erreicht werden. Jedoch sind Sportlehrer im Stande, die Schüler bei ihren Arbeits-, Lern- und Erfahrungsprozessen erfolgreich zu unterstützen.

Ein methodisch angelegter Unterricht zeichnet sich durch drei Kriterien aus: Danach gilt es, zielorientiert, angemessen und folgerichtig zu unterrichten. Die Qualität des Unterrichts wird also maßgeblich von der Zielorientiertheit, Angemessenheit und Folgerichtigkeit der ausgewählten Methoden abhängen.

- Was heißt **zielorientiert unterrichten**? Es ist offensichtlich, dass die Methode nicht Selbstzweck ist. Wenn sich z. B. der Skilehrer bei der Einführung in eine neue Schwungform für die Methode des Vorfahrens entscheidet, dient diese Vermittlungsweise ja nicht der Demonstration seiner persönlichen Fähigkeiten als exzellenter Skifahrer. Er sollte so vorfahren, dass es seinen Zweck erfüllt: für die nachfahrenden Skischüler durch das eigene Vorbild erkennbar zu machen, was zu tun ist.

Dabei ist unterstellt, dass es um die Vermittlung einer bestimmten Fahrweise geht. Zu diesem Zweck ist das aktive Bewegungsvorbild ein geeignetes Mittel. Wenn sich z. B. die Aufgabe stellen würde, die Angst des Skianfängers abzubauen, wäre das Bewegungsmodell wohl weniger tauglich. Läge der Akzent z. B. mehr auf der Sensibilisierung für Naturerlebnisse beim Skifahren, ist nach anderen Methoden zu suchen. Wenn es z. B. das Ziel ist, die sozialen Prozesse in der Skigruppe zu intensivieren, sind wiederum andere Methoden zweckmäßig. Insofern sind Methoden grundsätzlich daraufhin zu prüfen, ob sie die richtigen Mittel für die gesetzten Ziele sind.

Ein Beispiel: Bei der Einführung des Dreisprungs im Leichtathletikunterricht setzt der Lehrer eine Gerätehilfe ein. Eine Kastentreppe (eine Anordnung von kleinen und großen Kästen, die zunehmend höhere Stufen bilden) soll das Erlernen der besonderen Schrittfolge erleichtern. Diese besteht in der koordinierten Aneinanderreihung der drei Sprünge *Hop* (= Sprung von einem Bein auf dasselbe), *Stepp* (= Sprung von einem Bein auf das andere) und *Jump* (= einbeiniger Absprung mit Landung auf beiden Beinen). Die Gerätebahn kann sich jedoch als die Ursache eines methodischen Problems erweisen: Wenn die Kastentreppe das Weitspringen erschwert oder gar verhindert und die Schüler zur Überwindung der Gerätebahn hochspringen, hochlaufen oder hochsteigen und zuletzt mit einem Tiefsprung landen, hat die methodische Maßnahme ihren Zweck verfehlt. Zweckmäßig wäre vielmehr ein Vorgehen über eine Aufgabenstellung, in der von Anfang an die Hauptschwierigkeit sichtbar wird, um die es geht: mit drei aufeinander folgenden Sprüngen so weit wie möglich zu kommen. Halten wir fest, dass nicht jedes vermeintliche Mittel geeignet ist. Die Wahl des methodischen Mittels hat sich am Zweck zu orientieren, der erreicht werden soll.

- Was heißt **angemessen unterrichten**? Angemessenheit bezeichnet das im Gesamtzusammenhang ausgewogene Verhältnis der Methoden zu verschiedenen Bezugsgrößen des Unterrichts. Es ist zu prüfen, ob die Methoden sachgerecht, auf die handelnden Personen abgestimmt und den jeweiligen Umständen gemäß sind. Es heißt mit Recht: Der Zweck heiligt nicht die Mittel. Selbst wenn der Zweck gerechtfertigt erscheint, ist nicht jedes verfügbare Mittel geeignet, um den Zweck zu erreichen. Geeignete Unterrichtsmethoden zeichnen sich durch ein günstiges Passungsverhältnis zu den Unterrichtsthemen, den Voraussetzungen und Fähigkeiten der Schüler und den Unterrichtsgegebenheiten aus, sie sind sach-, person- und situationsangemessen.

Oft lässt sich einfacher bestimmen, was unangemessen ist: Ein äußerst kleinschrittiges Vorgehen bei einer ganzheitlichen Bewegungsaufgabe, die durch den Abruf vorhandener Koordinationsfähigkeiten auf Anhieb gelöst werden kann; eine umfangreiche und ausdifferenzierte Bewegungsanweisung an einen Anfänger, der mit der Fülle an Informationen sicher überfordert ist; eine aufwendige Errichtung eines Übungsparcours, der aus Organisations- oder Zeitgründen eine intensive Nutzung nicht zulässt.

Ein Beispiel: Bei der Vermittlung des Sprungwurfs im Basketball ist zu entscheiden, in welcher Weise die Hauptschwierigkeiten dieser Wurftechnik in der methodischen Vorgehensweise zu berücksichtigen sind. Neben den Problemen im Bereich der (Sprung-)Kraft liegt eine weitere Schwierigkeit in den koordinativen Anforderungen. Die Teilbewegungen Sprung, Hochführen des Balls in die Wurfausgangslage, Wurfarmstreckung im toten Punkt und feingesteuertes Zielen mit einem dosierten Handgelenkeinsatz müssen zeitlich und dynamisch optimal aufeinander abgestimmt sein. Der Lehrer geht davon aus, dass Sprungwürfe auf den Korb zu Beginn des Lernprozesses ungeeignet sind, weil sie die Konzentration der Schüler auf die Qualität der Bewegungsausführung behindern und die einseitige Orientierung an der Trefferausbeute auf Kosten der technischen Ausführung provozieren. Daher entscheidet er sich für eine Übungsform, in der sich jeweils zwei Schüler gegenüberstehen und sich den Ball nach einem beidbeinigen Absprung aus einer über-Kopf-hohen Wurfausgangslage im toten Punkt des Sprungs zuwerfen.

Aus methodischen Gründen entscheidet sich der Lehrer für weitere Maßnahmen. Er hält es für angemessen, einen günstigen Abstand der Schüler zueinander vorzugeben, eine für den Übungsschwerpunkt geeignete Organisationsform in Gassenaufstellung zu empfehlen, den Zeitumfang der konditionellen Gesamtbelastung zu dosieren, zum richtigen Zeitpunkt des Lernprozesses durch eine zwischen den Schülern hochgespannte Zauberschnur auf die optimale Flugkurve des geworfenen Balls hinzuarbeiten. Wenn es zutrifft, dass diese Maßnahmen für eine hohe Übereinstimmung zwischen den methodischen Verfahren und den zur Zielerreichung notwendigen Arbeits- und Aneignungsprozessen sorgen, ist die Wahl der Methoden als angemessen zu bezeichnen. Denn das methodische Handeln des Lehrers soll zu den Schülern passen, die es betrifft (z. B. ihr konditionelles Vermögen), es soll der Sache gemäß sein, die den Schülern vermittelt wird (z. B. die Flugkurve des Balls), es soll den Umständen entsprechen, in denen die Vermittlungsprozesse stattfinden (z. B. die Organisationsform in Gassenaufstellung).

- Was heißt **folgerichtig unterrichten**? Jede Methode steht in einem Zusammenhang mit dem, was vorher war und anschließend folgt. Dieser Zusammenhang ist sowohl ein zeitlicher als auch ein inhaltlicher. Es ist somit zu prüfen, ob die Zusammenhänge, in denen Unterrichts- und Vermittlungsabfolgen stehen, schlüssig sind. Treten in der Abfolge von unterrichtlichen Teilhandlungen Auslassungen, Vertauschungen oder Widersprüche auf, sind sie nicht folgerichtig.

Ein Beispiel: In einer Unterrichtsreihe Fußball sollen Erfahrungen und Einsichten dazu vermittelt werden, unter welchen Voraussetzungen und mittels welcher Spielhandlungen am ehesten ein für alle Schüler befriedigendes Spielerlebnis ermöglicht wird. Im Unterricht sind vor dem abschließenden gemeinsamen Spiel zwei Mannschaften zu bilden. Dies kann auf unterschiedliche Weise geschehen: durch *Abzählen*, *Wählen*, *Einteilen* und *Sich-Einwählen*. Beim *Abzählen* stehen die Schüler in einer Reihe und aus der Abfolge ihrer Positionen ergibt sich die

Zuweisung zu einer Mannschaft. Dabei spielt der Zufall eine große Rolle, oder Schüler manipulieren das Ergebnis dadurch, dass sie sich in einer bestimmten Weise gruppieren. Beim *Wählen* fordern gesetzte oder bereits gewählte Mannschaftsmitglieder ihre noch nicht gewählten Mitschüler nach und nach auf, die eigene Mannschaft zu komplettieren. Da bei diesem Verfahren die Kriterien Sympathie/Antipathie und Leistungsstärke/-schwäche eine entscheidende Rolle spielen, ist zu erwarten, dass einige Schüler immer zuletzt gewählt werden – mit den entsprechenden negativen Folgen. Beim *Einteilen* nehmen der Lehrer oder Lehrer und Schüler gemeinsam die Zusammenstellung der Mannschaften vor. Dabei können ausgewählte Kriterien die Zuweisung leiten, begründen und transparent machen. Beim *Sich-Einwählen* stehen die Schüler nebeneinander. Der Reihenfolge nach bestimmt jeder Schüler selbst, welcher Mannschaft er sich zuordnet. Dazu sind Kriterien abgesprochen und vorgegeben, nach denen sich jeder einzelne Schüler selbst einschätzen und danach entscheiden kann. Durch die Eigenständigkeit der Wahl ist jeder Schüler für ein vernünftiges Gesamtergebnis mitverantwortlich.

Bei dem anstehenden Unterrichtsthema (Förderung des Miteinanders im Fußballspiel) wird es darauf ankommen, dass durch die Mannschaftsbildung in etwa gleich starke Mannschaften entstehen. Ausgeglichene Mannschaften sind Voraussetzung dafür, dass das Spiel gelingen kann. Die Beschäftigung mit der zentralen Absicht, die Spielhandlungen auf ein alle befriedigendes Zusammenspiel hin zu orientieren, sollte schon in der Phase der Mannschaftsbildung beginnen. Eine folgerichtige Maßnahme ist es dann, die Mannschaften durch *Zusammenstellen* oder *Sich-Einwählen* zu bilden.

Die Kriterien der Zielorientiertheit, Angemessenheit und Folgerichtigkeit stammen von Karlheinz SCHERLER & Matthias SCHIERZ (1993). In ihrem Buch „Sport unterrichten" erläutern sie diese Begriffe, ordnen jeder der drei Kategorien verschiedene Praxisfälle aus dem Sportunterricht zu und werten sie systematisch aus. In neueren Publikationen arbeitet SCHERLER (2002) nur mit dem Begriff der Angemessenheit, der allerdings dreifach unterteilt ist: Methoden müssen zur Sache (Unterrichtsstoff), zu den Schülern und zur Situation passen. Eine trennscharfe Aufteilung der Kategorien wird kaum gelingen. Das Problem, den Kriterien bestimmte Fälle zuzuordnen, wird auch im vorangegangenen Kapitel deutlich. Das Beispiel der Mannschaftsbildung im Fußballunterricht, das unter dem Anspruch der Folgerichtigkeit diskutiert wird, ist bei anderer Akzentuierung durchaus geeignet, das Merkmal der Zielorientiertheit zu verdeutlichen.

Literatur

BIELEFELDER SPORTPÄDAGOGEN (1998). *Methoden im Sportunterricht* (3., neu bearbeitete Aufl.). Schorndorf: Hofmann.

BRETTSCHNEIDER, W.-D. (1975). *Grundlagen und Probleme einer unterrichtsrelevanten Sportdidaktik*. Ahrensburg: Czwalina.

BRODTMANN, D. (1987). Unterrichtsmethoden – das vernachlässigte Thema der Sportpädagogik. In D. PEPER & E. CHRISTMANN (Hrsg.), *Zur Standortbestimmung der Sportpädagogik* (S. 68-83). Schorndorf: Hofmann.

FETZ, F. (1988). *Allgemeine Methodik der Leibesübungen* (9. Aufl.). Frankfurt: Limpert.

FUNKE-WIENEKE, J. (1995). Vermitteln – Schritte zu einem „ökologischen" Unterrichtskonzept. *sportpädagogik, 19* (5), 10-17.

GRÖßING, S. (2001). *Einführung in die Sportdidaktik* (8., überarbeitete Aufl.). Wiebelsheim: Limpert.

KERN, U. & SÖLL, W. (1997). *Praxis und Methodik der Schulsportarten*. Schorndorf: Hofmann.

KURZ, D. (1977). *Elemente des Schulsports*. Schorndorf: Hofmann.

KURZ, D. (1998). Worum geht es in einer Methodik des Sportunterrichts? In BIELEFELDER SPORTPÄDAGOGEN, *Methoden im Sportunterricht* (S. 9-24). Schorndorf: Hofmann.

LAGING, R. (1999). Sportunterricht offen gestalten und inszenieren – ein Beitrag zur Methodendiskussion in der Sportdidaktik. In W. GÜNZEL & R. LAGING (Hrsg.), *Neues Taschenbuch des Sportunterrichts. Bd. 2* (S. 2-30). Baltmannsweiler: Schneider.

MEYER, H. (1994). *Unterrichtsmethoden. I: Theorieband* (6. Aufl.). Berlin: Cornelsen. (a)

MEYER, H. (1994). *Unterrichtsmethoden. II: Praxisband* (6. Aufl.). Berlin: Cornelsen. (b)

MUCKENHAUPT, M. (1983). Welche Grundsätze sich beim Lehren und Lernen von Bewegungen in der Praxis des Sports bewährt haben. In H. DIGEL (Hrsg.), *Lehren im Sport* (S. 288-313). Reinbek: Rowohlt.

RIEDER, H. & SCHMIDT, I. (1980). Grundlagen der Sportmethodik. In O. GRUPE (Hrsg.), *Einführung in die Theorie der Leibeserziehung und des Sports* (S. 267-314). Schorndorf: Hofmann.

SCHERLER, K. (2002). Zur Mehrfachverwendung von Unterrichtsdokumenten. In G. FRIEDRICH (Hrsg.), *Sportpädagogische Forschung. Konzepte – Projekte – Perspektiven* (S. 65-70). Hamburg: Czwalina.

SCHERLER, K. & SCHIERZ, M. (1993). *Sport unterrichten.* Schorndorf 1993.

SÖLL, W. (1996). *Sportunterricht – Sport unterrichten.* Schorndorf: Hofmann.

ZEUNER, A. (1995). Die Einheit der Gegensätze – ein dialektisches Verständnis von Unterrichtsmethode. In A. ZEUNER, G. SENF & S. HOFMANN (Hrsg.), *Sport unterrichten* (S. 19-27). Sankt Augustin: Academia.

Lektion 8
Was ist vor dem Unterricht zu tun?
Die Analyse und Planung von Sportunterricht

Sportlehrer sollen ihren Unterricht professionell vorbereiten und planen, durchführen und gestalten, analysieren und auswerten. Aus diesem eng verbundenen Dreischritt wird in dieser Lektion eine Aufgabe herausgenommen und besonders ins Blickfeld gerückt: die Analyse und Planung des Unterrichts. Obwohl in der didaktischen Literatur zwischen dem Vorbereiten und dem Planen unterschieden wird, werden an dieser Stelle beide Begriffe synonym gebraucht.

Es ist als Erstes zu klären, worum es bei der Analyse und Planung von Unterricht geht, und was es heißt, sich als Lehrer vorab bewusst mit dem anstehenden Unterricht auseinander zu setzen. Unterrichten und das Planen des Unterrichts sind hochgradig komplexe Vorgänge. Entscheidungen für den Unterricht sind auf ganz unterschiedlichen Ebenen zu treffen. Von den allgemeinen Lehrplanaussagen bis zur Planung einer konkreten Einzelstunde ist gedanklich ein weiter Weg zurückzulegen. Für den Lehrer ist das Wissen um diese Planungsstufen unverzichtbar, damit seine Entscheidungen systematisch getroffen werden und in übergeordnete und langfristige Überlegungen eingebettet sind.

Für die Einübung in die Praxis der Unterrichtsplanung wird von angehenden Lehrern sowohl in ihrem Studium als auch während der Referendarzeit verlangt, Unterrichtsentwürfe zu schreiben. Das Abfassen der Entwürfe leitet dazu an, bei der Planung des Unterrichts gründlich und differenziert vorzugehen. Für Anfänger ist es eine große Hilfe, wenn sie sich dabei an vorgegebenen Rastern orientieren können. Erfahrungsgemäß vermitteln sie eine gewisse Sicherheit, dass man alle wesentlichen Aspekte bedacht hat, die für die konkrete Unterrichtsgestaltung eine Rolle spielen. Allerdings sind diese Raster nicht unproblematisch. Sie können die Vorstellung suggerieren, Unterricht verlaufe in der Realität weitgehend so, wie er vorab im Detail geplant ist. Außerdem kann das Missverständnis entstehen, es sei sinnvoll und geradezu anzustreben, den Unterricht grundsätzlich in enger Ausrichtung auf die vorher entschiedenen Planungen durchzuführen. Um solchen Fehleinschätzungen vorzubeugen, werden die Konzepte des geschlossenen und offenen Unterrichts dargestellt und diskutiert.

Zwischen den theoriegeleiteten Empfehlungen für eine ausführliche Unterrichtsplanung und der tagtäglichen Planungspraxis eines erfahrenen Sportlehrers bestehen erhebliche Unterschiede. Zum Abschluss dieser Lektion wird die Frage gestellt, wie die Planungswirklichkeit aussieht. Demnach ist die Lektion folgendermaßen aufgebaut: Was versteht man unter Analyse und Planung des Unterrichts? Auf welchen Ebenen sind Planungsentscheidungen zu treffen? Wie sieht ein konkreter Unterrichtsentwurf aus? Worin unterscheiden sich geschlossene und offene Planungskonzepte? Wie planen Sportlehrer wirklich?

1 Was ist unter Analyse und Planung des Unterrichts zu verstehen?

Die gedankliche Auseinandersetzung mit zukünftigem Unterricht umfasst immer zugleich analysierende und planende Überlegungen. Die Analyse zielt darauf ab, mögliche Elemente eines Unterrichtsplans auf ihre Bedeutung und Reichweite zu untersuchen. Solche Überlegungen erstrecken sich auf die personalen und soziokulturellen Bedingungen des Unterrichts, die Ziele, Inhalte, Methoden, Medien und Erfolgskontrollen. Die Ergebnisse der vorbereitenden Analyse stellen die Grundlage für die Planung dar. Die Analyseergebnisse werden in konstruktiver Perspektive ausgewertet und es wird geprüft, welche Möglichkeiten für die anstehende Unterrichtssituation sinnvoll und vertretbar sind. Im Zuge dieser Prüfprozesse entwickelt sich ein gedanklicher Entwurf für den Unterricht, über den eine abschließende Entscheidung herbeizuführen ist.

Das Planen des Unterrichts ist ein Prozess, bei dem der Lehrer zukünftige Lehr-Lern-Situationen entwirft und antizipiert. Dabei ist er auf den zu diesem Zeitpunkt abrufbaren Erfahrungs- und Wissensvorrat verwiesen. Das Eintreten des Geplanten ist prinzipiell unsicher und erst in oder nach der konkreten Unterrichtssituation einschätzbar. Es ist davon auszugehen, dass den meisten menschlichen Handlungen – Unterrichtshandlungen eingeschlossen – bestimmte Pläne zugrunde liegen. Diese müssen zwar nicht in jedem Fall wohl überlegt und ausdifferenziert sein, sie müssen aber – in welcher Klarheitsstufe auch immer – entworfen sein. Ein Merkmal professionellen Handelns ist es, Ziele planmäßig zu verfolgen. Die entsprechenden Pläne sind in eigens dafür vorgesehenen Situationen zu erstellen. Unter Unterrichtsplanung sind dann die

Situationen zu fassen, in denen der Lehrer Unterricht zum Thema macht, aber nicht unterrichtet. Diese Situationen dienen dazu, unterrichtliches Handeln systematisch zu entwerfen.

Die Unterrichtsplanung steht in einem engen Zusammenhang zur Durchführung und Auswertung des Unterrichts: Ausgehend von den Unterrichtserfahrungen und den Erkenntnissen aus der Analyse des Unterrichts, ist die Planung des Unterrichts anzugehen. Die gedankliche Antizipation des Unterrichts ist für die Durchführung Grundlage und eine hilfreiche Voraussetzung. Die tatsächliche Durchführung und die anschließende Reflexion ergeben Konsequenzen für die neue Planung des Unterrichts. Demnach sind die Schritte der Planung, Durchführung und Auswertung des Unterrichts aufeinander bezogen und miteinander vernetzt. Das Planen hat dabei die Aufgabe der vorausschauenden Strukturierung des Unterrichts, um in der komplexen Handlungssituation entlastet zu sein. Der Unterricht selbst führt im Ergebnis dazu, dass sich die zunächst als Voraussetzungen des Unterrichts ermittelten Bedingungen verändern und als anthropogene und soziokulturelle Auswirkungen des Unterrichts neu in die Voraussetzungen des folgenden Unterrichts einspielen können. Die Analyse und kritische Reflexion des gehaltenen Unterrichts können zu Korrekturen bei erneut anstehenden Planungsentscheidungen und damit zu einer veränderten Unterrichtsdurchführung führen.

Hinweise darauf, wie man Unterricht analysiert und plant, kritisch reflektiert und konstruktiv verbessert, liefern die verschiedenen didaktischen Modelle. Üblicherweise werden mindestens sechs grundlegende Positionen unterschieden: die bildungstheoretische Didaktik von Wolfgang KLAFKI, die lerntheoretische Position der Berliner Schule um Paul HEIMANN, Gunter OTTO & Wolfgang SCHULZ, die curriculare Didaktik nach Saul B. ROBINSOHN & Christine MÖLLER, die kybernetisch-informationstheoretische Didaktik von Felix von CUBE, die kritisch-kommunikative Didaktik nach Karl-Hermann SCHÄFER und Klaus SCHALLER sowie von Rainer WINKEL und die handlungsorientierte Position von Hilbert MEYER. Wer sich mit den vorliegenden didaktischen Modellen beschäftigen will, findet Informationen im Buch von Werner JANK & Hilbert MEYER (1991). Für den Bereich der Sportdidaktik gibt Horst EHNI (2000) einen grundlegenden Überblick.

2 Auf welchen Ebenen sind Planungsentscheidungen zu treffen?

Planungsentscheidungen sind langfristig wie kurzfristig zu treffen und beziehen sich auf das gesamte Spektrum von den allgemeinen Vorgaben für Schule und Unterricht bis hin zu konkreten Details einzelner Unterrichtsstunden. Die Unterteilung in verschiedene Stufen liefert wertvolle Hilfen für die Unterrichtsplanung und sichert deren Langfristigkeit, Kontinuität und Transparenz.

- Auf einer ersten Ebene sind als Ergebnis bildungspolitischer Entscheidungen die amtlichen *Richtlinien und Lehrpläne* vorgegeben. Mithilfe der Lehrpläne versucht der für das öffentliche Schulwesen verantwortliche Staat, die Aufgaben der Schule und ihrer Fächer festzulegen und Regelungen für die Umsetzung zu treffen. Lehrpläne sollen die Einheitlichkeit und Vergleichbarkeit der schulischen Anforderungen sichern. Sie bestimmen die Ziele und Inhalte der Unterrichtsfächer und schaffen damit die Grundlage für die didaktische Arbeit des Lehrers. Für die Unterrichtsplanung des Lehrers bilden die Lehrplanaussagen eine orientierende Vorgabe und zugleich die pädagogische Basis, die ihm angemessene Freiräume für die konkreten Unterrichtsentscheidungen sichern.

- Auf der Grundlage der amtlich vorgegebenen Richtlinien und Lehrpläne haben sich die Sportlehrkräfte einer Schule auf ein schulinternes Programm zu einigen. In kollegialer Abstimmung und durch Beschlüsse der Sportfachkonferenz sind curriculare Vorgaben für die Schulstufen der Schule und die einzelnen Jahrgangsstufen zu fixieren. Dieser *Rahmenplan* wird erstellt unter Berücksichtigung der personellen und räumlich-materiellen Ausstattung der Schule, des soziokulturellen Umfelds der Schule, der örtlichen und regionalen Gegebenheiten, der besonderen Bedürfnisse und Interessenslagen der Schüler und nicht zuletzt der Möglichkeiten und Kompetenzen seitens der Sportlehrer.

- In der *Perspektivplanung* wird der Unterricht für einen längeren Zeitraum übersichtlich geordnet. Für ein Schuljahr oder Schulhalbjahr sind unter durchgängigen Gesichtspunkten Abfolgen von Unterrichtseinheiten festzulegen. Solche Gesichtspunkte sind etwa besondere pädagogische Grundanliegen, die die Schwerpunkte und Akzente der Unterrichtsarbeit bestimmen sollen.

- Auf der Grundlage der Perspektivplanung geht es in der *Umrissplanung* um die Skizzierung einzelner Unterrichtseinheiten. Auf dieser Ebene sind die

Unterrichtsziele und -inhalte differenziert zu benennen, diese auf die konkrete Ausgangslage der Unterrichtsteilnehmer abzustimmen, die grundlegenden Entscheidungen zur methodischen Gestaltung der Unterrichtsvorhaben zu treffen sowie die vorgesehenen Erfolgskontrollen festzulegen.

- Die *Prozessplanung* übersetzt die in der Umrissplanung ausgewiesenen Entwürfe in einen konkreten Unterrichtsablauf. Bei der Prozessplanung geht es, in Verbindung mit den konkreten Lernzielen, um die Abfolge der Unterrichtsschritte und die Zuordnung einzelner Arbeits-, Vermittlungs- und Organisationsformen.

Die verschiedenen Planungsebenen sind auf eine besondere Weise miteinander verknüpft. Der Zusammenhang ist allerdings nicht so zu verstehen, als ergäben sich aus der jeweils übergeordneten Ebene quasi zwangsläufig die Entscheidungen für die nächstuntere Stufe. Vielmehr legen übergeordnete Planungsentscheidungen bestimmte Optionen zur Auswahl nahe. Oft liefern die auf einer übergeordneten Ebene getroffenen Entscheidungen Ausschlusskriterien für weiter gehende Konkretisierungen, die dann nicht mehr gerechtfertigt erscheinen. Umgekehrt können Entscheidungen auf unteren Ebenen zur Revision der Vorüberlegungen auf oberen Ebenen führen. Die Planungsebenen bezeichnen verschiedene Grade unterschiedlicher Abstraktion und Konkretion der Überlegungen und Entscheidungen für den Unterricht. Die Verbindung zwischen den Ebenen ist als ein Begründungszusammenhang aufzufassen, der jeweils mit plausiblen Argumenten herzustellen ist.

> *Die Übersicht bezieht sich auf die Arbeitsschritte, die vor Beginn des Unterrichts zu leisten sind. Selbstverständlich vollziehen sich auch während des konkreten Unterrichtsgeschehens noch maßgebliche Planungs- und Entscheidungsprozesse, die sich unmittelbar aus der Situation ergeben. Einen Gesamtüberblick über die verschiedenen Stufen der Unterrichtsplanung gibt das Buch von Wolfgang SCHULZ (1980).*

3 Wie sieht ein konkreter Unterrichtsentwurf aus?

Ein Stundenentwurf dient dazu, den geplanten Unterrichtsverlauf zu skizzieren und verständlich zu machen. Dazu sind die zentralen Unterrichtsabsichten im Zusammenhang mit den konkreten Voraussetzungen des Unterrichts abzuklären und begründet vorzustellen. Eine Patentlösung für die Abfassung von Stundenentwürfen gibt es nicht. Das folgende Raster ist eine Möglichkeit von vielen anderen denkbaren Varianten.

(1) **Thema:** Es gibt gute Gründe dafür, als Erstes das genaue Stundenthema anzugeben. Wie in einem Brennpunkt wird in der genauen Formulierung des Themas deutlich, worin die Kernidee des geplanten Unterrichts besteht. Bei der Findung und Formulierung des Themas ist zu beachten, dass sowohl die inhaltliche als auch die intentionale Dimension des Unterrichts bezeichnet wird. Es ist also der Gegenstand des Unterrichts zu benennen und gleichzeitig anzugeben, unter welcher didaktischen Perspektive dieser im Unterricht behandelt werden soll (z. B. für einen Sportunterricht an Berufsschulen: *„Durch das Experimentieren mit gymnastischen Übungen soll das Körperbewusstsein der Schülerinnen und Schüler aus Verkäuferberufen so entwickelt werden, dass die Übungen als hilfreich für den Ausgleich berufsbedingter Belastungen erfahren und erkannt werden.“*).

(2) **Rahmenbedingungen:** Die Angaben über die Rahmenbedingungen der Stunde informieren über das soziokulturelle Umfeld der Schule, über die institutionellen Vorgaben, wie z. B. die Einbindung der Stunde in den schulischen Organisations- und Zeitablauf, die rechtlichen Regelungen, die möglicherweise zu berücksichtigen sind, die Vorgaben und Absprachen der Sportfachkonferenz und über die räumlichen, materiellen und inventariellen Unterrichtsbedingungen. Die Ausstattung der Sportstätten und die Verfügbarkeit von Geräten und Materialien sind maßgebliche Faktoren für das Gelingen des Unterrichts und müssen gründlich bedacht werden. Die gegebenen äußeren Bedingungen sind mit der Klärung der subjektiven Voraussetzungen der am Unterricht beteiligten Personen zu verknüpfen.

(3) **Lerngruppe:** Über die Prüfung der eigenen Vorlieben, Kompetenzen und Ansprüche als verantwortlicher Lehrer hinaus sind vor allem die Voraussetzungen auf Seiten der Schüler zu ermitteln. Ihr Leistungsniveau und Sozialverhalten, ihre Belastbarkeit und Lernbereitschaft, ihre Vorerfahrungen, Interessen und Bedürfnisse sind entscheidende Kriterien für die Auswahl und Festlegung des Stundenthemas und die Überlegungen zur Gestaltung des Unterrichts. Nicht selten lassen sich aus der Analyse der Schülervoraussetzungen

Differenzierungsmaßnahmen begründen, die auf die Heterogenität der Lerngruppe abgestimmt sind.

Mit den notwendigen Feststellungen zur Ausgangslage der Lerngruppe ist ein Problem verknüpft: Die geforderte Bestimmung der Schülervoraussetzungen kann auf Dauer dazu führen, dass Lehrer ein eher statisches Bild von ihren Schülern ausbilden. Die jeweiligen Voraussetzungen der Schüler für den Unterricht sind jedoch nicht als quasi feste, unveränderbare Zustände anzusehen, vielmehr ist die Weiterentwicklung ihrer Voraussetzungen geradezu das Ziel der pädagogischen Bemühungen. An der Ausgangslage der Schüler anknüpfend hat Unterricht die Aufgabe, Schülern zu einem Erfahrungs- und Erkenntniszugewinn zu verhelfen: Schüler sollen nach dem Unterricht andere Voraussetzungen als zu Beginn des Unterrichts haben.

(4) **Bisher erteilter Unterricht:** Einzelstunden sind eingebettet in den didaktisch-methodischen Gesamtzusammenhang einer Reihe von Unterrichtsstunden. Die Einordnung der geplanten Stunde in die Unterrichtseinheit wird verständlich, wenn das Thema des gesamten Unterrichtsvorhabens benannt ist (z. B.: *„Die persönliche Fitness gesundheitsbewusst verbessern – Aufwärmen, Kräftigen, Dehnen und Entspannen“*), und wenn angegeben ist, was dazu in den vorausgegangenen Stunden erarbeitet, somit als Ausgangslage für die konkrete Einzelstunde zu erwarten ist und wie die Fortsetzung der Unterrichtseinheit gedacht ist.

(5) **Didaktische Reduktion:** In Form einer Sachanalyse ist die fachliche Struktur des Unterrichtsstoffs aufzudecken. Die im Ergebnis der Analyse erkennbaren Anforderungen des Themas sind in einen didaktisch-methodischen Argumentationszusammenhang zu stellen. Es ist zu prüfen, wie die thematischen Anforderungen in den Frage- und Interessenshorizont der Schüler einzubringen und auf ihr Fähigkeitsniveau und -potenzial hin zuzuschneiden sind. Die didaktische Reduktion hat zum Ziel, ein ausbalanciertes Passungsverhältnis zwischen den komplexen Sachzusammenhängen des Themas und den jeweiligen Möglichkeiten der Schüler herzustellen.

Die Aufgaben und Ansprüche, die sich z. B. in einem Unterrichtsvorhaben zur *„Gesundheitsförderung im und durch Sport“* stellen, sind auf ausgewählte, für die Schüler überschaubare und verständliche Schwerpunkte gesundheitsrelevanten Handelns und Wissens zurückzuschrauben und zu verdichten. Daher kann es bei dem genannten Unterrichtsvorhaben zur Gesundheitsförderung notwendig sein, sich zunächst auf die durch dosierte Bewegungsreize hervorgerufenen Auswirkungen auf die organische Leistungsfähigkeit zu konzentrieren, ehe der Schwerpunkt wechselt und die Zusammenhänge zwischen sportlicher Betätigung und psychischem Wohlbefinden behandelt werden. Die Thematisierung der organisch-physiologischen Anpassungsprozesse ist möglicherweise auf das Herz-Kreislauf-System zu konzentrieren und beispielsweise über die Dauerleistungsmethode beim Laufen und Schwimmen zu vermitteln.

Begründungen für die getroffenen Entscheidungen können sich an Leitfragen orientieren, wie z. B. die nach dem Stellenwert des Themas im vorliegenden Lehrplan, der Relevanz des Themas für die Entwicklung und Förderung der Schüler, der exemplarischen Bedeutung des Themas und der erwarteten Motivation der Schüler. Das Thema wird die Schüler am ehesten motivieren, wenn der gewählte Schwierigkeitsgrad passend ist und die Schüler weder über- noch unterfordert sind.

(6) **Lernziele:** Zwischen den in den voraufgegangenen Punkten dargestellten Überlegungen und den geplanten Zielen der Unterrichtsstunde ist ein schlüssiger und nachvollziehbarer Zusammenhang herzustellen. Eindeutige Aussagen zu den konkreten Lernzielen sind notwendig, um dem Unterrichtsverlauf eine klare Orientierung zu geben und den Erfolg des Unterrichts transparent und kontrollierbar zu machen. Die motorischen Zielsetzungen stehen bei der Planung des Sportunterrichts verständlicherweise im Vordergrund und machen genaue Angaben, die sich auf das Bewegungshandeln der Schüler beziehen. Über die motorischen Lernziele hinaus sind die kognitiven und sozial-affektiven Lernziele auszuweisen. Die kognitiven Lernziele liefern präzise Hinweise auf die zu vermittelnden und am Ende verfügbaren Kenntnisse und Einsichten. Die sozial-affektiven Lernziele umfassen die genauen Beschreibungen davon, welches Verhalten die Schüler beim Umgang miteinander zeigen, welche Erlebnisse erschlossen werden und wie diese für bestimmte Bewertungs- und Beurteilungsprozesse zugänglich gemacht werden sollen. In den Fällen, in denen eine differenzierende Unterrichtsgestaltung vorgesehen ist, kann die besondere Ausweisung von Minimal- und Maximalzielen angebracht sein.

(7) **Methodische Überlegungen:** Neben grundlegenden Aussagen über das methodische Gesamtkonzept der Unterrichtsstunde sind eine Reihe konkreter Einzelfragen zu klären. Diese betreffen die Einteilung des Unterrichts in verschiedene Abschnitte, den Einsatz methodischer Reihen, die Auswahl methodischer Maßnahmen und Aktionsformen und die Entscheidungen für bestimmte Sozial- und Organisationsformen. Aufbau und methodische Gestaltung des Unterrichts sind maßgeblich über die Sachgemäßheit, den Adressatenbezug und die Situationsangemessenheit der Entscheidungen zu begründen. Die methodische

Inszenierung des Unterrichts sollte vor allem beim Einstieg in die Stunde und während der „Gelenkstellen" des Unterrichts, also beim Übergang von einer Unterrichtsphase zur nächsten, motivierend sein. Im Unterrichtsverlauf sind sachgemäß dosierte Wechsel vorzusehen, die zu einem insgesamt ausgewogenen Verhältnis von Bewegungspraxis einerseits und deren theoretischer Durchdringung andererseits, von Lehrer- und Schüleraktivitäten, von Minimal- und Maximalbelastungen, von ergebnisorientierter Erarbeitung des Themas und prozessorientierter Auseinandersetzung mit ausgewählten Aufgabenstellungen, von Belastung und Entspannung etc. beitragen. Schließlich sind Möglichkeiten der Öffnung des Unterrichts vorzusehen und Planungsalternativen zu durchdenken.

(8) **Geplanter Stundenverlauf:** Eine Verlaufsplanung gliedert sich üblicherweise in drei Teile. Der erste Teil dient der motivierenden Zuwendung auf das Stundenthema und dem Aufwärmen. Im Hauptteil der Stunde findet – oft in mehreren Phasen – die Erarbeitung des Themas und die Beschäftigung mit den vorgesehenen Aufgabenstellungen statt. Im Abschlussteil der Stunde kann, je nach der thematischen Schwerpunktsetzung im vorausgegangenen Hauptteil, eine Anwendung oder Festigung der Lernergebnisse, eine vertiefende Reflexion des Themas, ein entspannender und abwechslungsreicher Ausklang der Stunde und ein Ausblick auf den folgenden Unterricht stattfinden. In einer Verlaufsskizze werden die wichtigsten Entscheidungen in Kurzform festgehalten. Dazu liegen verschiedene Muster vor. Ein Beispiel von vielen ist ein Raster, das nach der Nennung der zentralen Lernziele in einer Kopfleiste die zeitliche Abfolge der Unterrichtsphasen mit den dazugehörigen knappen Hinweisen auf die methodischen Maßnahmen und Organisationsformen und eine didaktische Erläuterung vorsieht.

(9) **Literatur:** Abschließend ist die verwendete Literatur anzugeben.

(10) **Anhang:** In den Anhang gehören Unterrichtsmaterialien, Arbeitsblätter, Folien, Tafelbilder, Skizzen zu Geräteanordnungen etc.

Der Vorschlag orientiert sich weitgehend an den Anregungen, die Werner JANK & Hilbert MEYER (1991, S. 385-420) in der 10. Lektion ihres Buches „Didaktische Modelle" für die Anfertigung von Stundenentwürfen geben. Mit den besonderen Bedingungen und Aufgaben der Planung von Sportunterricht beschäftigt sich Heinz-Dieter RECKTENWALD (1990). Eine knappe Anleitung für die Planung einer Sportstunde liefert Armin BOGDAHN (1992).

4 Worin unterscheiden sich geschlossene und offene Planungskonzepte?

Das Konzept des geschlossenen Unterrichts geht davon aus, dass der Unterricht auf vorgeschriebenen Wegen zu eindeutig bestimmbaren Zielen führt. Folgt man dieser Grundauffassung, kann der Lehrer bei der Unterrichtsplanung die wesentlichen Momente des Unterrichts vorab festlegen – oder anders: Die Aufgabe der Planung besteht darin, vorab möglichst differenzierte und präzise Entscheidungen darüber zu treffen, was im Unterricht wozu und wie geschehen soll.

Der Lehrer legt fest, welche *Unterrichtsergebnisse* erreicht werden sollen. Die Ziele, die er mit seinem Unterricht verfolgen will, sind geklärt, und die Inhalte, die behandelt werden, sind bestimmt. Die thematischen Schwerpunkte strukturieren längere Unterrichtsreihen, Unterrichtsstunden und einzelne Unterrichtsabschnitte innerhalb einer Stunde. Der Lehrer legt fest, wie die *Vermittlung und Aneignung der Unterrichtsthemen* erfolgen sollen. Er entscheidet sich für eine Abfolge von Lernschritten und für methodische Maßnahmen, die ihm geeignet erscheinen, die angestrebten Unterrichtsergebnisse effektiv zu erreichen. Der Lehrer legt fest, wie er die *Ergebnisse des Unterrichts kontrolliert*. Die Überprüfung des Unterrichtserfolgs liefert Informationen, die eine Reflexion des Unterrichts und Überlegungen zu seinem Fortlauf anleiten können.

Nach der Idee des geschlossenen Unterrichts folgt das Unterrichtsgeschehen möglichst eng dem von Seiten des Lehrers festgelegten Entwurf. Die Schüler haben sich weitgehend auf den für sie vorgesehenen Wegen mit den für sie vorentschiedenen Unterrichtsthemen auseinander zu setzen. Dieses Vorgehen macht sich den Umstand zunutze, dass Unterrichtssituationen in Grenzen vorhersehbar und daraufhin planbar sind, und profitiert zugleich davon, dass während des Unterrichts erhebliche Anstrengungen darauf zielen, die Einhaltung des vorab entschiedenen Programms zu sichern.

Die Konzeption des geschlossenen Unterrichts bietet deutliche Vorteile. Sie vermittelt eine einfache, klare und in sich konsequente Vorstellung vom Unterricht, enthält eindeutige Hinweise auf die Aufgaben des unterrichtenden Lehrers und liefert übersichtliche Anweisungen dazu, wie die Planung des Unterrichts anzulegen ist. Unterrichtsstunden können gründlich vorbereitet und bis ins Einzelne ausgearbeitet werden. Der Lehrer gewinnt dadurch an Sicherheit: Bei der

Planung kann er auf bewährte Erfahrungen und sichere Routinen zurückgreifen, bei der Durchführung auf die Wissensbestände und Entwürfe, die er sich bei der gedanklichen Vorwegnahme der Praxis erarbeitet hat.

Für diejenigen Elemente des Schulsports, die auf eindeutig bestimmbare Ergebnisse abzielen, kann sich eine geschlossene Unterrichtsplanung als geeignet und angemessen erweisen. Sie bietet sich z. B. für die Vermittlung und Verbesserung sportmotorischer Fähigkeiten und Fertigkeiten an, wenn diese in Form von vorgegebenen und normierten Standardlösungen angestrebt werden. Allerdings verfolgt der Sportunterricht nicht ausschließlich derartige Ziele, sodass an das Konzept eines geschlossenen Unterrichts durchaus kritische Nachfragen zu stellen sind. Diese lassen sich auf fünf Punkte zuspitzen:

- Die unterschiedlichen Voraussetzungen, die die einzelnen Schüler für die Auseinandersetzung mit den ausgewählten Unterrichtsthemen mitbringen, bleiben in einem geschlossenen Konzept weitgehend unberücksichtigt. Wenn der Lehrer sich vorher auf ein detailliert ausgearbeitetes Unterrichtsprogramm festlegt, trifft er seine Entscheidungen oft auf der Grundlage von kalkulierten Durchschnittswerten hinsichtlich seiner Lerngruppe. Eine an den individuellen Fähigkeiten und Interessen der Schüler orientierte Unterrichtsgestaltung kommt kaum in den Blick. Die konsequente Anbindung des Unterrichts an die uneinheitlichen Schülervoraussetzungen macht aber eine Unterrichtsgestaltung erforderlich, die sich so weit wie möglich für die individuellen Lernwege der Schüler und ihre andersartigen Zugänge auf die Unterrichtsthemen öffnen muss.

- Eine Reihe von Zielen des Sportunterrichts lässt sich verhältnismäßig eindeutig bestimmen und im Unterricht planmäßig anstreben. Wenn es z. B. darum gehen soll, verschiedene Weitsprungtechniken (Schwebehangsprung und Hitch-Kick) zu erlernen und diese einer vergleichenden Analyse zu unterziehen, kann sich eine geschlossene Unterrichtsplanung durchaus anbieten (im Übrigen lässt sich auch durch ein geschlossenes Unterrichtskonzept nicht verhindern, dass die Schüler in der Unterrichtspraxis Erlebnisse und Erfahrungen machen, die nicht beabsichtigt waren). Für eine Vielzahl wertvoller Zielbereiche ist allerdings eine Unterrichtskonzeption erforderlich, die von vornherein mit der Unterschiedlichkeit der Ergebnisse rechnet, diese vielleicht sogar anstrebt. Ein Sportunterricht, der den Schülern Möglichkeiten zum selbst organisierten und mit anderen abgestimmten, kooperativen Handeln z. B. im Sportspiel eröffnen will, oder ein Sportunterricht, der den Schülern die vielfältigen Erlebnis- und Sinndimensionen z. B. des Turnens an Geräten erschließen will, ist von vornherein offen anzulegen, um die an die Subjektivität der einzelnen Schüler gebundene Verschiedenartigkeit der Erfahrungsverläufe und -ergebnisse zu fördern.

- Über Sport- und Bewegungsaktivitäten werden nicht selten feste Vorstellungen davon aufgerufen, was genau zu tun ist, wenn man diese Tätigkeit sicher und kompetent ausüben will. Eine geschlossene Unterrichtsplanung läuft Gefahr, zugleich ein geschlossenes Vorverständnis des Sports zu produzieren und als ungeprüfte Verständigungsbasis für alle Unterrichtsteilnehmer zu unterstellen. Der maßgebliche Orientierungspunkt für solche weithin selbstverständlichen Auslegungen ist das Bild eines Sports in Form der geregelten und normierten Sportarten. Die Aufgabe des Sportunterrichts beschränkt sich jedoch nicht auf die Vermittlung der gängigen Sportarten mit ihren typischen Anforderungen in Kondition, Technik und Taktik. Sport- und Bewegungsaktivitäten sind prinzipiell offen für die individuell unterschiedlichen Auslegungen der Teilnehmer. Wenn Schüler befähigt werden sollen, die Betätigungsformen des Sports je nach ihrer subjektiven Bedürfnis- und Interessenslage anzulegen und auszuüben, bedarf es offener Unterrichtsinszenierungen, die verschiedene Deutungsmöglichkeiten des Sports und seiner Inhalte zugänglich machen.

- Der geschlossene Unterricht folgt der Grundidee, dass der Lehrer vorab die angezielten Unterrichtsergebnisse festlegt und daraufhin aussichtsreiche Methoden auswählt. Solange nun die vom Lehrer antizipierte Unterrichtssituation mit dem tatsächlichen Unterrichtsgeschehen übereinstimmt, mag der eingeschlagene Vermittlungsweg aussichtsreich sein. Aus verständlichen Gründen entspricht die Unterrichtswirklichkeit in den wenigsten Fällen der voraussehenden Planung. Die prinzipielle Forderung, methodische Entscheidungen situationsangemessen zu treffen, legt sogar die grundsätzliche Konsequenz nahe, die methodische Gestaltung des Unterrichts flexibel und offen zu planen.

- Der geschlossene Unterricht ist weitgehend auf den Lehrer zentriert. Er bestimmt das Geschehen sowohl in der Planungsphase als auch während der Durchführung des Unterrichts: Er entscheidet über die Ziele, legt die Methoden fest, gibt die Deutungen der Inhalte vor, sorgt für den planmäßigen Ablauf des Unterrichts und kontrolliert die Ergebnisse. Zunächst ist zu fragen, ob die mit dieser Vorstellung verbundenen Ansprüche an die Arbeit des Sportlehrers realistisch sind. Kann es ihm wirklich gelingen, immer und überall die Fäden in der Hand zu halten? Es ist offensichtlich, dass dies nicht zu schaffen ist. Es liegt sogar eine Gefahr darin, sich diese Auffassung zu Eigen zu machen: Bewertet der Sportlehrer den Erfolg seines Handelns an diesem uneinlösbaren Kriterium, sind Misserfolge geradezu vorprogrammiert. Doch es ist nicht nur strittig, ob der Lehrer alles „im Griff" haben kann. Es sind prinzipielle Zweifel angebracht, ob er diese zentrale und alles entscheidende Rolle überhaupt anstreben soll. Die Antwort fällt differenziert aus: Zwar trägt der Lehrer für das, was im Unterricht geschieht, die letzte Verantwortung. Er hat dafür zu sorgen, dass Unterricht bei seinen Schülern etwas Bleibendes bewirkt. Doch ebenso gilt: Sportunterricht, der die Selbständigkeit und Eigenverantwortlichkeit der Schüler fördern will, kann nur gelingen, wenn er den Schülern die Chance gibt, sich an den Unterrichtsentscheidungen zu beteiligen, und vielfältige Möglichkeiten bietet, an der Unterrichtsgestaltung mitzuwirken.

Die Einwände gegen einen geschlossenen Sportunterricht könnten – gleichsam im Gegenzug – zu der konträren Auffassung führen, es sei grundsätzlich ein *offenes Unterrichtskonzept* zu favorisieren, wonach die *Schüler an den Entscheidungen über Ziele, Inhalte und Methoden zu beteiligen* sind. Eine abschließende Einordnung der beiden Positionen muss allerdings abwägend ausfallen: Es darf nicht übersehen werden, dass eine weitestgehende Öffnung ebenso wenig als Normalfall des Sportunterrichts anzusehen ist wie eine totale Schließung. Konstruktive Überlegungen laufen im Kern darauf hinaus, diese beiden Positionen nicht auf ihre extremen Ausprägungen festzulegen und ihre Verwendungszusammenhänge nicht in einer ausschließlichen Entweder-oder-Diskussion zu bestimmen. Vielmehr bilden die, Grundideen jeweils Endpunkte auf einem Kontinuum mit vielen Zwischenvarianten, die, je nach begründetem Anliegen des Unterrichts, ihre eigene Berechtigung haben. Im Grundsatz ist über den Grad und die Art der Öffnung und Schließung des Sportunterrichts immer wieder eine neue Entscheidung herbeizuführen, die sich aus dem gemeinsamen Verständigungsprozess zwischen dem Lehrer und den Schülern ergibt. Dabei kommt dem Prinzip der Öffnung des Unterrichts die führende Rolle zu.

Abschließend ist einem möglichen Missverständnis zu begegnen: Eine beabsichtigte Offenheit des Unterrichts kann kein Grund dafür sein, auf die gründliche Planung des Unterrichts zu verzichten – nach dem Motto: „Mal sehen, wie es läuft und was herauskommt – das kann man ja vorher nie wissen." In der Regel ist die Planung eines offenen Sportunterrichts sogar mit einem größeren Aufwand verbunden, da unterschiedliche Entwürfe entwickelt und alternative Handlungsmöglichkeiten durchdacht werden müssen.

Zunächst sind die Elemente einer Planung offenen Unterrichts keine anderen als die bei geschlossenen, lernzielorientierten Unterrichtsplanungen: Es sind die Unterrichtsvoraussetzungen zu analysieren, Überlegungen zur Ziel-, Inhalts- und Methodenauswahl anzustellen und Verfahren der Ergebnissicherung zu bedenken. Die zentrale Aufgabe besteht darin, offene Aufgaben zu stellen, die auf verschiedenen Wegen bearbeitet und gelöst werden können. Den Schülern ist über die Aufgabenstellung ein erkennbarer und verständlicher Handlungsrahmen anzubieten, der gleichermaßen Handlungsorientierung gibt und Handlungsalternativen zulässt. Bei der Planung sind gangbare Strukturierungswege des Unterrichts zu überprüfen: Der geplante Einstieg in den Unterricht, die vorgesehenen Aufgabenstellungen, Arbeitsanweisungen und Hilfen, verschiedene Weisen der methodischen und organisatorischen Gestaltung des Unterrichts und alternative Varianten, den Unterricht abzuschließen, sind zu bedenken und am Ende in einer Verlaufsplanung festzuhalten. In der Verlaufsskizze sind die voraussichtlichen Schlüsselstellen des Unterrichts aufgenommen, für die nach Möglichkeit verschiedene Alternativen entwickelt sind.

„Wie offen soll und darf der Sportunterricht sein?“ – dieser Frage geht Dietrich KURZ (1998) nach und liefert eine Übersicht zur Diskussion offener und geschlossener Konzepte. Jürgen FUNKE (1991) macht deutlich, dass sich die reale Unterrichtssituation in einem Fluss des Schließens und Öffnens bewegt, der sich der Verständigung der Beteiligten verdankt. Konkrete Anleitungen für offene Planungen von Sportunterricht liefert Bettina WURZEL (1994a). Von ihr stammt die Idee, Verlaufsplanungen in Form von Flussdiagrammen vorzunehmen. Sie stellt ein Beispiel für eine konkrete Unterrichtsidee „Schattenspiele“ in einer 5. Klasse vor. Jochen DIETRICH (1982) erläutert zum Thema „Springseil“ jeweils eine offene und eine geschlossene Unterrichtsplanung und dokumentiert den unterschiedlichen Verlauf der praktischen Unterrichtsdurchführung.

5 Wie planen Sportlehrer wirklich?

Die alltägliche Planungspraxis eines berufserfahrenen Sportlehrers sieht anders aus, als es in den didaktischen Modellen angegeben und empfohlen wird. Zwar haben sich Sportlehrer in ihrem Studium mehr oder weniger intensiv mit theoretischen Planungskonzepten auseinander gesetzt, doch mit zunehmender Berufserfahrung wird die Unterrichtsplanung zu einem Routinegeschäft: Sofern sie überhaupt noch stattfindet, reduziert sie sich entweder auf einige kurze Notizen oder – und das ist wohl die Regel – auf den mentalen Abruf vorgefertigter Unterrichtsentwürfe. Das sichere Wissen über wiederholt gehaltenen Sportunterricht wird für den anstehenden Unterricht kurz aktualisiert. Viele Sportlehrer gehen davon aus, dass das, was einmal „gelaufen“ und bei den Schülern angekommen ist, auch so oder ähnlich wieder klappt. Auf Unvorhergesehenes können sie sich dank umfangreicher Unterrichtserfahrungen situativ ein- und umstellen.

Üblicherweise steht im Zentrum der Planungsüberlegungen die Auswahl der Unterrichtsinhalte. Mit der Festlegung eines thematischen Schwerpunkts hat der routinierte Sportlehrer zugleich bewährte Ablaufmuster des Sportunterrichts verfügbar, die ihm die methodischen Wege und dazugehörigen Organisationsformen liefern. Die Vertrautheit dieses Planungswissens und seine problemlose Handhabe erlauben dem Lehrer den Verzicht auf weiter gehende, differenzierende Überlegungen. Sein Erfahrungsschatz setzt ihn in den Stand, die im Planungsentwurf verbliebenen Leerstellen im Verlauf des Unterrichts zu füllen.

Diese alltägliche Planungspraxis der Sportlehrer ist sicherlich ein geeigneter Ansatzpunkt für eine ganze Reihe kritischer Einwände: Der Verzicht auf eine ausführliche Unterrichtsplanung bedeutet einen Mangel an kritischer Reflexion der eigenen Praxis, birgt die Gefahr, pädagogische Zielperspektiven als Maßstab und Korrektiv für die Begründung von Unterrichtsentscheidungen aus den Augen zu verlieren, blockiert die Bereitschaft, Alternativen aufzunehmen und Neues zu probieren und führt zwangsläufig in einen eintönigen, verkrusteten Alltagstrott im Unterricht, der Schülern immer wieder das Gleiche auf fest verplanten Wegen vorsetzt. Andererseits ist festzuhalten: Sportlehrer verfügen aufgrund ihrer Ausbildung und Berufserfahrung über ein umfangreiches Planungswissen, das eine routinierte Aufgabenbewältigung sichert und Entlastung von Reflexions- und Legitimationsaufgaben schafft. Ihr Planungswissen ist als professionelles Wissen von Unterrichtsexperten einzustufen. Die quasi automatisch ablaufenden Planungsprozesse sind zumeist Verinnerlichungen ursprünglich bewusst gesteuerter und kontrollierter Denkhandlungen.

Bei der Beurteilung von Routine ist ihre Genese zu berücksichtigen. Was vom Routinier nicht mehr geplant werden muss, ist beim Berufsanfänger einmal Gegenstand differenzierter Planung gewesen. Was nicht mehr legitimiert zu werden braucht, ist einmal ausführlich begründet worden. Was beim Routinier als Gewohnheitswissen erscheint, ist zuvor als neues Wissen schrittweise und gründlich erworben worden. Allerdings besteht die Möglichkeit, dass sich unbewusst schlechte Routinen ausbilden. Um dies zu vermeiden, ist es notwendig, dass Sportlehrer zu einer reflektierten Routinebildung gelangen und im Alltagsgeschäft immer wieder die Gelegenheit nutzen, ihr von Routine geprägtes Planungswissen zum Gegenstand einer selbstkritischen Befragung zu machen.

Die erheblichen Unterschiede zwischen den theoretischen Planungskonzepten und der tatsächlichen Planungspraxis des Sportlehrers sind durchaus erklärlich. Als Erstes ist – und dies grundsätzlich – hervorzuheben: Die gängigen Planungstheorien erheben gar nicht den Anspruch, unmittelbar auf die Praxis einwirken zu wollen. Sie verstehen sich nicht als Lösungs-, sondern vielmehr als Problematisierungsraster, und wollen den Lehrern eine geeignete „Denkbrille“ vermitteln, mit deren Hilfe sie ihre unübersichtliche und komplexe Praxis ordnen und systematisch überdenken können. Die vorliegenden Planungsmodelle zielen also auf die didaktische Theorie des Lehrers und wollen eine angemessene Reflexion anleiten. Zum Zweiten: Die praktische Arbeit des planenden Lehrers findet in einer konkreten Situation statt, die unter Alltagsbedingungen zumeist durch einen hohen Handlungs- und Entscheidungsdruck geprägt ist. Diese Alltagspraxis des planenden Lehrers folgt einer eigenen Logik: sie funktioniert nach dem Prinzip der Entlastung und Sicherung des Handlungsverlaufs und greift zu diesem Zweck auf bewährte Routinen zurück.

Andererseits gilt: Alltagsbedingungen schließen eine Verbesserung der Planungspraxis nicht von vornherein aus. Dazu gibt es mittlerweile vielfältige Empfehlungen, wie dies gelingen kann:

- Beginne mit der Auswahl der Inhalte und suche dabei den Ausgangspunkt in der aktuellen Bewegungswelt und den Interessen der Schüler;
- thematisiere einen gewählten Inhalt aus mehreren Blickwinkeln;
- plane die Offenheit;
- mache den Entwurf von konkreten Lehr-Lern-Situationen zum Zentrum der Vorbereitungsarbeit und prüfe dabei genau, worin das Problem besteht;
- plane zusammen mit Kollegen und auch mit Schülern.

Diese fünf konstruktiven Wegweiser für eine Unterrichtsplanung unter Alltagsbedingungen sind von Bart CRUM (1982) übernommen. In seinem Beitrag „Planen zwischen Alltagsroutine und pädagogischem Anspruch" liefert er dazu weitere Hinweise. Die Ratschläge sollen keineswegs die Notwendigkeit infrage stellen, dass in der Aus- und Weiterbildung von Lehrern eine Auseinandersetzung mit theoretischen Planungsmodellen unverzichtbar ist.

Literatur

BOGDAHN, A. (1992). Vorschläge zur Planung und Vorbereitung einer Sportstunde bei Unterrichtsbesichtigungen durch den Fachberater. *sportunterricht, 41* (10), 408-412.

BOVET, G. & HUWENDIEK, V. (Hrsg.). (2000). *Leitfaden Schulpraxis* (3. Aufl.). Berlin: Cornelsen.

BRÄUTIGAM, M. (1986). *Unterrichtsplanung und Lehrplanrezeption von Sportlehrern*. Ahrensburg: Czwalina.

BRÄUTIGAM, M. & BRETTSCHNEIDER, W.-D. (1987). Wie sollen Sportlehrer Unterricht planen und wie planen sie wirklich? *sportunterricht, 36* (4), 133-139.

BRETTSCHNEIDER, W.-D. (1975). *Grundlagen und Probleme einer unterrichtsrelevanten Sportdidaktik*. Ahrensburg: Czwalina.

BRODTMANN, D. & KLUPSCH-SAHLMANN, R. (1999). Unterricht vorbereiten. *sportpädagogik, 23* (1), 21-28.

CRUM, B. (1982). Planen zwischen Alltagsroutine und pädagogischem Anspruch. *sportpädagogik, 6* (5), 14-21.

CUBE, F. VON (1999). Die kybernetisch-informationstheoretische Didaktik. In H. GUDJONS & R. WINKEL (Hrsg.), *Didaktische Theorien* (S. 57-74). Hamburg: Bergmann & Helbig.

DIETRICH, J. (1982). Thema Springseil: Zwei unterschiedliche Planungen. *sportpädagogik, 6* (5), 22-27.

EHNI, H. (2000). Planen und Auswerten. In P. WOLTERS et al., *Didaktik des Schulsports* (S. 90-120). Schorndorf: Hofmann.

EICKEMEIER, D. (1982). Vom Rahmenplan zur Stundenvorbereitung. *sportpädagogik, 6* (5), 51-54.

FUNKE, J. (1991). Unterricht öffnen – offener unterrichten. *sportpädagogik, 15* (2), 12-18.

GRÖßING, S. (2001). *Einführung in die Sportdidaktik* (8., überarbeitete Aufl.). Wiebelsheim: Limpert.

HEIMANN, P., OTTO, G. & SCHULZ, W. (1965). *Unterricht – Analyse und Planung.* Hannover: Schroedel.

HEYMEN, N. & LEUE, W. (1992). *Planung von Sportunterricht* (3., verbesserte und erweiterte Aufl.). Baltmannsweiler: Schneider.

HILDEBRANDT, R. & LAGING, R. (1981). *Offene Konzepte im Sportunterricht.* Bad Homburg: Limpert.

JANK, W. & MEYER, H. (1991). *Didaktische Modelle.* Frankfurt a. M.: Cornelsen.

KLAFKI, W. (1996). *Neue Studien zur Bildungstheorie und Didaktik* (5. Aufl.). Weinheim: Beltz.

KLAFKI, W. (1999). Die bildungstheoretische Didaktik im Rahmen kritisch-konstruktiver Erziehungswissenschaft. In H. GUDJONS & R. WINKEL (Hrsg.), *Didaktische Theorien* (S. 13-34). Hamburg: Bergmann & Helbig.

KURZ, D. (1998). Wie offen soll und darf der Sportunterricht sein? In BIELEFELDER SPORTPÄDAGOGEN, *Methoden im Sportunterricht* (S. 219-235). Schorndorf: Hofmann.

MEYER, H. (1980). *Leitfaden zur Unterrichtsvorbereitung.* Königstein: Scriptor.

MÖLLER, C. (1999). Die curriculare Didaktik. In H. GUDJONS & R. WINKEL (Hrsg.), *Didaktische Theorien* (S. 75-92). Hamburg: Bergmann & Helbig.

RECKTENWALD, H.-D. (1990). *Unterrichtsplanung im Sport.* Ahrensburg: Czwalina.

ROBINSOHN, S. B. (1967). *Bildungsreform als Revision des Curriculums.* Neuwied: Luchterhand.

SCHÄFER, K.-H. & SCHALLER, K. (1976). *Kritische Erziehungswissenschaft und kommunikative Didaktik.* Heidelberg: Quelle & Meyer.

SCHULZ, W. (1980). *Unterrichtsplanung.* München: Urban & Schwarzenberg.

SCHULZ, W. (1999). Die lehrtheoretische Didaktik. In H. GUDJONS & R. WINKEL (Hrsg.), *Didaktische Theorien* (S. 35-56). Hamburg: Bergmann & Helbig.

WINKEL, R. (1999). Die kritisch-kommunikative Didaktik. In H. GUDJONS & R. WINKEL (Hrsg.), *Didaktische Theorien* (S. 93-112). Hamburg: Bergmann & Helbig.

WURZEL, B. (1994). Offenheit und Planung. *sportunterricht, 43* (3), 99-106. (a)

WURZEL, B. (1994). Schattenspiele. *sportunterricht, 43* (3), 107-112. (b)

Lektion 9
Wie sieht die Unterrichtspraxis aus? Schüler und Lehrer im alltäglichen Sportunterricht

Die Durchführung des Unterrichts erfordert vom Sportlehrer einen hohen Grad an professioneller Kompetenz. Die Aufgaben sind nur erfolgreich zu bewältigen, wenn der Lehrer über ein umfangreiches und ausdifferenziertes Handlungsrepertoire verfügt. Es ist jedoch ein gravierender Irrtum, davon auszugehen, die Unterrichtskompetenz sei ausschließlich durch praktische Fertigkeiten und Fähigkeiten bestimmt. Die souveräne Bewältigung komplexer Unterrichtssituationen hängt maßgeblich davon ab, ob der Lehrer eine fundierte und klare Vorstellung von der Grundstruktur der Unterrichtspraxis hat.

Der Einstieg in diese Lektion verfolgt daher das Ziel, die Eigenart der Unterrichtspraxis zunächst grundlegend verständlich zu machen. Die Ausführungen fallen somit – möglicherweise gegen die Erwartungen des Lesers – abstrakt aus. Die theoretische Aufklärung über die elementaren Zusammenhänge, in denen unterrichtliches Handeln stattfindet, ist jedoch unverzichtbar: Will der Lehrer Einfluss auf seine Praxis nehmen, wird er darüber Bescheid wissen müssen, wie diese Praxis angelegt ist und im Grundsatz funktioniert.

Erst im zweiten Abschnitt der Lektion geht es darum, über die im Unterrichtsalltag gängigen Verhaltensweisen der Schüler und Sportlehrer aufzuklären und ihre typischen Erlebnisse und Erfahrungen herauszuarbeiten. Zum Abschluss wird der Blick auf einen Tatbestand gelenkt, der für die Unterrichtspraxis in besonderer Weise kennzeichnend ist: Das reale Unterrichtsgeschehen läuft in den wenigsten Fällen störungsfrei ab. Lehrer fühlen sich durch die Schüler gestört – etwa durch deren Unruhe, Unkonzentriertheit, Aggressivität und Unlust –, die Schüler stört der Unterrichtsstil und das Verhalten des Lehrers und nicht selten auch das ihrer Mitschüler.

Ein denkbares Missverständnis ist von vornherein auszuräumen: Verbindliche Anweisungen für die erfolgreiche Bewältigung konkreter Situationen, Anforderungen und Probleme der Unterrichtspraxis werden nicht gegeben. Der in der Praxis tätige Lehrer muss von Fall zu Fall selbst entscheiden, was zu tun ist und was nicht. Es ist allenfalls sinnvoll und nur in Grenzen möglich, Hinweise und Ideen zum Handeln zu geben. Dies geschieht aus guten Gründen an anderen Stellen dieses Buches, vor allem in Lektion 6. Hier werden nun fünf Fragen aufgegriffen: Welcher Grundstruktur folgen unterrichtliche Handlungszusammenhänge? Wie verhalten sich Schüler im Sportunterricht? Welche Erfahrungen sind aus der Sicht der Schüler typisch für den Sportunterricht? Woran orientieren Sportlehrer ihr alltägliches Handeln? Wie können Unterrichtsstörungen gedeutet werden?

1 Wie ist Unterrichtspraxis strukturiert?

Der Schlüssel für das Verständnis der Unterrichtspraxis liegt in der Erkenntnis, dass konkreter Unterricht ein jeweils aktuelles Handlungsgeschehen ist. Dieses ist gekennzeichnet durch die unmittelbare Interaktion zwischen Schülern und Lehrern, die unter den gegebenen Bedingungen der Situation ihre eigene Wirklichkeit herstellen und aufrechterhalten.

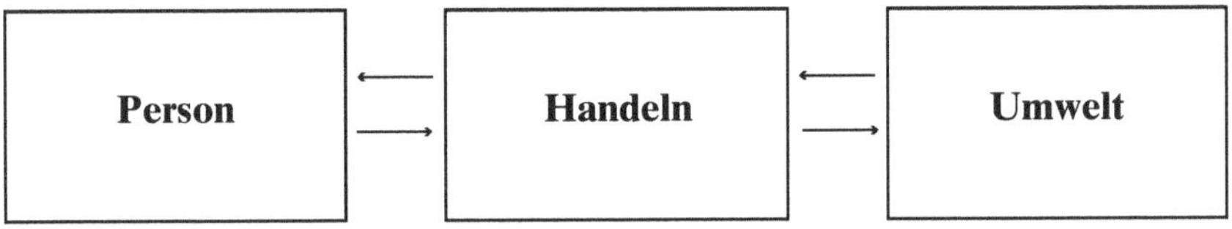

Abb. 7: Grundmodell zur Handlungspraxis im Unterricht

Einem theoretischen Grundmodell folgend (vgl. Abb. 7), sind zwei Einflussfelder für die konkrete Handlungspraxis im Sportunterricht ausschlaggebend. Zum einen: Das aktuelle Handeln im Unterricht ist durch die persönlichen Vorerfahrungen der Unterrichtsteilnehmer geleitet. Schüler und Lehrer haben bereits bestimmte Orientierungen, Einstellungen, Motive und Kompetenzen ausgebildet, die sie als individuelle Voraussetzungen in die Unterrichtsprozesse einbringen und dort aktivieren. Das aktuelle Handeln im Unterricht führt dann zu neuerlichen Erfahrungen, die in den vorhandenen Erfahrungsbestand zu integrieren sind. Zum anderen: Das aktuelle Handeln im Sportunterricht ist durch die Gegebenheiten der Unterrichtssituation geleitet. Die äußeren Bedingungen des Unterrichts bilden den Rahmen, in dem das Handeln der Unterrichtsteilnehmer stattfindet. In Abhängigkeit von der besonderen Wahrnehmung und Auslegung der Unterrichtsbedingungen durch Schüler und Lehrer werden diese Rahmenvorgaben im Unterrichtsprozess in das unmittelbare Handeln einbezogen und dort aktualisiert.

Zwischen den beiden Einflussfeldern besteht ein regelhafter Zusammenhang, der über das Handlungsgeschehen hergestellt wird: Die individuellen Fähigkeiten der Schüler und Lehrer auf der einen Seite und die strukturellen Gegebenheiten des Unterrichts auf der anderen Seite sind im aktuellen Handeln wechselweise miteinander vermittelt. Man spricht von einem dialektischen Zusammenhang zwischen Person und Situation. Dabei verändern sich zum einen die am Unterricht beteiligten Personen, da sie zu ihren eingebrachten Erfahrungen neue dazugewinnen, verfügbar haben und in zukünftiges Handeln einspielen können. Es verändern sich zum anderen die Rahmenbedingungen des Unterrichts, da die Schüler und Lehrer in diese aktiv eingreifen. Möglicherweise sind künftige Unterrichtssituationen dann in anderer Weise vorstrukturiert und mit dem veränderten Handlungsrahmen eröffnen sich andere Handlungsmöglichkeiten.

Folgt man dieser Grundauffassung, lassen sich zwei wichtige Folgerungen ziehen. Erstens: Aneignungs- und Lernprozesse müssen von den Schülern selbst geleistet werden. Ohne die selbsttätige Auseinandersetzung der Schüler mit den anstehenden Unterrichtsaufgaben findet keine Entfaltung und Zunahme ihrer vorhandenen Könnens- und Wissensbestände statt. Der Schüler ist Konstrukteur seines Lern- und Erfahrungszugewinns, indem er die äußere Wirklichkeit (in Form der gegebenen Unterrichtssituation) und die innere Wirklichkeit (in Form vorhandener eigener Denk- und Handlungsstrukturen) aufnimmt und konstruktiv erweitert.

Zweitens: Die Bemühungen des Lehrers sind darauf zu konzentrieren, systematische Anstöße und Anregungen zu geben, die der Schüler aufnehmen, verarbeiten und fortentwickeln kann. Dabei hat der Lehrer im Grunde zwei Möglichkeiten. Seine Unterrichtsaktivitäten können zum einen eher auf die Schüler mit ihren individuellen Vorerfahrungen zielen. Es sind Handlungsmaßnahmen zu ergreifen, die unter den übergeordneten Begriff des (1) **Motivierens** zusammengenommen werden können. Die Unterrichtsaktivitäten des Lehrers können zum anderen eher auf die Rahmenbedingungen des Unterrichts zielen. Es sind Handlungsmaßnahmen zu ergreifen, die üblicherweise unter den Begriff des (2) **Organisierens** zusammengefasst werden.

(1) Der Sportlehrer kann die Schüler im Unterricht motivieren, indem er einerseits die inhaltlichen Anforderungen, die mit den verschiedenen Sport-, Spiel- und Bewegungsaktivitäten verbunden sind, von der Sache her so aufbereitet, dass sie Schülern das bieten können, was sie in ihnen suchen. Zum anderen kann der Lehrer die subjektiven Motive der Schüler aufnehmen, an diesen anknüpfen und durch eine abgestimmte Unterrichtsgestaltung die befriedigende Einlösung ihrer Motive ermöglichen. Wenn Schüler dann im Sportunterricht motiviert handeln, finden sie die Formen und Inhalte des Sporttreibens reizvoll und werden aufgrund der Attraktivität der Handlungsziele aus eigenem Antrieb aktiv. Es ist aber auch davon auszugehen, dass auf Seiten der Schüler bereits Motive ausgebildet sind. Schüler werden dann aus eigenem Antrieb aktiv, wenn sie die positive Befriedigung dieser schon vorhandenen Beweggründe erwarten.

Im Ergebnis kann es gelingen, dass im Sportunterricht Motive entwickelt, verändert und stabilisiert werden. Auf welche Weise finden diese Prozesse statt? Erlebnisse und Erfahrungen bei der Bewältigung von Aufgaben und Situationen hinterlassen Spuren. Es entstehen nach und nach allgemeine Sichtweisen und Einstellungen, die für das eigene Handeln Erwartungshaltungen abgeben. Motive sind überdauernde Bereitschaften zu bestimmten Verhaltensweisen, die gleichermaßen das Ergebnis vorangegangener wie Voraussetzung für nachfolgende Lern- und Erfahrungsprozesse sind.

(2) Der Sportlehrer kann seinen Unterricht organisieren, indem er die Rahmenbedingungen ordnet und gestaltet, indem er im Unterricht besondere Mittel und Wege bereitstellt, indem er die Unterrichtssituation arrangiert und den Fortlauf des Unterrichts strukturiert. Er gibt einen Handlungsrahmen vor, der Anregungen bietet, Aufgaben stellt und Ansprüche vermittelt. Er liefert mehr oder weniger deutliche Hinweise darauf, wie man sich als Schüler darauf inhaltlich einlassen kann. Beispielsweise sind Spielflächen und Geräte herzurichten, Gruppen und Mannschaften zu bilden, Aufstellungsformen einzunehmen, Regeln zu vereinbaren, Sicherheitsvorkehrungen zu treffen oder Wettkämpfe zu organisieren. Wenn Schüler den gegebenen Handlungsrahmen als Herausforderung wahrnehmen, werden sie sich mit den im Handlungsrahmen angelegten Aufgabenstellungen und Themen aktiv auseinander setzen. Die vom Lehrer hergestellte äußere Ordnung wird im aktuellen Handeln der Schüler zu ihrer eigenen Sache, mit der sie sich beschäftigen. Die innere Ordnung ihres Handelns hat zwar Bezug zum vorgefundenen äußeren Rahmen, nimmt ihn aber unterschiedlich auf und stabilisiert ihn, entwickelt ihn weiter und verändert ihn, bis im Handlungsverlauf ein (vorläufiges) Ergebnis erreicht ist.

Insgesamt gilt: Vorausgesetzt, die Schüler sind motiviert und die unterrichtlichen Rahmenbedingungen günstig organisiert, entsteht ein Passungsverhältnis zwischen den Handlungszielen der Schüler und den Handlungsgegebenheiten, unter denen sie ihre Ziele verwirklichen können. Der Erfolg des Unterrichtsgeschehens hängt davon ab, ob es gelingt, die Sachstruktur der Fachinhalte an die Lernstruktur der Schüler anzupassen und auf diesem Weg die Schüler zu aktivieren, sich eigenständig mit dem Unterrichtsstoff auseinander zu setzen.

Konkrete Antworten auf die Frage, wie die Motivation der Schüler im Sportunterricht zu fördern ist, finden sich im Beitrag von Inge BERNDT (1998). Hinweise, wie Sportlehrer ihren Unterricht organisieren können, gibt Jürgen KRETSCHMER (2000). Sein Beitrag mit dem Titel „Betreuen und Unterweisen" (er spricht nicht von Organisieren, sondern von Vermittlungsmaßnahmen) macht deutlich, dass Unterrichtssituationen auf zwei unterschiedliche Weisen angelegt und strukturiert sein können: Betreuende Maßnahmen setzen auf die Wirksamkeit der Lernumwelt und verzichten auf direkte Eingriffe in den Unterricht, unterweisende Maßnahmen setzen auf die Wirksamkeit eines Lehrgangs, der vom Lehrer aktiv gesteuert wird.

2 Wie verhalten sich Schüler im Sportunterricht?

Schüler zeichnen ein Bild des Sportunterrichts, das sich nahtlos in das Muster eines gleichförmigen und oft langweiligen Schulalltags einfügt. In den Worten des Schülers Robin: *„Am letzten Donnerstag sind wir Schwimmen gegangen. Nach dem Einschwimmen haben wir da so Übungen gemacht. Erst mussten wir auf den Grund tauchen. Dann mussten wir so lange die Luft anhalten, wie wir konnten. Dann mussten wir acht Bahnen schwimmen, eine Bahn ist 25 Meter lang. Dann sollten wir Beinübungen machen, dann Armübungen. Dabei durften wir die Beine nicht bewegen. Dann Übungen auf Schnelligkeit. Und zum Schluss die letzten zehn Minuten durften wir noch mal – so Springen vom Einer und so. Und da haben wir Saltos und Köpper gemacht."* Robin ist 11 Jahre alt und besucht die 6. Klasse eines Gymnasiums. Robin gibt es also tatsächlich (selbstverständlich mit einem veränderten Namen). Er ist im Rahmen einer Untersuchung zu seinem Sportunterricht befragt worden und soll im Folgenden als Fallbeispiel für den Zugang auf die Frage dienen: Wie verhalten sich Schüler in der Unterrichtswirklichkeit?

Fragt man Robin, folgt Sportunterricht einem üblichen Ablaufmuster: Zum Stundenbeginn kommen alle zusammen und der Sportlehrer sagt an, was er vorhat. Es schließt sich das Aufwärmprogramm an, das in der Regel aus Lauf- und Stretching-Übungen besteht. Den Kern der Stunde bildet die Vermittlung ausgewählter Bewegungs- und Spielformen. Am Ende wird den Schülern Gelegenheit gegeben, sich nach ihren Wünschen zu betätigen. In den meisten Fällen findet ein Spiel statt. Solche gängigen Ablaufmuster des Sportunterrichts bilden für Robin den Handlungsrahmen, in den er sich als Unterrichtsteilnehmer einbringt. Konkret lässt sich sein Handeln auf drei typische Muster zusammenfassen: Er macht im Sportunterricht einfach seinen eigenen Sport, er macht mehr oder weniger mit oder macht – dies sind seine eigenen Worte – hin und wieder *„auch mal Mist"*. In dieses Kategoriengefüge des „Selber-Machens", „Mit-Machens" und „Mist-Machens" ordnen sich Robins Handlungsweisen im Sportunterricht ein.

- **Handlungsmuster „Selber-Machen":** *„Einmal, da mussten die Mädchen halt für das Seilchenspringen zensiert werden, und dann hatten die Jungen, die durften dann draußen was spielen. Und da haben wir draußen Fangen gespielt, und dann gab es da auch Körbe, Basketballkörbe, auf die haben wir dann auch gespielt, wir haben alles Mögliche gemacht. Es war so im Frühling, da war es auch noch nicht so heiß, das war angenehm. Das hat richtig Spaß gemacht. Mal nicht nur so Unterricht zu machen, mal so, also das ist ja wie nachmittags, wenn man sich verabredet, nur mit mehr Kindern. Und das macht halt Spaß."*

Die Situation, die Robin beschreibt, ist keine normale Unterrichtssituation. Im Gegenteil: Die typischen Rahmenbedingungen und Regularien eines durch den Lehrer gesteuerten Sportunterrichts sind weitgehend außer Kraft gesetzt. Der Sport wird in dieser Situation zwar in der Schule ausgeübt, aber in einer Art und Weise, wie Schüler ihn auch außerhalb der Schule kennen. Weder vom Sportlehrer in pädagogischer Absicht ausgewählt und akzentuiert noch nach methodischen Gesichtspunkten zugeschnitten und gereiht, nicht bewertet und zensiert, wird einfach so Sport getrieben, wie man es auch selbst macht. Die üblichen Strukturmerkmale des Unterrichts haben an Steuerungskraft verloren. Das Sporttreiben um seiner selbst willen überwiegt. Auf der Suche nach dem Sport, der einfach Spaß macht, nutzt und genießt Robin das ungezwungene Spielen auf die Basketballkörbe im Freien. Es gibt deutliche Hinweise darauf, dass Schüler sogar in den Unterrichtssituationen, in denen ihnen wenig Spielraum für selbstbestimmtes Handeln bleibt, Gelegenheiten nutzen, den Unterricht zu ihrer Sache zu machen und Sport nach den eigenen Vorstellungen und Regeln zu betreiben.

- **Handlungsmuster „Mit-Machen“:** *„Manchmal, da ist der Unterricht vorher halt schon sehr anstrengend gewesen, und dann kann man nicht mehr so viel laufen. Dann macht man halt nur so ein bisschen mit. Beim Fußball sage ich dann: ich bin Abwehr – oder so. Sonst bin ich eigentlich immer Stürmer, so mit meinem Freund, bin immer vorne drin. Und dann, wenn es mir halt nicht so gut geht, sag ich, na komm, heute gehe ich in die Abwehr.“* Oder: *„Mir war schon mal so irgendwie schlecht, war nicht gut drauf, und dann mussten wir Basketball spielen. Und dann hab' ich mich nur als Auswechselspieler gemeldet. Weil es mir da zu viel Bewegung war, rumzulaufen und so. Dann war ich halt nur Auswechselspieler.“*

Die differenzierten Aufgaben- und Rollenstrukturen des Sports bieten Schülern offensichtlich viele Möglichkeiten, ihre Aktivitäts- und Anstrengungsgrade im Unterricht auszubalancieren, einzuschränken und sogar auf Nullniveau zurückzuführen. Der Wechsel in die Rolle einer Hilfestellung, eines Schiedsrichters oder die eines Verletzten sind durchweg legitime Mittel und Wege, eine akzeptable Form der Unterrichtsbeteiligung aufrechtzuerhalten, ohne dass das Gesamtgeschehen nachhaltig gestört wird. Diese Handlungsmuster des „Mit-Machens“ und „Zurückziehens“ sind nach und nach erlernt und letztlich das Ergebnis einer umfangreichen Erfahrungsgeschichte in Schule und Sportunterricht. Anlässlich unterrichtsüblicher Problemlagen lernen Schüler, strategisch so zu handeln, dass sie aus ihrer Sicht gut über die Runden kommen. Der Erwerb solcher Schülerstrategien lenkt den Blick auf typische Regeln, Routinen und Rituale des Sportunterrichts.

- **Handlungsmuster „Mist-Machen“:** Robin verhält sich nicht immer so, wie es für einen störungsfreien Ablauf im Sportunterricht erforderlich ist. Er weiß dies auch, verweist in diesem Zusammenhang auf das Argument der Üblichkeit und rechtfertigt sich damit, dass Schule auf Dauer gar nicht anders auszuhalten sei. *„Also, na ja, also wir haben mal so Kegel aufgebaut. Und ein paar Jungs haben damit auch Fußball-Kegeln gespielt. So mit einem Ball auf die neun aufgestellten Kegel. Und ein paar andere Jungs haben Fußball gespielt, da war ich auch mit dabei. Und dann haben wir mit Absicht – so rumms voll da rein geschossen mit dem Ball. Und die haben sich dann voll geärgert und beim Lehrer beschwert. Manchmal, da macht man halt so einen Mist. Das macht Spaß, dass die anderen sich dann ärgern, dann muss das einfach sein. Schule, die darf nicht immer so richtig ernst sein, man muss auch mal Spaß haben.“*

Zeigt sich im Licht dieser Situation ein Grunddilemma des Sportunterrichts? Der Reiz sportlichen Handelns liegt vorrangig in der Tätigkeit selbst. In der erfüllten Gegenwart des Tuns erschließt sich der Sinn des Sporttreibens und wird unmittelbar als befriedigend und bereichernd erlebt. Im Schulsport allerdings wird die subjektiv sinnerfüllte Aktivität zu einem pädagogischen Programm, aus Freiwilligkeit wird Pflicht, aus Spaß wird Ernst. Auf diese Weise entsteht in der Schule eine paradoxe Situation, die aus der Spannung zwischen dem individuell angelegten Sporttreiben um des Sports willen und der unterrichtlichen Inszenierung als fremdbestimmter Pflichtveranstaltung besteht.

Wie kommt man aus diesem Dilemma heraus? Auf der strukturellen Ebene kann dieses Problem wohl kaum gelöst werden. Es sei denn, man streicht den Sport aus dem Pflichtfächerkanon. Auf der Ebene des individuellen Handelns bietet sich eine Möglichkeit an, widersprüchliche Situationen wenigstens ansatzweise auszubalancieren und konstruktiv zu bewältigen. Hilfreich sind Humor und Ironie. Dieses Mittel wählt Robin. „Mist-Machen“ ist der gelungene Versuch (es hat Robin ja Spaß gemacht), das Dilemma zwischen dem Sportunterricht als organisierter Pflichtveranstaltung und der individuellen Suche nach einem unmittelbar befriedigenden Sporttreiben aufzulösen und zu den eigenen Gunsten in Richtung subjektive Sinnerfüllung umzugewichten. Nach dieser Deutung ist Robins Verhalten nicht nur verständlich, er folgt sogar einem geeigneten, weil einem in Schule und Unterricht funktionalen und konsequenten Handlungsmuster.

Gibt es weitere Handlungsmuster? Vielleicht: „Nichts-Machen“, „Kaputt-Machen“, „Falsch-Machen“? Die Antwort bleibt offen. Ausgerechnet über die Wirklichkeit des alltäglich praktizierten Schulsports ist nur wenig bekannt. Theoretisch und empirisch abgesicherte Befunde über die konkreten Verhaltensweisen und Handlungsstrategien der Schüler sind rar. Somit ist ungeklärt, ob das Fallbeispiel Robin auf andere Schüler übertragbar ist und ob die vorgenommenen Interpretationen angemessen sind. Das Beispiel Robin, das aus einer Untersuchung von Michael BRÄUTIGAM (2001) stammt, gibt einen ersten Einblick in die Alltagswelt des Sportunterrichts aus Schülersicht und macht auf die Notwendigkeit aufmerksam, weitere und differenziertere Erkenntnisse zu ermitteln.

3 Welche Erfahrungen machen Schüler in ihrem Sportunterricht?

Schüler sind bis auf die Ferienzeiten täglich mehrere Stunden in der Schule. In der Regel haben sie über die Woche etwa drei Stunden Sport. Es liegt auf der Hand, dass sie im Laufe der Zeit einen reichhaltigen Erfahrungsschatz über ihren Sport in der Schule aufgebaut haben. Die Beschaffenheit der gesammelten Erfahrungen wird von Schüler zu Schüler verschieden sein. Es ist damit zu rechnen, dass jeder Schüler persönlich einschneidende und kritische Ereignisse mitgemacht hat, die in Folge für das Bild, das er vom Sportunterricht hat, von besonderer Bedeutung sind. Die Rekonstruktion bedeutsamer Unterrichtserfahrungen aus Schülersicht kann veranschaulichen, welche typischen Situationen und Herausforderungen die Alltagspraxis der Schüler im Sportunterricht bestimmen. Mindestens sieben Themenbereiche strukturieren das Erfahrungsfeld der Schüler.

Stichwort: **Lehrerengagement.** Schüler registrieren mit großer Aufmerksamkeit das Engagement ihrer Sportlehrer. Sie verfolgen kritisch, ob Sportlehrer sich um einen qualifizierten, abwechslungsreichen und gut organisierten Unterricht bemühen. Ihren Wahrnehmungen nach sind die Anstrengungen der Lehrer unterschiedlich und variieren zwischen *geglücktem Engagement* (es kommt bei den Schülern an und wirkt motivierend), *gebrochenem Engagement* (das Bemühen des Lehrers wird erkannt, aber es geht an den Schülern vorbei und wirkt nicht motivierend) und *fehlendem Engagement* (es ist nicht erkennbar und wirkt demotivierend).

Stichwort: **Gruppenprozesse.** Im Sportunterricht sind immer wieder Gruppen und Mannschaften zu bilden. Bestehende Gruppen mischen sich und es entstehen neue, die nur in der jeweiligen Sportstunde Bestand haben. Sympathien und Antipathien zu den verschiedenen Mitschülern, deren unterschiedliche sportliche Leistungsfähigkeit und Geschlechtszugehörigkeit spielen bei Gruppenbildungen die entscheidende Rolle. Gelingt es, in die Mannschaft zu kommen, in die man will, oder wird man ausgeschlossen? Aber wohin will man: in die leistungsstärkste Mannschaft oder zu den besten Freunden? Die enorme Dynamik wechselnder sozialer Beziehungen im Sportunterricht führt zu offenen und verdeckten Abstimmungsprozessen unter den Schülern. Diese sind innerhalb des Sportunterrichts ein bedeutsames Erfahrungsfeld, in dem die eingeschlagenen Handlungsstrategien der konkurrierenden Gruppen hin und wieder Konflikte provozieren: Es wird intrigiert, gelästert, geschimpft und manchmal sogar getreten.

Stichwort: **Ungerechtigkeit.** Die Alltagspraxis des Sportunterrichts ist durch eine Fülle von Situationen geprägt, in denen Schüler aus ihrer Sicht falsch behandelt und beurteilt werden: Sportschwache Schüler werden zurückgesetzt und übergangen, Leistungsbewertungen lassen körperliche Unterschiede unberücksichtigt, Zensuren fallen anders als erwartet aus, Regelübertretungen im Spiel werden nicht geahndet und bringen unfaire Spieler sogar in Vorteil, Jungen setzen sich lautstark und provokant gegen Mädchen durch, Mehrheitsentscheidungen gehen immer wieder auf Kosten der gleichen Minderheit. Das Erleben von Ungerechtigkeit ist nicht nur auf die eigene Person bezogen, sondern wird in vielfacher Weise auch bei betroffenen Mitschülern registriert. Zu besonderen Enttäuschungen kommt es, wenn die Ungerechtigkeit vom Lehrer ausgeht, der eigentlich dafür verantwortlich ist, dass es gerecht zugeht.

Stichwort: **Strategien und Taktiken.** Schüler sind Akteure und Konstrukteure ihres Unterrichtsalltags. Sie inszenieren sich und ihren Sportunterricht nach eigenen Vorstellungen und Regeln. Während sie vordergründig gewissermaßen Theater spielen und am Unterrichtsgeschehen – auf den ersten Blick unauffällig – teilnehmen, proben sie im Hintergrund – oder im Untergrund – ihr eigenes Stück. Erfahrene Schüler sind Experten in Sachen Unterricht und wissen genau, wie sie in diesem Geschäft am besten abschneiden. Die Unterschiede zwischen dem sichtbaren Unterrichtsablauf auf der Vorderbühne und dem verdeckten, gleichwohl realen Geschehen auf der Hinterbühne sind nicht selten als Machtkämpfe zwischen Schülern und Lehrern zu deuten. In solchen Machtkämpfen geht es darum, wer im Unterricht das Sagen hat und seine Interessen durchsetzen kann.

Stichwort: **Freiräume und Mitbestimmung.** Schüler sind bestrebt, an der Planung und Gestaltung des Sportunterrichts beteiligt zu werden. Sie wollen in das Unterrichtsgeschehen nicht nur reaktiv und nachvollziehend, sondern als aktiv Handelnde eingebunden sein. Ein wesentlicher Erfahrungsbestand der Schüler entsteht in Unterrichtssituationen, die als Aushandlungsprozesse im Konfliktfeld zwischen Lehrerinteressen, Lehrplanvorgaben und Schülerwünschen stattfinden. Gelegentlich machen Schüler die Erfahrung, dass das Verhandeln von Unterrichtsentscheidungen – sofern es überhaupt stattfindet – wenig konstruktiv verläuft.

Stichwort: **Subjektives Leisten und Leistung.** Im Sportunterricht werden vielfältige und unterschiedliche Anforderungen gestellt. Für die Schüler eröffnen sich dadurch enorme Möglichkeiten, ihr Leistungsvermögen zu aktivieren und zu steigern. Sich aufgrund eigener Anstrengungen als Könner zu erfahren, ist für die Schüler im Sportunterricht ein bedeutsames und eindrucksvolles Erlebnis und kann das Selbstwertgefühl nachhaltig stabilisieren. Doch ausgerechnet die leistungsthematischen Situationen des Sportunterrichts stellen ein zwiespältiges Erfahrungsfeld dar: Einerseits sind gerade die Erfahrungen eigener Leistungsfähigkeit und -entwicklung im Sportunterricht besonders wertvoll, andererseits gelingt es nur selten, die geforderten Leistungsansprüche so in die Tat umzusetzen, dass sich die gewünschten Wirkungen auch einstellen können. Während die guten Sportler angemessene Anreize eher vermissen, fühlen sich die weniger guten Schüler ständig überfordert und bemängeln, dass sich der Sportunterricht einseitig am Leistungsstand der Könner orientiert. Gleichwie sind Anstrengungen weder für die guten noch für die schlechten Schüler besonders lohnend. Die im Sportunterricht oft übliche Notengebung verschärft das Problem, da sie entweder zu gut ausfällt oder die besonderen Bemühungen der sportschwachen Schüler zu wenig würdigt.

Stichwort: **Verletzungen und Blamagen.** Für Schüler verbindet sich mit dem Sportunterricht die Erfahrung, körperlichen Gefährdungen ausgesetzt zu sein und Verletzungen zu riskieren. Besonders kritische Erfahrungen machen die Schüler, die im Sportunterricht als schwach gelten. Denn der Sportunterricht erweist sich als eine beängstigende und kränkende Situation in einem doppelten Verständnis. Zum einen: Beim Versagen in anderen Schulfächern können Schüler zumindest mit der körperlichen Unversehrtheit rechnen, im Sportunterricht nicht. Häufig ist das Gegenteil der Fall, wenn mit dem Schwierigkeitsgrad der Aufgabe nicht nur das Unfallrisiko steigt, sondern die Überforderungssituation eine schwer wiegende Verletzung provoziert. Zum anderen: Sportmotorische Schwächen eines Schülers ziehen im Sportunterricht nicht nur das Risiko einer körperlichen Verletzung nach sich. Häufig werden physische Verletzungen von psychischen Verletzungen begleitet. Sich blamiert und ausgeliefert fühlen, bloßgestellt, beschimpft, ausgelacht oder allein gelassen, ignoriert und nicht ernst genommen zu werden, sind gerade im Sportunterricht typische Erfahrungen, die Verletzungen erst zu einer tiefer gehenden Kränkung werden lassen.

Die Zusammenstellung prägnanter Erfahrungsbereiche aus der Sicht der Schüler ist das Ergebnis aktueller Forschungen aus der Konstanzer Arbeitsgruppe um Wolf-Dietrich MIETHLING (KRIEGER & MIETHLING, 2000; MIETHLING, 2000). Es fällt auf, dass Schüler auf die Frage nach bedeutsamen Ereignissen vornehmlich negative Erlebnisse berichten. Die Falldarstellung einer 12-jährigen Schülerin – in einem Beitrag von Michael BRÄUTIGAM (1999) – zeigt, dass sich im Sportunterricht zugleich negative und positive Erfahrungen einstellen und vermischen.

4 Wie ist das alltägliche Handeln der Sportlehrer angelegt?

Das für jedermann sichtbare Verhalten des Sportlehrers besteht aus einem großen Repertoire konkreter Fertigkeiten und Fähigkeiten, das für die sichere Bewältigung der Berufs- und Unterrichtsaufgaben situationsgemäß genutzt wird. Das Handlungsrepertoire ist im Bewusstsein des Lehrers kognitiv repräsentiert. In der Regel weiß der Lehrer, was er tut. In diesem übergeordneten Wissenssystem sind zum einen die verfügbaren Handlungsmuster inhaltlich ausgewiesen, zum anderen ist darin Regelwissen abgelagert. Die Regeln beziehen sich auf die Verfahren und Strategien, mit deren Hilfe auf die vorhandenen Könnenspotenziale zugegriffen wird und die Austauschprozesse zwischen Bewusstsein und praktischem Handeln organisiert werden. Die Handlungskompetenz des Sportlehrers besteht somit aus einem vernetzten Gefüge umfangreicher Wissens- und Handlungsbestände. Dieses Konglomerat von Wissen und Können macht die subjektive Didaktik des einzelnen Lehrers aus. Sie bestimmt einerseits die Art und Qualität der Reflexionsprozesse, die der Lehrer im Zusammenhang seiner Berufsausübung anstellt. Sie bestimmt zugleich die Grundzüge seines Arbeitens vor Ort und den Stil, in dem er seine Unterrichtsaufgaben wahrnimmt und gestaltet.

These 1: **Das alltägliche Handeln des Sportlehrers ist durch die eigenen Erfahrungen angeleitet.** Sportlehrer haben in ihrem Studium einen breiten Fundus an Theoriewissen erworben. Pädagogische Modelle, sportdidaktische Entwürfe und theoretische Planungskonzepte finden aber nach einer gewissen Zeit in der Berufspraxis kaum noch Anwendung. Die „eigentlichen“ Aufgaben und Schwierigkeiten, vor denen Sportlehrer unter Alltagsbedingungen stehen, sind in den wissenschaftlichen Theorien offensichtlich nicht adäquat erfasst. So gehen die Sportlehrer dazu über, sich bei der Suche nach Lösungen für die in der Unterrichtswirklichkeit anstehenden Probleme an den eigenen Erfahrungen zu orientieren. Selbst erprobte Handlungsweisen gewinnen an Gewicht und bilden die Grundlage für das Alltagswissen des Sportlehrers.

These 2: **Das alltägliche Handeln orientiert sich an Rezepten.** Die Entwicklung der Wissensbestände eines Lehrers ist tendenziell durch zwei Richtungen gekennzeichnet. Einerseits erwerben Lehrer mit zunehmender Erfahrung immer genauere und geeignetere Informationen darüber, wie Unterricht zu gestalten und wie mit Schülern umzugehen ist. Zuvor eher diffuses und ungeprüftes Wissen gewinnt an Umfang, Präzision und Qualität. Andererseits besteht die Tendenz, die eigenen Erfahrungen jeweils auf Kurzformeln zu reduzieren und als Unterrichts- und Handlungsrezepte in den subjektiven

Wissensvorrat einzustellen. Sportlehrer verfügen zuletzt über ein ganzes Bündel von Rezepten, mit deren Hilfe sie ihren Berufsalltag maßgeblich bestreiten: *„Schüler müssen immer beschäftigt werden, sonst machen sie Unsinn.“ „Neue Bewegungen lasse ich grundsätzlich von einem guten Schüler vormachen.“*

Derartige Regeln entstehen aus praktischen Erfahrungen. Rezepte werden daraus, indem die erfolgreichen oder misslungenen Problemlösungen aus ihrer Verankerung in der konkreten Entstehungssituation herausgelöst und verallgemeinert werden. Der hohe Stellenwert von Rezepten für das Alltagshandeln begründet sich aus ihrer entlastenden Wirkung. Sie verringern deutlich den Reflexions- und Rechtfertigungsaufwand in Entscheidungssituationen und ermöglichen ökonomisches und schnelles Reagieren, wenn man unter Handlungsdruck steht.

These 3: **Das alltägliche Handeln ist auf einen reibungslos funktionierenden Unterricht ausgelegt.** Im Alltagsbewusstsein der Sportlehrer ist Unterricht gut, wenn er „gut läuft“. Es geht darum, die immer wieder neuen, nie vorhersehbaren und schnell wechselnden Unterrichtssituationen so zu strukturieren, dass ein geordneter und überschaubarer Ablauf entstehen kann. Die Komplexität des Unterrichts macht organisatorische Vorgaben notwendig, mit deren Hilfe es gelingen soll, das Unterrichtsgeschehen unter Kontrolle zu halten. Ein großer Teil der Unterrichtsmaßnahmen und Verhaltensweisen des Sportlehrers sind als Versuche zu verstehen, für einen möglichst reibungslosen Unterrichtsverlauf zu sorgen. Ein gelungener Stundenablauf stellt im Alltagsbewusstsein des Sportlehrers offensichtlich einen eigenständigen Wert dar. Über ein entsprechendes Erfahrungswissen verfügen Sportlehrer in Form von festen Ablaufmustern des Unterrichts, von Strategien zur Ökonomisierung des Unterrichts und von verbindlich gemachten Ritualen.

Erfahrene Sportlehrer bevorzugen einfache Lernformen und überschaubare Vermittlungsverfahren. Die methodische Gestaltung ihres Unterrichts ist weitgehend an Effektivitätsgesichtspunkten orientiert und prinzipiell derart angelegt, dass Störpotenzial und Konfliktstoff möglichst von vornherein ausgeschlossen werden. Ein geeignetes Mittel, Unterrichtsabläufe störungsfrei, ökonomisch und kräftesparend zu inszenieren, sind Ritualisierungen. Unterrichtsrituale stellen Lehrern und Schülern ein verbindliches Reservoir an eingespielten Interaktions- und Kommunikationsmustern zur Verfügung. Mit ihrer Hilfe kann auf ständig neue Absprachen, Erklärungen und Begründungen verzichtet werden. Rituale schaffen bei den Schülern gewisse Vertrautheiten mit ihrem Sportunterricht und können ein Gefühl von Sicherheit geben.

These 4: **Das alltägliche Handeln ist sachorientiert.** Der Alltag des Sportlehrers ist durch eine Reihe von Dingen bestimmt, die notwendigerweise zu erledigen sind: Er muss Listen anfertigen und Bestellungen aufgeben, Zensuren und Zeugnisse schreiben, Pausenaufsicht führen, Besprechungs- und Konferenztermine wahrnehmen, Sportwettkämpfe und -feste organisieren und – nicht zuletzt – Unterricht vorbereiten und durchführen. In einem so organisierten Schulbetrieb rücken die jeweils anstehenden Aufgaben in den Mittelpunkt der Aufmerksamkeit. Im Zusammenhang damit gilt schließlich als zentrale Handlungsleitlinie das Kriterium des Machbaren. Für die Erledigung der Aufgaben entwickeln Sportlehrer eine Sachkompetenz, die die fachgerechte Abwicklung der Alltagsgeschäfte sicherstellt. Dieser Sachbezug ist Teil des beruflichen Selbstverständnisses und wohl die auffälligste Regelhaftigkeit in der Grundstruktur des Alltagsbewusstseins.

Die Sachorientierung reicht bis hinein in die konkreten Unterrichtsentwürfe der Sportlehrer. Die obligatorische Schülerfrage vor dem Sportunterricht: „Was machen wir heute?“, trifft auf ein passendes Orientierungsmuster bei ihren Lehrern. Auch für sie ist die zentrale Frage: „Was ist heute dran?“ Die Inhalte des Sportunterrichts sind ein Schlüsselelement in der Alltagsdidaktik der Sportlehrer. Die Ziele des Unterrichts treten in ihrer handlungsleitenden Funktion deutlich zurück. Sie sind in die Aufbereitung und Vermittlung der Unterrichtsinhalte gleichsam eingelagert, sodass eine ausdrückliche Bezugnahme auf pädagogische Absichten und deren Verwirklichung im Unterricht nicht mehr stattfinden muss: *„Beim Volleyball ist ja gemeinsames und kooperatives Handeln auf jeden Fall dabei.“*

Letztlich konzentrieren sich Sportlehrer in ihrem Unterricht darauf, Sport zu vermitteln. Schüler sollen etwas lernen und in ihrem sportlichen Leistungsvermögen vorankommen. Bei der Bestimmung dessen, was die Entwicklung und Ausbildung sportlicher Qualifikationen fördert, bieten die üblichen Sportarten mit ihren typischen Anforderungsstrukturen wichtige Orientierungsmarken. In der Sache Sport und seinen geordneten und geregelten Aktivitätsfeldern sehen Sportlehrer einen bewährten Haltepunkt für die sichere Bewältigung des Unterrichtsalltags.

These 5: **Das alltägliche Handeln gründet auf Typisierungen.** Mit zunehmender Berufserfahrung gewinnt das Alltagsbewusstsein des Lehrers deutliche Konturen. Die fortgesetzte Sammlung von Erfahrungen wird genutzt, um den eigenen Berufsalltag zu ordnen und durchschaubar zu machen. Altbekanntes und Neues, Übliches und Ungewohntes, belastende Situationen und Möglichkeiten der Entlastung, erfolgreiche und misslungene Maßnahmen, auffällige und unauffällige Schüler, gute und schlechte Unterrichtsphasen werden wahrgenommen, unterschieden und verglichen. Prägnante Ereignisse hinterlassen einen tiefen Eindruck, werden besonders verarbeitet und nehmen in der Folgezeit eine hervorgehobene Stellung im Erfahrungsbestand des Lehrers ein. Im Ergebnis entsteht eine Anordnung von gewichteten Kategorien, innerhalb derer konkrete Erlebnisse zu typischen Erfahrungen gebündelt sind. Derartige Typisierungen gibt es in mehrfacher Hinsicht. Lehrer nehmen z. B. Typisierungen ihrer Schüler vor und teilen ihre Klasse möglicherweise in drei Gruppen ein: die leistungsstarken und -willigen Schüler, die breite Masse der durchschnittlichen und unauffälligen Schüler und die Störer und Klassenclowns.

Im Grundsatz haben Typisierungen eine Entlastungsfunktion, um in komplexen und unübersichtlichen Entscheidungssituationen handlungsfähig zu bleiben. Sie sind aber keine folgenlosen Wahrnehmungsschemata, sondern verbinden sich mit entsprechenden Verhaltensmustern der Lehrer. Häufig bilden sie den Hintergrund für festgefahrene Reaktionen des Lehrers und verursachen damit eher Probleme, als dass sie zur Lösung beitragen.

These 6: **Die Sportlehrer bilden eine wirklichkeitsnahe Alltagsdidaktik aus.** Die Alltagsdidaktik des einzelnen Lehrers ist das Ergebnis seiner Berufserfahrungen. In der praktischen Auseinandersetzung mit den konkreten Aufgaben des Schul- und Unterrichtsalltags hat der Lehrer Mittel und Wege gefunden, die widersprüchlichen Ansprüche seines Berufs in Einklang zu bringen und einzulösen. Er kann auf einen mehr oder weniger geordneten Vorrat von Rezepten, Ritualen, Strategien, Typisierungen und erprobten Handlungsmustern zurückgreifen, sodass die Bewältigung der üblichen Anforderungen weitgehend ökonomisch und routiniert gelingt. In diese Alltagsdidaktik sind Elemente eingearbeitet, die sein pädagogisches Selbstverständnis untermauern, sein Selbstwertgefühl stabilisieren und die eigene Berufsidentität sichern. Lehrer gewinnen daraus die subjektive Gewissheit, die alltäglichen Belastungen in Schule und Unterricht relativ sicher bewältigen zu können. In dieser subjektiven Alltagsdidaktik des Lehrers sind die Leitlinien seines Handelns und die Ansprüche an sein pädagogisches Wirken auf ein realitätsnahes Anspruchsniveau zurückgeführt und bilden ein Gefüge von Handlungsorientierungen, das auf die praktische Bewältigung des Schul- und Unterrichtsalltags abgestimmt ist.

Die vorgestellten Thesen zum Alltagsbewusstsein der Sportlehrer sind das Ergebnis von Untersuchungen und Überlegungen, die Jürgen LANGE *(1981) vorgenommen hat. Derselbe Autor erläutert in einem Beitrag (1984) sechs für berufserfahrene Sportlehrer typische Handlungsorientierungen (Sachorientierung, Ablauforientierung, Ritualisierung, Ökonomisierung, Selbstsicherung und Selbstvergewisserung, pädagogische Orientierung). Wolf-Dietrich* MIETHLING *beschäftigt sich in mehreren Beiträgen mit den Alltagsbelastungen von Sportlehrern. Er gibt differenzierte Hinweise dazu, welche Abwehrmechanismen und Entlastungsstrategien junge Sportlehrer entwickeln, um den Konfliktstoff zwischen widersprüchlichen Anforderungen an sie zu reduzieren (*MIETHLING*, 1986; 1992).*

5 Wie können Unterrichtsstörungen gedeutet werden?

In der Praxis gelingt Unterricht nur selten so, wie sich das die Lehrer und Schüler vorgenommen und vorgestellt haben. Überschreitet die Diskrepanz zwischen Anspruch und Wirklichkeit ein bestimmtes Maß, wird die Situation negativ bewertet und als emotional belastend erlebt. Unterrichtsstörungen liegen vor, wenn in der subjektiven Wahrnehmung und Interpretation der Akteure etwas aus dem Gleichgewicht geraten ist und sich dadurch jemand gestört fühlt. Für eine gründliche Beschäftigung mit dem Phänomen der Unterrichtsstörungen bieten sich mindestens vier Deutungsmöglichkeiten an.

Perspektive 1: Unterricht folgt in verschiedener Hinsicht ausgeprägten Ordnungsmustern. Er ist eingebettet in ein System von Normen und Reglementierungen, die die Schule als Institution vorgibt, er ist systematisch und planmäßig angelegt und dementsprechend organisiert, der Umgang zwischen Schülern und Lehrern ist über Regeln des sozialen Miteinanders und typische Interaktionsformen strukturiert, die Arbeits- und Lernprozesse sind methodisch ausgerichtet und koordiniert.

In ihrer Verantwortung für einen erfolgreichen Unterrichtsverlauf sind die Lehrer bemüht, günstige Voraussetzungen für das Arbeiten und Lernen der Schüler herzustellen. Sie tun dies, indem sie die Unterrichtssituation ordnen und gestalten. Für die Schüler stellen die vorgefundenen Unterrichtsarrangements zunächst eine äußere Ordnung dar. Ehe sie diese für ihre eigenen Lernprozesse verwenden, müssen sie die vorgegebene Ordnung des Unterrichts aufnehmen und sozusagen verinnerlichen. Der dafür notwendige Aneignungsprozess setzt eine aktive

Auseinandersetzung der Schüler mit den Unterrichtsgegebenheiten voraus. Dieser Prozess erfolgt nicht auf dem Wege einer schlichten Anpassung. Versuche des Lehrers, eine Übernahme zu verordnen, liefen auf reine Disziplinierungsmaßnahmen hinaus und widersprächen der pädagogischen Leitidee, zur Mündigkeit und Freiheit zu erziehen. Soll der Verinnerlichungsvorgang gelingen, müssen Schüler die Ordnungsvorgaben ausprobieren und variieren. Im Zuge der eigenen Versuche, sich Regeln und Ordnungen anzueignen, werden die Schüler gesetzte Grenzen austesten, hin und wieder überschreiten und missachten.

In dieser Perspektive sind Verhaltensweisen der Schüler, die auf den ersten Blick wie Undiszipliniertheiten aussehen, als notwendige Suchbewegungen zu deuten, die für Heranwachsende typisch und für ihre Persönlichkeitsentwicklung förderlich sind. Als junge Menschen setzen sich Schüler ständig mit den Vorstellungen und Erwartungen der Erwachsenengeneration auseinander. Der Lehrer repräsentiert diese Welt und hat zu erwarten, dass seine Schüler nicht alle geforderten Maßstäbe und Normen fraglos akzeptieren. Und gerade im Sportunterricht ist damit zu rechnen, dass Schüler durch ungewöhnliche, manchmal übertriebene Körperinszenierungen und Bewegungsstile auffallen. Was den Sportlehrer daran möglicherweise stört, sind nicht selten entwicklungsbedingte und -notwendige Prozesse einer Identitätsfindung, die junge Menschen mehr denn je am und über den Körper vollziehen.

Perspektive 2: Unterrichten ist – wie jede andere Arbeit – oft anstrengend und belastend. Erschwerend kommt die Komplexität und Unberechenbarkeit der Unterrichtssituation hinzu, in der der Lehrer ständig vor der Notwendigkeit steht, sich entscheiden und handeln zu müssen. Der Lehrer hat im Unterricht keine Möglichkeit, nicht zu handeln. Selbst wenn er dies wollte, kann dies nicht gelingen. Auch wenn er nicht aktiv ist, ist dieses Nichtstun in der Wahrnehmung der Schüler eine erkennbare Handlung. Es zeigt sich: Der Sportlehrer steht im Unterricht unter ständigem Handlungsdruck.

In dieser Situation des Handelns unter Druck fehlt dem Sportlehrer eine eindeutige Orientierung, die seine Entscheidungen sicher leiten könnte. Es ist vielmehr so, dass er sein Handeln an verschiedenen Zielen und Ansprüchen ausrichten kann.

Vier verschiedene Orientierungskomplexe sind zu unterscheiden: Die *institutionelle Orientierung* setzt den Sportlehrer unter den Anspruch, dass in seinem Unterricht ein bestimmtes Maß an Ruhe und Ordnung herrschen soll (wie es etwa der Rektor und die Kollegen erwarten), dass in seinen Stunden ein Lernzuwachs bei den Schülern erkennbar ist, im Großen und Ganzen die Forderungen des Lehrplans erfüllt werden, er seine Schüler im Griff hat, dass er keine sozial unerwünschten Verhaltensweisen der Schüler zulässt und einen stets freundlichen und wenig dirigistischen Lehrertyp verkörpert. Die *Schüler-Orientierung* beinhaltet Forderungen an den Lehrer, dass er die Wünsche möglichst aller Schüler erfüllt, die Schüler in seinem Sportunterricht Freude haben und freiwillig und aus Einsicht lernen. Hier findet sich der Anspruch wieder, der Subjektivität der Schüler gerecht zu werden und sie nach ihren individuellen Möglichkeiten zu fördern. Die *Selbst-Orientierung* vermittelt Forderungen, die der Lehrer auf seine eigene Person bezieht. Er möchte die Zuwendung möglichst aller Schüler spüren, eine persönliche Beziehung zu ihnen finden, einen vertretbaren Anteil seiner psychischen Energie in das Unterrichts- und Erziehungsgeschäft einbringen und sich gegenüber den Schülern hinsichtlich seiner Gefühle echt verhalten. Die Vorstellungen der Sportlehrer sind darauf gerichtet, dass sie sich nicht nur in ihrer Lehrerrolle, sondern auch als Person in den Unterricht einbringen wollen. Die *Sport-Orientierung* umfasst Ansprüche an den Lehrer, wonach sich die Schüler bewegen und dabei anstrengen sollen, Techniken in ausgewählten Sportarten lernen und ungewohnte Sportarten ansatzweise beherrschen sollen, gesittet und ohne Aggressionen Sport treiben und mit Freude dabei sein sollen. Dieser an der Sache Sport festgemachte Orientierungskomplex beinhaltet Vorstellungen, denen ein bestimmtes Bild vom richtigen Sporttreiben zugrunde liegt und darauf bezogene Qualifikationen des Schülers erforderlich macht.

Die vier Orientierungsmuster, an denen Sportlehrer ihr Denken und Handeln ausrichten, sind weder in sich noch untereinander widerspruchsfrei. Zu den Arbeitsbedingungen des Sportlehrers gehört also ein ständig vorhandenes, inneres Konfliktfeld. Dieses ergibt sich aus der Unvereinbarkeit der Maßstäbe, die er an sein eigenes Tun anlegt. Handlungsdruck und Unterrichtsbelastungen führen dazu, dass die inneren Konflikte aktiviert werden und die eigene Handlungssicherheit stören. Nun ist es nicht grundsätzlich ausgeschlossen, dass der Sportunterricht in der subjektiven Sicht des Lehrers mit seinen eigenen Orientierungsmustern halbwegs übereinstimmt. Eine nach gängigen Methoden gestaltete Unterrichtsstunde, die thematisch den Wünschen der Schüler entspricht, in der die Schüler mit großer Freude dabei sind und dem Lehrer das Gefühl persönlicher Anerkennung vermitteln, kann vom Lehrer durchaus als erfolgreich ausgelegt werden. Der Unterrichtsverlauf wird dann als gestört und emotional belastend erlebt, wenn er in der subjektiven Wahrnehmung des

Lehrers von einem oder mehreren seiner Orientierungen deutlich abweicht und er selbst über keine geeigneten Verhaltensmöglichkeiten verfügt, mit deren Hilfe die Unterrichtssituation wieder in Übereinstimmung mit den eigenen Orientierungen gebracht werden kann. Derart gestörter Unterricht löst Stressreaktionen und unter Umständen sogar Angstgefühle aus.

Perspektive 3: Unterricht ist im Wesentlichen ein Interaktionsprozess zwischen Schülern und Lehrern. Als Mittel ihrer gegenseitigen Verständigung dienen die im Handeln durch vielfältige Hinweise, Zeichen und Signale symbolisch vermittelten Absichten und Erwartungen. Diese sind von den Interaktionspartnern zu deuten, um daran wiederum das eigene Handeln ausrichten zu können. Somit ist das Handeln der am Interaktionsprozess beteiligten Personen wechselseitig aufeinander bezogen. Die notwendige Verständigung zwischen den Interaktionspartnern erfolgt über die symbolisch vermittelten Bedeutungsgehalte des Handelns, die durch interpretative Leistungen erschlossen werden.

In der Unterrichtspraxis gelingt die Interaktion zwischen Schülern und Lehrern nur selten reibungslos. Allein der Umstand, dass aufeinander bezogene Verhaltensweisen registriert, ausgelegt, definiert und bewertet werden müssen, bietet Raum für Missverständnisse. Eine bezeichnende Situation im Sportunterricht: Nachdem sich der Lehrer endlich Gehör verschafft hat, wird die mühsam hergestellte Ruhe durch einen Schüler gestört, der mit voller Lautstärke einen Ball dribbelt. Wie ist das Verhalten des störenden Schülers richtig zu interpretieren: als Ausdruck seiner Verspieltheit, als ungebremste Bewegungsfreude, als Versuch, die Aufmerksamkeit und Zuwendung der Mitschüler zu gewinnen, als Protest gegen langweilige Unterrichtsrituale, als Ablenkungsmänover bei uninteressanten Aufgaben, als Provokation und persönlicher Angriff auf die Autorität des Lehrers? Für welche Deutung sich der Sportlehrer auch entscheidet, die Reaktion wird der Schüler seinerseits deuten und mit einer bestimmten Absicht und Erwartung des Lehrers in Verbindung bringen. Es entstehen Interaktionszirkel, die durchaus neue Unterrichtsstörungen provozieren können. Im ungünstigsten Fall etabliert sich eine gestörte Beziehungsstruktur zwischen Schülern und Lehrern, die sich verfestigt und durch die Interaktionspartner selbst kaum noch gelöst werden kann: Schüler und Lehrer sitzen in einer Falle.

Die Beziehungsstörungen haben ihren Ausgangspunkt zumeist in Verhaltensweisen, die das Selbstwertgefühl eines Interaktionspartners gefährden. Erfährt ein Schüler häufiger negative Bewertungen durch den Lehrer, werden mit großer

Wahrscheinlichkeit Selbstsicherheit und Selbstbewusstsein sinken. In dieser als bedrohlich empfundenen Situation wird er seinerseits Mittel und Wege suchen, sich zu schützen. Drei Handlungsweisen sind typisch: (1) Schüler legen es bewusst darauf an, dass der Lehrer auf sie reagiert. Indem sie ihn provozieren, können sie sich seiner Aufmerksamkeit und Zuwendung relativ sicher sein. Die Reaktionen der Lehrer auf ihr Verhalten sind zwar negativ, sie werden aber dennoch herausgefordert, weil im eigenen Handlungsrepertoire keine alternativen Verhaltensmöglichkeiten verfügbar sind, oder sie werden in Kauf genommen, um sich auf diese Weise immerhin noch als aktiver Mitgestalter des Interaktionsprozesses und damit als selbstwirksam zu erleben. Für den Lehrer ist es nahe liegend, die Provokationen des Schülers als Bestätigung seiner vorläufigen Annahme zu interpretieren und den Schüler auf die Rolle als Störer festzulegen. (2) Nicht alle Schüler reagieren auf Bedrohungen ihres Selbstwertgefühls mit Provokationen, die nach außen gerichtet sind und auf den Lehrer zielen. Andere suchen und finden die Ursache des Problems in sich selbst. Sie übernehmen die abwertende Etikettierung und schreiben sich die Verantwortung dafür selbst zu. Es entwickelt sich ein negatives Selbstbild. Die Unauffälligkeit, Zurückgezogenheit und Passivität dieser Schüler legt der Lehrer als Hemmung, Hilflosigkeit und Inkompetenz aus und vermittelt diese negative Wahrnehmung nochmals verstärkend an die Schüler zurück. (3) Wer sich nicht gegen den Lehrer oder sich selbst wendet, hat eine dritte Möglichkeit, selbstwertbedrohende Situationen zu bewältigen: Er inszeniert sich in auffälliger Weise vor seinen Mitschülern, um sich deren Aufmerksamkeit und Applaus zu sichern. Ob diese Art von Kompensationsversuchen zu einer echten Anerkennung der Mitschüler führt, ist zu bezweifeln. Auf jeden Fall wird wohl der Lehrer übertrieben inszenierte Clownereien von Schülern als Störungen empfinden, darauf entsprechend reagieren und Interaktionszirkel in Gang setzen, die im Ergebnis die Beziehungsstruktur zwischen Schülern und Lehrern grundlegend belasten können.

Perspektive 4: Der Lehrer verfolgt mit seinem Sportunterricht bestimmte Absichten und Ziele. Zu deren Verwirklichung geht er planmäßig und systematisch vor. Seine Handlungsmaßnahmen entfalten ihre Wirkungen im Kontext der konkreten Unterrichtssituation. Aufgrund der Komplexität und Eigendynamik der Situation ist der Erfolg seiner Maßnahmen letztlich unkalkulierbar. Im Grunde ist nicht auszuschließen, dass die Maßnahmen des Lehrers ihre Absichten verfehlen, ungewollte Nebeneffekte auslösen oder Wirkungen eintreten, die den gewünschten Absichten zuwiderlaufen. Gelegentlich verkehren sich Unterrichtshandlungen des Lehrers, die zur Bewältigung kritischer Unterrichtssituationen gedacht waren, in ihr Gegenteil. Anstatt ein wahrgenommenes

Problem zu lösen, erzeugen sie eine neue Qualität der Problemlage: Gut begründete Differenzierungsmaßnahmen lösen den Unmut der Schüler aus; der als Strafmaßnahme gedachte Ausschluss eines störenden Schülers vom Unterricht wird von diesem als Belohnung aufgefasst und zur Intensivierung seiner Störmanöver genutzt; die besondere Zuwendung des Lehrers gegenüber einigen unwilligen Schülern geht den motivierten Schülern zu weit und löst bei ihnen Unlust aus; die intensive Erarbeitung einer Bewegungsbeschreibung verhindert die Vermittlung einer angemessenen Vorstellung von der Gesamtbewegung und ist Ursache dafür, dass die ersten Umsetzungsversuche scheitern.

Besonders riskant sind Maßnahmen, die ergriffen werden, wenn der Unterricht schon massiv gestört ist. Unbedachte und emotional motivierte Reaktionen auf Störungen führen oft in einen Teufelskreis sich gegenseitig verstärkender Verhaltensweisen, die am Ende zur Eskalation der Situation führen und konstruktive Lösungswege eher verhindern.

Zum Schluss stellt sich die Frage: *Was ist zu tun?* Ohne Zweifel fordern Unterrichtsstörungen den Lehrer in besonderer Weise heraus und stellen seine Kompetenz und psychische Belastbarkeit auf eine harte Probe. Die Bewältigung der Störungen erfordert nicht nur Kraft und Energie, sondern auch die Bereitschaft und Fähigkeit des Lehrers, sich mit den belastenden Unterrichtsereignissen gründlich auseinander zu setzen. Je differenzierter die Einsichten des Lehrers in die Ursachen, Bedingungen und Wirkungsweisen von Störungen sind, desto eher wird er im Stande sein, seine Souveränität zu bewahren, geeignete Maßnahmen zu ergreifen und sein emotionales Gleichgewicht zu stabilisieren. Grundlegendes Wissen aus der Entwicklungs- und Sozialpsychologie und Erkenntnisse aus der Kommunikations- und Interaktionstheorie sind dabei ebenso hilfreich wie pädagogische und didaktische Kenntnisse und Erfahrungen.

In vielen Fällen sind Unterrichtsstörungen Ergebnis und Ausdruck unterschwellig wirkender, ungelöster Spannungen. Die sachliche Analyse der Situation bietet die Chance, die grundlegenden Ursachen für die Störungen aufzudecken. Bei der Auswahl geeigneter Maßnahmen ist nicht auszuschließen, dass wesentliche Korrekturen am didaktischen Grundkonzept des Unterrichts erforderlich sind und sich der Sportlehrer vor die Notwendigkeit gestellt sieht, bewährte Leitlinien seines Handelns in Frage zu stellen, sichere Routinen aufzugeben und neue Handlungs- und Verhaltensweisen auszuprobieren.

Die gedankliche Auseinandersetzung mit den Unterrichtsstörungen ist unverzichtbar. Bei einer Vielzahl von Unterrichtsstörungen ist der Lehrer jedoch gefordert, unmittelbar zu reagieren und durch ein entschlossenes Eingreifen in die Situation den geordneten Fortlauf des Unterrichts zu sichern. Dabei können Ausmaß und Qualität der Intervention beträchtlich variieren. Das Spektrum reicht von humorvollen Bemerkungen bis hin zu lautstarken Zurechtweisungen und Anordnungen, von räumlichen Positionswechseln bis zu unmissverständlichen Gesten und Signalen, von gezielten Maßnahmen zur Aufmerksamkeits- und Konzentrationssteigerung bis zur Unterbrechung des Unterrichts, von Ermahnungen bis zu drastischen Strafmaßnahmen wie Unterrichtsausschluss, Eintragungen und Verweisen. Ein weit gefächertes Repertoire an geeigneten Verhaltensweisen versetzt den Sportlehrer in die Lage, aus verfügbaren Handlungsalternativen auswählen und angemessen reagieren zu können.

Einige Maßnahmen haben vorrangig zum Ziel, Unterrichtsstörungen zu verhindern oder – wenn sie auftreten – kurzfristig zu beseitigen. Der Erfolg solcher Maßnahmen bietet keine Gewähr dafür, dass entsprechende Störungen zukünftig nicht mehr oder weniger häufig auftreten. Auf langfristige Erfolge angelegte Maßnahmen machen die aktive Beteiligung der Schüler notwendig. Die Aufgabe ist es, sich gemeinsam mit den Schülern um die Bewältigung von Unterrichtsstörungen zu bemühen und sich mit ihnen über verbindliche Verhaltensregeln und Unterrichtsrituale zu verständigen.

In der Sportdidaktik hat sich vor allem Wolf-Dietrich MIETHLING mit dem Problem der Unterrichtsstörungen beschäftigt. Die Unterscheidung von vier Perspektiven zur Deutung von Störungen nimmt er in einem Beitrag vor, der im Heft 5/1993 der Zeitschrift „sportpädagogik“ veröffentlicht ist. In diesem Heft zum Schwerpunktthema „Unterrichtsstörungen“ finden sich weitere Artikel etwa von Matthias JAKOB, Matthias SCHIERZ & Meinhart VOLKAMER. Gerhard TREUTLEIN, Heinz JANALIK & Udo HANKE (1996) stellen in ihrem Buch ein Konzept vor, das dem Sportlehrer Hilfen bietet, mit Konflikten im Unterricht umzugehen. Ein allgemeiner Überblick zum Problem findet sich bei Michael PFITZNER (2000) & Rainer WINKEL (1993).

Literatur

AMELSBERG, M. (1985). Schülertaktiken im Sportunterricht. In G. KÖPPE (Red.), *Schülerperspektive in der sportpädagogischen Unterrichtsforschung* (S. 84-90). Clausthal-Zellerfeld: Greinert.

BERNDT, I. (1998). Wie motiviere ich meine Schülerinnen und Schüler? In BIELEFELDER SPORTPÄDAGOGEN, *Methoden im Sportunterricht* (S. 187-201). Schorndorf: Hofmann.

BRÄUTIGAM, M. (1999). „Da kann man sich selbst machen!" Eine Schulsportkindheit am Fallbeispiel Fatma. *sportunterricht, 48* (4), 150-157.

BRÄUTIGAM, M. (2001). Gestörte Interaktionen im Sportunterricht – Zur Generalisierbarkeit von Fallstudien. In R. ZIMMER (Hrsg.), *Erziehen als Aufgabe* (S. 133-147). Schorndorf: Hofmann.

DIGEL, H. (1996). Schulsport – wie ihn Schüler sehen. *sportunterricht, 45* (8), 324-339.

JAKOB, M. (1993). „Nützliche" Störungen. *sportpädagogik, 17* (5), 24-28.

JANALIK, H. et al. (1984). Schülerperspektiven im Sportunterricht – Nebensächlichkeiten oder bedeutsame Faktoren im Unterrichtsgeschehen? In AUSSCHUß DEUTSCHER LEIBESERZIEHER (Hrsg.), *Schüler im Sport, Sport für Schüler* (S. 246-251). Schorndorf: Hofmann.

KRETSCHMER, J. (2000). Betreuen und Unterweisen. In P. WOLTERS et al., *Didaktik des Schulsports* (S. 121-143). Schorndorf: Hofmann.

KRIEGER, C. & MIETHLING, W.-D. (2000). Qualitative Schulsportforschung in Konstanz: Untersuchungen von Schüler- und Lehrersichtweisen im Sportunterricht. *dvs-Informationen, 15* (1), 19-23.

LANGE, J. (1981). Der Sportlehrer im Schulalltag. *sportpädagogik, 5* (6), 10-17.

LANGE, J. (1984). Handlungsorientierungen der Sportlehrer. Sportdidaktisches, Methodologisches und Empirisches zur Alltagspraxis. In W.-D. BRETTSCHNEIDER (Hrsg.), *Alltagsbewußtsein und Handlungsorientierungen von Sportlehrern* (S. 78-104). Schorndorf: Hofmann.

MIETHLING, W.-D. (1986). *Belastungssituationen im Selbstverständnis junger Sportlehrer.* Schorndorf: Hofmann.

MIETHLING, W.-D. (1992). Ängste von Sportlehrer/innen. *sportpädagogik, 16* (5), 17-22.

MIETHLING, W.-D. (1993). Unterrichtsstörungen. *sportpädagogik, 17* (5), 14-23.

MIETHLING, W.-D. (2000). Schülerinnen und Schüler im Unterrichtsalltag. *sportpädagogik, 24* (6), 2-7.

MIETHLING, W.-D. (2001). Lust und Frust von Sportlehrern – Biografische Entwicklungen im Schulalltag. In R. ZIMMER (Hrsg.), *Erziehen als Aufgabe* (S. 162-179). Schorndorf: Hofmann.

PFITZNER, M. (2000). *„Kevin tötet mir den letzten Nerv." Vom Umgang mit Unterrichtsstörungen*. Baltmannsweiler: Schneider.

SCHIERZ, M. (1993). Wer stört wen wodurch? *sportpädagogik, 17* (5), 33-35.

TREUTLEIN, G., JANALIK, H. & HANKE, U. (1996). *Wie Sportlehrer wahrnehmen, denken, fühlen und handeln* (4., überarbeitete Aufl.). Köln: Strauß.

VOLKAMER, M. (1993). Was heißt hier Störung? *sportpädagogik, 17* (5), 52-59.

WEICHERT, W. (2000). Motivieren und Disziplinieren. In P. WOLTERS et al., *Didaktik des Schulsports* (S. 212-238). Schorndorf: Hofmann.

WINKEL, R. (1993). *Der gestörte Unterricht* (5., überarbeitete Aufl.). Bochum: Kamp.

Lektion 10
Was ist nach dem Unterricht zu tun? Auswerten und Bewerten

Nach dem Planen und Durchführen des Unterrichts ist das Auswerten eine zentrale Aufgabe für jeden Sportlehrer. Zunächst ist zu klären, was unter Auswertung zu verstehen ist, welche didaktische Bedeutung dieser Tätigkeit zukommt und wie die Auswertung des Unterrichts mit der Planung und Durchführung zusammenhängt.

Anschließend ist die Frage aufzugreifen, welche Verfahren sich anbieten. Die Auswertung des Unterrichts kann auf verschiedene Weise vorgenommen werden: Es kommt ganz darauf an, wer zu welchem Zweck was auswerten will. Im Rahmen der sportdidaktischen Unterrichtsforschung sind Wissenschaftler daran interessiert, Unterricht unter systematischen Gesichtspunkten zu dokumentieren und zu interpretieren. Sie versprechen sich davon Aufschluss über das komplexe Unterrichtsgeschehen. Strukturen sind zu erkennen, Prozesse zu rekonstruieren, Qualitätskriterien für erfolgreichen Unterricht aufzudecken und ihre Tauglichkeit für die Konstruktion des Unterrichts zu überprüfen. Erkenntnisse aus der Unterrichtsforschung liefern nicht selten den Schlüssel für eine sinnfällige Deutung der Unterrichtspraxis und sind für die Aus- und Fortbildung von Sportlehrern von besonderer Relevanz.

Berufstätige Sportlehrer sind eher an praktikablen Auswertungsverfahren interessiert. Bei einem realisierbaren Aufwand an Mitteln wollen sie eine überschaubare Rückmeldung über Verlauf, Ergebnisse und Wirkungen ihres Unterrichts gewinnen. Ihr Interesse konzentriert sich auf die Frage danach, was im Unterricht läuft und bei den Schülern ankommt und was nicht. Was im Unterricht zu Schwierigkeiten geführt hat, kann in Zukunft anders gemacht werden.

Eine besondere Form der Unterrichtsauswertung ist die Kontrolle und Überprüfung der Lernerfolge der Schüler. Über die gängigen Verfahren der Lernerfolgskontrollen vermittelt sich nicht nur ein präziser Einblick in die Ergebnisse und die Qualität des Unterrichts. Überprüfungen dienen zugleich der Leistungsmessung und -bewertung der Schüler und sind Grundlage für deren Benotung. Mit der Frage nach den Zensuren und Zeugnissen ist eine zentrale

Problemstellung des Faches aufgeworfen, die diskutiert wird, seit es den Sportunterricht an Schulen gibt. Für die folgende Lektion ergibt sich ein Aufbau, der fünf Fragen aufnimmt: Was versteht man unter Auswertung des Unterrichts? Wie wird Unterricht nach wissenschaftlichen Standards ausgewertet? Welche tauglichen Verfahren der Auswertung gibt es für die Hand des Lehrers? Worum geht es bei der Leistungsmessung und -bewertung der Schüler? Wie können Zensuren und Zeugnisse gegeben werden?

1 Was ist unter Auswertung des Unterrichts zu verstehen?

Auswertung ist die Rückbesinnung auf den vorausgegangenen Unterricht. Die gedankliche Auseinandersetzung mit der Unterrichtspraxis dient zum einen dem Zweck, sich nachträglich Klarheit über das komplexe Geschehen zu verschaffen, das in der Situation selbst nicht immer vollständig zu durchschauen ist. Der Handlungs- und Entscheidungsdruck, unter dem man im Unterricht steht, setzt jedem Versuch enge Grenzen, Unterricht aus der Distanz zu betrachten und sich selbst gegenüber eine reflexive Position einzunehmen. Nach dem Unterricht ist Zeit und Gelegenheit, das Geschehene gründlich aufzuarbeiten. Wer Unterricht auswertet, verfolgt zum anderen die Absicht, eine mehr oder weniger begründete Einschätzung hinsichtlich der Qualität des abgelaufenen Unterrichts vorzunehmen. Haben die Schüler mitgemacht? Sind sie ins Schwitzen gekommen? Haben sie etwas dazugelernt? Sind sie gut miteinander klargekommen? Haben sie Spaß gehabt? Bin ich mit mir selbst zufrieden? Habe ich immer angemessen reagiert? Und: Was kann ich beim nächsten Mal besser machen? Es gibt eine Fülle von Gesichtspunkten, unter denen die Qualität des Unterrichts geprüft werden kann. Je nachdem, welchem Unterrichtskonzept der einzelne Lehrer folgt, werden seine Fragen anders ausfallen. Grundsätzlich gilt – und dies ist in der zuletzt genannten Frage aufgenommen: Rückmeldungen darüber, was im Unterricht tatsächlich gelaufen ist, und Antworten auf die Frage, ob das gut oder schlecht war, bilden die wesentliche Grundlage für die Qualitätsverbesserung des Unterrichts. Zieht man aus den Auswertungsergebnissen die richtigen Schlüsse, gewinnt man eine Fülle von Anregungen dazu, den demnächst anstehenden Unterricht anders zu planen und durchzuführen.

Die Auswertung des Unterrichts ist mit der Planung und Durchführung des Unterrichts eng verflochten. Rückblickend bezieht sich die Auswertung einmal auf die Durchführung des abgelaufenen Unterrichts, überprüft aber auch, ob die Planung dieses Unterrichts in Ordnung war. Blickt man nach vorn, liefern die bei der Auswertung gewonnenen Erkenntnisse eine gute Basis dafür, Ergänzungen und Korrekturen an den eigenen Unterrichtsentwürfen vorzunehmen. Die veränderten Vorstellungen fließen mit in die nächste Planung und Durchführung des anstehenden Unterrichts ein. Daher ist für die Auswertung – soll sie vollständig sein – zu fordern, dass sie sich auf die Durchführung und Planung des Unterrichts bezieht. Das Gleiche gilt für die Planung: Sie bezieht sich nicht nur auf die Durchführung des Unterrichts, sondern auch auf die Auswertung. Bereits während der Planung sind Überlegungen anzustellen, was auf welche Weise ausgewertet werden soll.

Für den Gesamtzusammenhang des Planens, Durchführens und Auswertens von Unterricht zeigt sich: Was auf den ersten Blick wie eine schlichte zeitliche Abfolge andersartiger Tätigkeiten aussieht, erweist sich bei genauer Betrachtung als ein eng verflochtenes Wirkungsgefüge. Das Planen steht nicht zwingend am Anfang und das Auswerten nicht am Ende einer Tätigkeitsfolge. In der Praxis bestimmt der Lehrer selbst, wie und wann er in den Zirkel des unterrichtsbezogenen Denkens und Handelns einsteigt und welches Ziel er dabei verfolgt. Vor und nach dem Unterricht wird die konkrete Unterrichtssituation – im Sinne eines gedanklichen Vor-Stellens und Nach-Stellens – thematisiert, ohne tatsächlich zu unterrichten. Die Unterrichtsdurchführung ist schließlich bestimmt durch die Gegebenheiten und Kennzeichen unmittelbarer Handlungspraxis. Das heißt jedoch nicht, dass die Unterrichtsdurchführung ein ausschließlich praktisches Tun ist. Im Verlauf des Unterrichts finden handlungsbegleitend planende und auswertende Tätigkeiten des Lehrers statt, die schon während des Unterrichts das konkrete Geschehen steuern können.

Wie das Auswerten in den didaktischen Gesamtzusammenhang des Planens, Durchführens und Auswertens von Sportunterricht einzuordnen ist, erläutert Eckart BALZ *(1998) in seinem Beitrag „Wie wird Sportunterricht ausgewertet?“. Grundlegende Ausführungen zur Auswertung macht Jürgen* BIELEFELD *(2001) im „Handbuch Sportpädagogik“.*

2 Wie sieht ein wissenschaftliches Auswertungsverfahren aus?

Die Auswertung des Unterrichts kann aus verschiedenen Gründen sinnvoll sein. Wenn es darauf ankommt, ein gleichermaßen grundlegendes und differenziertes Verständnis für die Praxis des Sportunterrichts aufzubauen, sind an die Auswertungsprozesse Standards anzulegen, wie sie in Wissenschaft und Forschung üblich sind. Werden didaktische Situationen mithilfe wissenschaftlicher Verfahrensweisen interpretiert, können auf dem Weg einer gründlichen Reflexion zugleich die Fähigkeiten vermittelt werden, die für eine theoretisch fundierte Auseinandersetzung mit sportdidaktischen Fragestellungen notwendig sind. Das im Folgenden näher erläuterte Verfahren zielt darauf ab, an geeigneten Unterrichtsfällen die Unterschiede zwischen Anspruch und Wirklichkeit herauszuarbeiten. Als Beispiel zunächst ein Unterrichtsdokument zum Thema „Trampolinspringen":

Sportunterricht in einer 3. Klasse. Einführung in das Springen am Absprungtrampolin. Zweite von vier vorgesehenen Stunden. Zwei Gruppen von jeweils 15 Schülern üben auf zwei Bahnen freie Sprünge: Anlauf auf hintereinander gestellten kleinen Kästen, Sprung in das Gerät über einen davor liegenden Medizinball, Landung auf einem Weichboden. Der Lehrer steht hinter den Geräten, zwischen den beiden Weichböden. Die Schüler üben mit viel Eifer.

Nach einiger Zeit setzt sich Andrea auf die Bank. Nach kurzer Zeit setzt sich Gabi dazu. Als sie in seine Richtung sehen, winkt der Lehrer sie zu sich. Beide bleiben sitzen. Der Lehrer ruft sie beim Namen. Sie bleiben weiterhin sitzen. Der Lehrer unterbricht den Übungsbetrieb mit den Worten: „Bitte einen Augenblick nicht springen", und geht zu den beiden Mädchen. Mit vorwurfsvoller Stimme fragt er sie: „Warum seid ihr denn nicht zu mir gekommen?" Keine Antwort. „Habt ihr die Sprache verloren?" Keine Antwort. Mittlerweile stehen mehrere Schüler bei dem Lehrer, der sich zu den beiden Mädchen auf die Bank gesetzt hat. Der Lehrer zu den Mitschülern: „Geht doch etwas zurück, dann kann ich mich besser mit Gabi und Andrea unterhalten." Er wechselt die Seite, legt Andrea den Arm um die Schulter und sagt: „Andrea, was ist denn los? Warum machst du denn nicht mehr mit?" Andrea (stockend): „Ich ... ich habe Angst." Lehrer: „Wovor denn?" Andrea: „Vor dem Springen." Lehrer: „Aber – du machst das doch schon ganz gut." Andrea: „Trotzdem habe ich Angst." Lehrer zu Gabi: „Und du, Gabi, was ist mit dir los?" Gabi: „Ich habe keine Lust mehr. Immer das lange Anstehen. Und dann die blöden Jungs, die immer so schubsen." Lehrer: „Aber wir haben doch nur zwei Trampoline und dann müsst ihr eben etwas warten." Gabi: „Das ist ja so blöd. Und Andrea macht ja auch nicht mit."

Mittlerweile haben die wartenden Schüler das Springen fortgesetzt. Als der Lehrer sieht, wie ein Schüler bei der Landung hinfällt, steht er schnell auf und geht zu den Sprunggeräten. „Ich habe euch doch gesagt, nicht zu springen, solange ich nicht da bin. Also, wartet doch bitte, bis ich mit Andrea und Gabi zu Ende gesprochen habe.“ Er geht zurück und setzt sich wieder zu den beiden. „Also, wo war ich stehen geblieben? Ach ja, bei dir, Gabi. Wenn Andrea Angst hat, dann ist das doch kein Grund für dich, auch nicht mehr mitzumachen. Ich finde, ihr könnt beide wieder mitmachen. Gabi probiert mal was Neues und wenn Andrea springt, dann stelle ich mich neben das Trampolin.“ Beide Mädchen zeigen wenig Neigung, auf diesen Vorschlag einzugehen. Einige Schüler haben wieder mit dem Springen angefangen. Der Lehrer sieht dies, will dazwischenrufen, zögert und wendet sich achselzuckend der restlichen Klasse zu. Andrea und Gabi bleiben trotz mehrmaliger Aufforderung zum Mitmachen am Rande. Später gesellt sich Markus zu ihnen und alle drei beginnen, auf dem Mattenwagen im Geräteraum herumzuturnen. Als der Lehrer das sieht, verbietet er es mit den Worten: „Wenn ihr schon nicht mitturnt, dann bleibt wenigstens auf der Bank sitzen.“

Die Auswertung des dokumentierten Falls kann auf unterschiedliche Weise geschehen. Das Vorgehen wird davon abhängen, wer zu welchem Zweck was auswerten will. Folgt man einem in der Sportdidaktik üblichen Programm, sind mindestens vier Fragen zu stellen (vgl. Abb. 8). Diese zielen auf die Fakten, Normen, Probleme und Lösungen des Unterrichts. Die Fragen und deren Beantwortung stehen in einem wechselseitigen Wirkungsgeflecht.

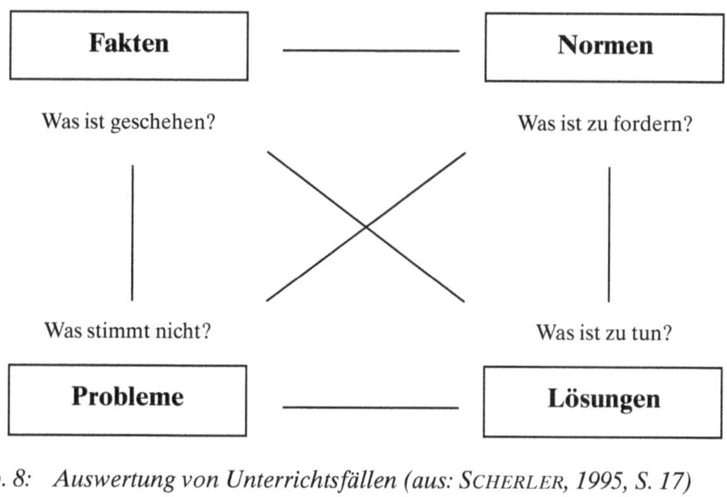

Abb. 8: Auswertung von Unterrichtsfällen (aus: SCHERLER, 1995, S. 17)

- **Was ist geschehen?** Da der konkrete Unterricht vorbei ist, sind die Fakten zu ermitteln und zusammenzustellen. Die Unterrichtssituation kann mündlich bzw. schriftlich berichtet werden, sie kann in Form eines Unterrichtsprotokolls oder einer audiovisuellen Aufzeichnung dokumentiert sein. Letztlich wird also nicht der tatsächliche Unterricht ausgewertet, vielmehr ist der Gegenstand der Reflexion eine eigens erstellte oder nachgestellte Fassung des Unterrichts. Diese Darstellung ist nicht der Unterricht selbst.

Unterschiedliche Wahrnehmungen verschiedener Personen führen dazu, dass es auf die Frage, was im Unterricht geschehen ist, nicht zu identischen Antworten kommt. Wahrnehmungsunterschiede ergeben sich bereits aus der jeweiligen Nähe und Distanz zum konkreten Unterrichtsgeschehen. Lehrer und Schüler sind die Akteure des Unterrichts und können auf eigene Erfahrungen aus erster Hand zurückgreifen. Beobachter des Unterrichts verfügen über Erfahrungen aus zweiter Hand. Wer die Auswertung auf der Grundlage eines Unterrichtsdokuments vornimmt, ohne selbst dabei gewesen zu sein, ist auf Erfahrungen aus dritter Hand angewiesen. Eine bestimmte Darstellung des Unterrichts, die für sich beanspruchen kann, eine objektive und letztlich richtige Wiedergabe des Geschehens zu sein, wird es nicht geben können. Schon in die Zusammenstellung der Fakten fließen subjektive Sichtweisen ein, die der Aufmerksamkeit der auswertenden Person eine bestimmte Richtung geben.

- **Was ist zu fordern?** Wer Unterricht auswertet, wird dies von einem bestimmten Standpunkt aus tun. Stellungnahmen zu konkreten Unterrichtssituationen sind erst nachvollziehbar, wenn die Ausgangsposition geklärt ist, die der Beurteilung zugrunde liegt. Für die Bestimmung der eigenen Position können geltende Vorschriften, verbindliche Regeln und anerkannte Leitlinien herangezogen werden. In der Art von Sollenssätzen formulieren sie normative Ansprüche und Forderungen, die als Maßstäbe für nachträgliche Bewertungen des Unterrichtsgeschehens gelten können.

Was ist im Fall der dokumentierten Unterrichtssituation zu fordern? Welche didaktischen Prinzipien und Regeln könnten beansprucht werden? Gilt es, die Gleichbehandlung aller Schüler zu fordern, oder gilt der Anspruch, auf die individuellen Probleme und Bedürfnislagen einzelner Schüler einzugehen? Hat die Verpflichtung des Lehrers, für die Sicherheitsstellung beim Trampolinspringen zu sorgen, Vorrang vor der Aufgabe, Schüler zur aktiven Mitarbeit zu motivieren? Wenn es zutrifft, dass der Lehrer für die aktive Beteiligung der Schüler am Unterricht sorgen soll, ist es gerechtfertigt, dass die kleine Minderheit von passiven Schülern die überwiegende Mehrheit an der Befriedigung ihrer Bedürfnisse hindert? Welche Forderungen sind an das Verhalten des Lehrers zu stellen? Kann im vorliegenden Fall der normative Grundsatz sein: Die Orientierung an Minderheiten darf berechtigte Ansprüche der Mehrheit nicht infrage stellen?

- **Was stimmt nicht?** Bei dieser Frage geht es darum, die konkreten Probleme zu ermitteln und zu benennen. Was stimmt im vorliegenden Fall nicht? Ist es das Problem der Unterrichtsorganisation und Sicherheitsstellung beim Trampolinspringen? Ist die Unterbrechung des Übungsbetriebs das Ausgangsproblem oder das Verhalten der Schülerinnen Andrea und Gabi oder die fehlgeschlagenen Versuche des Lehrers, auf das Verhalten der Schülerinnen Einfluss zu nehmen?

Probleme liegen vor, wenn das, was geschehen ist, und das, was zu fordern ist, differieren. Die Widersprüche in der vorliegenden Situation sind offensichtlich. Es ist zu fordern, dass sich alle Schüler am Unterricht beteiligen. Fakt ist, dass Andrea und Gabi aus dem Trampolinspringen aussteigen und sich auf die Bank setzen. Zu fordern ist, dass der Lehrer Andrea und Gabi anspricht und zum Mitmachen motiviert. Fakt ist, dass Andrea und Gabi auf die Vorschläge des Lehrers nicht eingehen. Der Lehrer befindet sich in einer Zwickmühle. Bemüht er sich um die beiden Schülerinnen, vernachlässigt er 28 andere und riskiert unter Umständen sogar deren Sicherheit. Setzt er den Übungsbetrieb fort, vernachlässigt er Andrea und Gabi und setzt sich über deren Interessen hinweg.

- **Was ist zu tun?** Wer das Problem kennt, kann nach geeigneten Lösungen suchen. Der gedankliche Entwurf verschiedener Handlungsalternativen hat sich auf die spezifische Situation zu beziehen. Darüber hinaus sind die Neben- und Folgewirkungen von möglichen Lösungsversuchen zu bedenken. Im Falle des Trampolinspringens sind zumindest zwei Lösungsversuche denkbar. Entweder verzichtet der Lehrer auf ein Gespräch mit den passiven Schülerinnen und konzentriert sich voll und ganz auf den Übungsbetrieb beim Trampolinspringen, oder er delegiert die Sicherheitsstellung beim Trampolinspringen an die Schüler und bemüht sich ausschließlich um die beiden Schülerinnen.

Es wird nicht in allen Fällen optimale Wege geben, die die spezifische Problemlage gleichsam auflösen. Nicht immer sind berechtigte Forderungen in der Praxis durchführbar. Oft sind die Möglichkeiten bereits ausgeschöpft, wenn es gelingt, kritische Situationen und widersprüchliche Ausgangslagen zu entschärfen.

Hat der Lehrer in unserem Beispiel eigentlich falsch agiert? Wohl kaum: Für einen durchaus vertretbaren Zeitraum geht er auf die individuellen Angelegenheiten zweier Schülerinnen ein, ohne dabei den Gesamtzusammenhang des Unterrichts auszublenden. Als deutlich wird, dass seine Bemühungen um die beiden Schülerinnen nicht zum gewünschten Erfolg führen, konzentriert er sich wieder auf die gesamte Gruppe.

Mit den vier Fragen nach den Fakten, Normen, Problemen und Lösungen des Unterrichts ist eine Methode konzipiert, die auf eine gründliche und systematisch angelegte Unterrichtsauswertung abzielt. Obwohl dieses Verfahren verhältnismäßig aufwendig ist und seine Anwendungsmöglichkeiten vornehmlich im Bereich der sportdidaktischen Unterrichtsforschung und der Sportlehreraus- und -fortbildung sieht, gibt es auch den berufstätigen Sportlehrern eine geeignete Hilfe zur Selbsthilfe an die Hand, ihr didaktisches Wissen anzuwenden und zu reflektieren.

Das Auswertungsverfahren haben Karlheinz SCHERLER & Matthias SCHIERZ entwickelt und in mehreren Veröffentlichungen vorgestellt. Die Ausführungen dieses Kapitels, das einleitende Unterrichtsdokument und die Abbildung gehen auf den Beitrag SCHERLERS von 1995 zurück. Eine Fülle weiterer Fallbeispiele aus dem Sportunterricht wird in seinem Buch „Elementare Didaktik" (1989) vorgestellt und ausgewertet.

3 Gibt es für die Alltagspraxis taugliche Auswertungsverfahren?

Für den Unterrichtsalltag taugliche Auswertungsformen können sich nicht ausschließlich an den strengen Kriterien und Standards wissenschaftlicher Arbeitsweisen orientieren. Gefragt sind praktikable Verfahren, die die üblichen Arbeitsbelastungen und Zeitressourcen des berufstätigen Sportlehrers einkalkulieren. Einerseits ist sicherzustellen, dass die Auswertungsbemühungen über die Sammlung oberflächlicher Eindrücke und zufälliger Beobachtungen hinausgehen und stattdessen systematisch und auf der Grundlage ausgewiesener Qualitätsmerkmale erfolgen. Andererseits sind Ökonomie- und Effektivitätskriterien zu berücksichtigen. Auswertungsprozesse sind unter den Bedingungen eines normalen Schulalltags so anzulegen, dass sie ein vertretbares Maß an Zeit- und Arbeitsaufwand nicht überschreiten.

Bilanziert man die zahlreichen Vorschläge an Auswertungsverfahren unter dem Gesichtspunkt ihrer Praktikabilität, steht dem Sportlehrer eine beträchtliche Bandbreite von Mitteln und Wegen zur Verfügung. Die Erkenntnisse über seinen Unterricht werden umso differenzierter und gesicherter sein, je mehr es ihm gelingt, die Verfahren miteinander zu kombinieren und die Auswertungsprozesse mit einer gewissen Regelmäßigkeit und Kontinuität vorzunehmen.

Auswertungsgespräche mit Schülern: Gespräche und Diskussionen sind auch im Sportunterricht keine Ausnahme. Sie werden eigentlich inszeniert, um den Zugang zur verstandesmäßigen Durchdringung der behandelten Unterrichtsthemen zu eröffnen und bei den Schülern die Bewusstheit des Lernens zu fördern. Sollen Verlauf und Ergebnisse des vorausgegangenen Unterrichts zum Gegenstand der Reflexion gemacht werden, sind gezielt Auswertungsgespräche zu führen. Diese können zu jeder Zeit stattfinden und zu jeder Phase des Unterrichtsablaufs sinnvoll sein. Üblich sind auswertende Unterrichtsgespräche am Ende einer Sportstunde und zum Abschluss einer Unterrichtseinheit. Ohne die systematische Einbindung der Schülerperspektive in die Unterrichtsauswertung wird es dem Sportlehrer nicht gelingen, ein vollständiges und ausgewogenes Bild seines Unterrichts zu gewinnen.

Tagebuchnotizen: Eintragungen in ein Unterrichtstagebuch oder eine Lehrerkladde stellen eine einfache und nützliche Form der Auswertung dar. Größeren Aufwand erfordert ein Verfahren, bei dem wichtige Daten auf Karteikarten festgehalten werden. Wer eine systematische Übersicht z. B. zu den Lernfortschritten seiner Schüler gewinnen will, kann die Datensammlung entsprechend ordnen und nach einheitlichen Beobachtungskategorien für jeden Schüler eine Karteikarte anlegen. Notizen sind ein effektives Verfahren, noch während des Unterrichts oder unmittelbar danach kurz zu fixieren, was anderenfalls schon bald wieder vergessen sein kann. Interessante Beobachtungen, wichtige Eindrücke und Erkenntnisse, offene Fragen und ungelöste Probleme, kurze Ideenskizzen und Planungsalternativen werden auf Dauer festgehalten. Die Datensammlung bietet dann eine hilfreiche Grundlage für weit reichende und konstruktive Überlegungen und kann auch zu einem späteren Zeitpunkt bearbeitet und gründlich reflektiert werden.

Lernzielüberprüfungen: Sportunterricht ist zielorientiert. Der Erfolg bzw. Misserfolg des Unterrichts misst sich in der Regel daran, ob die angestrebten Ziele erreicht worden sind oder nicht. Dies zu überprüfen, gehört zu den wichtigen (Auswertungs-)Aufgaben des Sportlehrers. Nun erhält der Sportlehrer in jedem Moment des Unterrichts Rückmeldungen über den Könnensstand und Lernfortschritt seiner Schüler. Mit geübtem Blick erkennt er bereits in der Unterrichtssituation, ob die selbst gesetzten Ziele erreicht werden oder nicht. Er zieht aus seinen Beobachtungen Rückschlüsse. Zuverlässiger sind allerdings die Auskünfte, die er über den gezielten Einsatz geeigneter Überprüfungsverfahren erhält. Für Überprüfungen im motorischen Bereich sind Tests verfügbar, die konditionelle und koordinative Fähigkeiten ermitteln oder das technische Vermögen der Schüler bestimmen. Für die Überprüfung im kognitiven Bereich können von den Schülern mündliche Beiträge z. B. zu Bewegungsbeschreibungen, Regelkenntnissen oder Erläuterungen taktischer Maßnahmen eingefordert werden. In der gymnasialen Oberstufe sind auch schriftliche Übungen, Protokolle und Kurzreferate möglich. Für die Überprüfung von Fähigkeiten im sozial-affektiven Bereich bieten sich Beobachtungsverfahren an.

Unterrichtshospitationen: Sportlehrer sind bei ihrer Unterrichtsarbeit weitgehend auf sich allein gestellt. Die Vorbereitung, Durchführung und Auswertung des Unterrichts liegen in ihrer Hand. In der Konsequenz findet die Rückbesinnung auf den voraufgegangenen Unterricht in Form einer Selbstreflexion statt. So wichtig es ist, über das eigene Handeln nachzudenken, selbstreflexive Prozesse haben den Nachteil, dass man zunächst auf seine eigenen Gedanken und Ideen verwiesen ist. Wenn der Sportlehrer nicht Gefahr laufen will, sich auf Dauer in den engen Grenzen ausgebildeter Gewohnheiten und Denkschablonen zu verfangen, ist er auf Hilfe und Anregungen von außen angewiesen. In diesem Zusammenhang bietet vor allem die Lektüre von Fachbüchern und Zeitschriften Anlass, den eigenen Unterricht zu analysieren und auf eingeschliffene, möglicherweise falsche Routinen hin zu überprüfen. Eine gute Möglichkeit besteht darin, Kollegen zu Unterrichtsbesuchen einzuladen und mit ihnen zusammen eine Unterrichtsauswertung vorzunehmen. Der kritische Blick eines Fachkollegen auf den Unterricht beinhaltet die Chance, auf Unterrichtsprobleme aufmerksam zu werden, Unterrichtssituationen aus verschiedenen Perspektiven zu betrachten, besser zu verstehen und vielleicht auch geeignete Mittel und Wege zu finden, den eigenen Unterricht in Zukunft anders zu gestalten.

Schriftliche Erfahrungsberichte: Eine intensive Form der Auswertung besteht darin, aufgearbeitete Unterrichtserfahrungen schriftlich zu dokumentieren. Die Darstellung praktisch erprobter Unterrichtsideen liefert jedem Leser vielfältige Hinweise und Anregungen für den eigenen Unterricht. Unterrichtskonzepte und -vorschläge, die von engagierten Sportlehrern aus der Praxis für die Praxis geschrieben werden, finden sich in den einschlägigen Fachzeitschriften. Durch die Publikation der Unterrichtsvorschläge und -modelle wird ein Austausch von Erfahrungen und Erkenntnissen ermöglicht und für eine enorme Verbreitung neuer Entwicklungen und Ideen gesorgt, von denen alle Sportlehrer profitieren können – nicht zuletzt ihre Schüler, die an einem anregenden und abwechslungsreichen Sportunterricht besonders interessiert sind.

Präsentation der Unterrichtsergebnisse: Ein motivierendes und aufschlussreiches Auswertungsverfahren besteht darin, die Ergebnisse des Unterrichts zu dokumentieren und zu veröffentlichen. Präsentationsformen sind beispielsweise Dateien und Sammlungen, Ausstellungen und Aufführungen, Videoaufzeichnungen, Reportagen und Berichte, Rollenspiele und Podiumsdiskussionen. Eigens choreografierte Tänze und eingeübte Kunststücke können auf dem Elternabend oder dem Schulfest vorgeführt werden. Skizzen, Übersichten, Fotos, Wandzeitungen und Poster können im Klassenzimmer, auf dem Flur oder in der Schulaula ausgestellt werden, es können Sportgeräte und Spielesammlungen selbst erstellt und zum Verleih angeboten werden, Reader mit ausgewählten Texten, Kurzreferaten, Protokollen und eigenen Beobachtungs- und Befragungsergebnissen können zusammengestellt und anderen Klassen und Kursen zur Verfügung gestellt werden. Bestimmte Unterrichtsvorhaben können von vornherein darauf ausgerichtet sein, die Ergebnisse zu dokumentieren und zu präsentieren. Oft bieten sich die Resultate von Projekten für eine öffentliche Präsentation an. Allerdings ist es auch im Rahmen konventioneller Unterrichtsvorhaben angebracht, sich am Ende der Reihe bewusst zu machen, welche greifbaren Ergebnisse herausgekommen sind, und zu prüfen, ob sich diese für eine Präsentation eignen und in welcher Form dies geschehen soll.

Die Vorschläge folgen der Auswahl, die Eckart BALZ (1998) im bereits angegebenen Beitrag vorgenommen hat. Das zuletzt aufgeführte Verfahren der Präsentation der Unterrichtsergebnisse fügt sich zwar nicht nahtlos in die Gesamtsystematik ein, da sie streng genommen kein eigenständiges Auswertungsinstrument ist, sondern Auswertung immer schon voraussetzt, ist aber aufgrund der besonderen Eignung und Bedeutung für die Schul- und Unterrichtspraxis eine wichtige Variante.

4 Wie sind Schülerleistungen zu messen und zu bewerten?

Die Auswertung des Unterrichts zielt – ganz im Sinne des Wortes – darauf ab, Aussagen über den Wert des Unterrichts zu treffen. Wird der Wert des Unterrichts vor allem daran gemessen, was er bei den Schülern bewirkt, kommt der Überprüfung von Schülerleistungen ein hoher Stellenwert zu. In der Absicht, bestimmte Wirkungen zu erzielen, werden im Unterricht Anforderungen gestellt. Die Überprüfungsverfahren versuchen nun zu ermitteln, ob und inwieweit Schüler diese Anforderungen erfüllt haben.

Sobald Schüler versuchen, die im Sportunterricht gestellten Anforderungen zu erfüllen, erbringen sie eine Leistung. Aufgabe des Lehrers ist es, dies zu erkennen und zu bewerten. Beim Erkennen von Schülerleistungen wird es darauf ankommen, dass der Lehrer nicht ausschließlich die von ihm geforderten Ansprüche als Maßstab nimmt. Über die von außen gesetzten Anforderungen hinaus können Schüler auch eigene und andere Ansprüche an sich richten, die sich von denen des Lehrers möglicherweise unterscheiden. Da das Leisten nicht nur fremdbestimmt, sondern auch selbstbestimmt sein kann, hat der Sportlehrer genauso diejenigen Leistungsanforderungen zu erkennen und anzuerkennen, die Schüler sich selbst setzen und freiwillig erfüllen.

Bei der Bewertung der Leistungen wird es auf die Höhe des angelegten Maßstabs ankommen. Der Wert einer Leistung ergibt sich aus der Höhe der Anforderungen und aus dem Umfang ihrer Erfüllung. Ob eine Anforderung als hoch oder tief und ihre Erfüllung als gelungen oder misslungen eingeschätzt wird, ist von den Leistungsvoraussetzungen der Schüler abhängig. Bei der Bewertung der Leistung ist also das Verhältnis zwischen dem individuellen Ausgangsniveau und dem erreichten Ergebnis der Anstrengungen in einer angemessenen Weise einzuschätzen.

Bei der **Leistungsmessung** geht es darum, die Erfüllung von Anforderungen durch das Anlegen eines Maßes zu ermitteln. Nach einem weiten Verständnis werden beim Messen Eigenschaften oder Handlungen bestimmten Kategorien zugeordnet. Ist die Aufgabe zum Beispiel die Demonstration des Basketballsprungwurfs, dann ist beim Messen im weiten Sinne das Gelingen oder Misslingen der Sprungwurftechnik zu ermitteln. Ein Messvorgang im engen Sinne ist durch die Zuordnung von Zahlen zu den Handlungsweisen und -ergebnissen bestimmt. Beispielsweise kann festgestellt werden, wie viele der ausgeführten Sprungwürfe den Korb treffen.

Sportlehrer, die die Leistungen ihrer Schüler zu erfassen versuchen, tun dies unter anderen Ansprüchen als Wissenschaftler, denen es mittels standardisierter Verfahren um einen abgesicherten und überprüfbaren Erkenntnisgewinn geht. Sportlehrer sammeln in jeder Unterrichtsstunde umfangreiche Informationen über den Leistungsstand ihrer Schüler: Sie beobachten ihre Stärken und Schwächen bei verschiedenen und wechselnden Aufgabenstellungen, sie registrieren ihre besonderen Fähigkeiten bei bestimmten Themenstellungen und stellen Defizite in anderen Zusammenhängen fest, sie sehen ständig, was ihre Schüler können und was nicht. An die Ermittlung dieser umfangreichen Daten die strengen Kriterien wissenschaftlicher Vorgehensweisen anzulegen, scheint ein überzogener Maßstab zu sein. Dennoch können Sportlehrer von dem Wissen über die anspruchsvollen Standards vorliegender Testverfahren profitieren, wenn sie damit die Erkenntnis verbinden, dass die Ergebnisse ihrer eigenen Leistungsmessungen nur in Grenzen aussagekräftig und mit der gebotenen Vorsicht zu interpretieren sind.

Hat der Sportlehrer die Absicht, über seine Beobachtungen im laufenden Unterricht hinaus den jeweiligen Leistungsstand der Schüler gezielt zu ermitteln, stehen ihm durchaus geeignete Verfahren und Wege zur Verfügung. Auf den ersten Blick scheint der Schulsport sogar ein Fach zu sein, in dem Leistungsmessungen verhältnismäßig unproblematisch sind und auf einfache Weise vorgenommen werden können. Zeichnet sich Sport nicht geradezu dadurch aus, dass in ihm klare Maßstäbe und Erfolgskriterien gelten und erbrachte Leistungen eindeutig und objektiv bestimmbar sind? Für besondere Anteile und Dimensionen der sportlichen Leistungsfähigkeit trifft dies sicherlich zu. Der Bereich etwa der körperlich-motorischen Leistungsfähigkeit kann relativ exakt ermittelt werden und dafür steht ein breites Angebot an erprobten Konditions-, Koordinations- und Fitnesstests zur Verfügung. Bei vielen Sportaktivitäten ist es sogar das ausgemachte Ziel der Anstrengungen, ein messbares Ergebnis zu erreichen und die Maximierung bzw. Optimierung von Treffern, Zeiten oder Distanzen zu betreiben. Die Ergebnisse des sportlichen Handelns werden in diesen Fällen mithilfe eines Messverfahrens ermittelt (z. B. 100-m-Lauf, Weitsprung, Kugelstoß). Im Grunde wird bei jedem Sport, der unter Wettkampfbedingungen ausgeübt wird, durch das Resultat zugleich eine eindeutige Aussage über Erfolg und Misserfolg der Leistung getroffen. Dem Sportlehrer stehen somit in der Tat verschiedene taugliche Mittel für eine Leistungsmessung zur Verfügung. Eine Gefahr besteht wohl weniger in der sinnvollen Verwendung dieser Möglichkeiten, sondern vor allem darin, dass die Verfügbarkeit geeigneter Messverfahren die Entscheidung für die thematische Ausrichtung des

Unterrichts steuern kann. Nach dem Motto: Was sich messen lässt, wird auch unterrichtet, werden vorhandene Messverfahren zum heimlichen Lehrplan des Sportunterrichts.

Während bei der Leistungsmessung das Ergebnis einer Handlung je nach einem weiten oder engen Verständnis qualifiziert oder quantifiziert wird, wird bei der **Leistungsbewertung** das Ergebnis der Messung zusätzlich mit einem Wert versehen. Eine Bewertung kann nur vorgenommen werden, wenn ein Bezugsmaßstab zugrunde gelegt wird. Dabei können drei verschiedene Normen herangezogen werden: soziale, individuelle und kriteriumsorientierte Bezugsnormen.

(1) Bei der Anwendung *sozialer Bezugsnormen* wird die Lernleistung des Einzelnen mit den Leistungen der Gruppe (Schulklasse, Altersjahrgang) verglichen und vor diesem Hintergrund bewertet. Sportlehrer sind zumeist in der Lage, die Schüler einer Klasse nach ihren Unterrichtsleistungen in eine Rangfolge einzuordnen. Aus Untersuchungen ist bekannt, dass Lehrer bei dieser Bewertungspraxis einem Muster folgen: Sie gehen davon aus, dass die Verteilung normalerweise im mittleren Leistungsbereich eine hohe Quote erreicht und zu den hohen und geringen Leistungsbereichen hin abnimmt. Dieser Vorstellung nach bestimmen Lehrer zunächst den Leistungsdurchschnitt ihrer Klasse und bewerten alle vom Mittelwert nach oben oder unten abweichenden Leistungen ihrer Schüler als besser bzw. schlechter. Die Problematik dieses Verfahrens liegt auf der Hand. Die Bestimmung des Durchschnittswerts hängt ausschließlich von der jeweiligen Bezugsgruppe ab und nicht selten variiert die Leistungsfähigkeit selbst in Parallelklassen der gleichen Jahrgangsstufe beträchtlich. Außerdem erfolgt die Bestimmung der vom Durchschnittswert abweichenden besseren und schlechteren Leistungen zufällig, wenn die Abstände zum Durchschnitt willkürlich festgelegt werden.

(2) Bei der *individuellen Bezugsnorm* werden die momentanen Leistungen des Schülers mit seinen eigenen, zu früheren Zeitpunkten erbrachten Leistungen verglichen. Der individuelle Lernfortschritt steht oft im Mittelpunkt der Bewertungspraxis. Es wird die Differenz zwischen den ursprünglichen Eingangsvoraussetzungen und den Endleistungen ermittelt, die der einzelne Schüler kraft seiner Anstrengungen erbracht hat. Auf diese Weise können Leistungssteigerungen der Schüler berücksichtigt werden, selbst wenn sie ihre Rangposition innerhalb der Lerngruppe nicht verändert haben sollten. Häufig wird dieses Kriterium im Zusammenhang mit pädagogischen Anliegen besonders herausgehoben. Tatsächlich bietet sich im Sportunterricht bei der

Berücksichtigung dieser Norm die Chance, körperlich benachteiligten Schülern gerecht zu werden. Allerdings fehlt es nicht selten auf Seiten der Schüler selbst an der notwendigen Anerkennung dieses Kriteriums, da sie sich in ihrer Selbsteinschätzung maßgeblich am Leistungsstand ihrer Mitschüler orientieren.

(3) Bei der *kriteriumsorientierten Bezugsnorm* wird die Leistung des Schülers mit den Zielen und Inhalten des Unterrichts verglichen. Die Unterrichtsthemen liefern mit ihren jeweiligen Anforderungsstrukturen und -niveaus inhaltliche Kriterien, die eine Rückmeldung über den Erfolg bzw. Misserfolg der Lernbemühungen des Schülers liefern können und konkrete Hinweise auf noch zurückzulegende Lernschritte geben. Dieses Bewertungsverfahren ist besonders gut geeignet, den Unterrichtserfolg zu überprüfen. Die Schwierigkeiten bestehen darin, die Schülerleistungen nicht nur als den Anforderungen entsprechend oder nicht entsprechend einzuordnen, sondern darüber hinaus abgestufte Bewertungen vorzunehmen.

In der Unterrichtsrealität werden die Bewertungsvorgänge des einzelnen Sportlehrers mehr oder weniger subjektiv ausfallen und durch eine Vermischung inhaltlicher Kriterien und wechselnder Vergleichsmaßstäbe geprägt sein. Durch die Kenntnis der Unterschiedlichkeit und jeweiligen Problematik der einer Bewertung zugrunde liegenden Bezugsnormen wird der Sportlehrer am ehesten im Stande sein, die eigene Bewertungspraxis selbstkritisch zu überprüfen und gegebenenfalls zu verändern.

Grundlegende Ausführungen zum Problem der Diagnostik, Messung und Bewertung schulischen Lernens und Leistens finden sich bei Gerd MIETZEL *(2001): „Pädagogische Psychologie des Lernens und Lehrens". Die Klärungen, die Karlheinz* SCHERLER *(2000) zu Leistung, Leistungsmessung und Leistungsbewertung vornimmt, beziehen sich in besonderer Weise auf Sport und Sportunterricht.*

5 Gibt es gerechte Noten und Zensuren?

Aus der Gleichwertigkeit aller Schulfächer ergibt sich die Notwendigkeit, die Leistungen der Schüler im Sportunterricht zu zensieren. Mit der Verpflichtung zur Zensurengebung ist der Sportlehrer wie jeder andere Fachlehrer vor die schwierige Aufgabe gestellt, gleichzeitig zwei gegenläufigen Erwartungen und Ansprüchen nachzukommen. Einerseits hat er jeden Schüler seinen individuellen Voraussetzungen und Möglichkeiten entsprechend zu fördern, andererseits ist er Repräsentant der Institution Schule als der zentralen Selektionsinstanz, die Schülern über Zensuren und Zeugnisse den Zugang zu bestimmten Schul- und Berufslaufbahnen ermöglicht bzw. verweigert. Dieser Doppelrolle als Helfer und Richter kann sich der Sportlehrer grundsätzlich nicht entziehen.

Aber nicht nur der Lehrer steht mit der Verpflichtung zur Zensurengebung vor einem Grundproblem, auch die Schüler befinden sich in einer widersprüchlichen Situation. Im Grunde nehmen Schüler ständig Bewertungen vor und überprüfen sich daraufhin, was sie können und was nicht. Dabei arbeiten sie mit Wert- und Leistungsmaßstäben, deren Entwicklung und Erprobung zu den Zielsetzungen eines jeden Sportunterrichts gehören: Die Förderung selbst- und leistungsmotivierten Handelns und die Vermittlung eines erhöhten Selbstwertgefühls werden nur über den Weg von Könnens- und Erfolgserlebnissen gelingen. Diese wiederum stellen sich ein, wenn auf Seiten der Schüler eigene Bewertungsmaßstäbe ausgebildet sind. Einerseits geht es im Sportunterricht also darum, die Schüler zur Beobachtung und Bewertung ihres eigenen Leistungsvermögens anzuhalten und dadurch von Fremdbewertungen unabhängig zu machen. Andererseits erleben Schüler ihren Unterricht als ein Geschehen, in dem letztlich die durch den Lehrer vorgenommenen Fremdbewertungen in Form von Zensuren zählen.

Zensuren und Zeugnisse erfüllen für die staatliche Bildung und Erziehung unverzichtbare Funktionen. Zensuren haben zum Ersten einen Mitteilungswert. Sie informieren über die erkennbaren Lernresultate des Schülers und liefern eine orientierende Übersicht über seinen momentanen Leistungsstand – auch im Hinblick auf zukünftig anstehende Abschlüsse. Zum Zweiten haben Noten eine Anreiz- und Disziplinierungsfunktion. Die Aussicht auf Belohnung durch gute Noten bzw. die Befürchtung vor schlechter Benotung können Schüler dazu bringen, sich motiviert mit den anstehenden Unterrichtsthemen auseinander zu setzen und gute bzw. verbesserte Leistungen anzustreben. Eine dritte Funktion der Zensuren ist die der Sozialisation und Selektion. In der Schule lernen

Schüler Leistungsnormen und Maßstäbe kennen, die für ihre persönliche und berufliche Entwicklung von besonderer Bedeutung sind. Auf der Grundlage von Zensuren und Zeugnissen werden innerhalb der Schullaufbahn Versetzungen und Schulwechsel geregelt. Schulische Leistungsnachweise sind zugleich Berechtigungsnachweise für den Übergang in weiterführende Ausbildungseinrichtungen und den Einstieg in den Beruf.

Es bestehen Zweifel daran, ob Zensuren die ihnen zugewiesenen Funktionen erfüllen. So ist mit dem Verzicht auf differenzierte inhaltliche Aussagen zum Leistungsvermögen des Schülers der tatsächliche Mitteilungswert der Zensuren äußerst begrenzt; er reduziert sich auf die formale Angabe über die Einordnung des Schülers in eine willkürlich angelegte Ziffernskala. Die unterstellten motivierenden Wirkungen können allenfalls bei guten Zensuren erwartet werden, schlechte Schüler werden wohl eher frustriert. Es stellt sich sogar grundsätzlich die Frage, ob Zensuren geeignete Motivationsmittel sind: Da sie ihre Anreize über Ansprüche und Druck von außen entfalten, fördern sie weniger die intrinsische, sondern vielmehr die extrinsische Motivation der Schüler. Diese strengen sich folglich nicht um der Sache willen an, sondern bemühen sich um das Erreichen guter Zensuren. Zuletzt ist noch die Sozialisations- und Selektionsfunktion der Zensuren mit Skepsis zu betrachten. Wenn auf der Grundlage von Noten Auswahlentscheidungen getroffen werden, ist die Transparenz und Übereinstimmung der Beurteilungs- und Selektionskriterien sicherzustellen und ein korrektes Verfahren bei der Ermittlung der Zensuren zu gewährleisten. Diese Voraussetzungen sind kaum zu erfüllen. Untersuchungen belegen deutliche Mängel und Ungenauigkeiten beim Zustandekommen von Zensuren und weisen auf ihren geringen Vorhersagewert hin.

Die Unterrichtsforschung hat eine ganze Reihe von Schwachstellen bei der Notengebung ausfindig gemacht. Die kritischen Einwände weisen einmal auf (1) *systembedingte Probleme* hin und zum anderen auf (2) *subjektive Fehlerquellen*:

(1) Systembedingt ist die besondere Qualität der Notenskala. Das Notenspektrum ist durch eine 6-stufige Rangskala bestimmt. Die Abstände zwischen den einzelnen Stufen sind allerdings nicht einheitlich und daher auch nicht interpretierbar. Es lässt sich zwar sagen, dass die Note 1 besser ist als die Note 2 und dass die 5 schlechter ist als die 4. Man kann jedoch nicht davon ausgehen, dass die 2 von der 1 gleich weit entfernt ist wie die 4 von der 5. Da sich bei Rängen keine Mittelwerte bestimmen lassen, ist die Berechnung von Notendurchschnitten streng genommen unzulässig. Systembedingt ist ein zweiter

Schwachpunkt der Zensurengebung: Lehrer sind zwar in der Lage, die Schüler ihrer Klasse mithilfe von Noten zuverlässig in eine Rangreihe zu bringen. Die Noten aus verschiedenen Klassen – erst recht die aus verschiedenen Schulen – sind aber nur schwer vergleichbar, da der Lehrer für die Beurteilung einer Schülerleistung zumeist nur die jeweilige Klasse als Referenzpunkt heranzieht. In Abhängigkeit von der Klassenzugehörigkeit kann deswegen ein mittelmäßiger Schüler in einer schwachen Klasse gute und in einer leistungsstarken Klasse schlechte Noten bekommen. Und ein weiterer Befund weist auf systembedingte Probleme hin: Wenn mehrere Beurteilungen nacheinander durchgeführt werden, können sich Reihenfolgen- und Positionseffekte in die Beurteilungsprozesse einspielen. Es ist bekannt, dass die erste Note in einer Prüfungsabfolge Maßstäbe setzt. Außerdem hängt die Benotung eines Schülers davon ab, ob vor ihm ein (sehr) guter oder (sehr) schlechter Schüler bewertet worden ist.

(2) Die subjektiven Fehlerquellen begründen sich durch den Umstand, dass jede Personenwahrnehmung und -beurteilung in einem bestimmten Maße von unbewussten und unkontrollierten Erwartungen und Einstellungen des Beobachters beeinflusst ist. So nehmen Vor- und Zusatzinformationen, die eigentlich für die inhaltliche Beurteilung der jeweiligen Schülerleistung irrelevant sind, dennoch Einfluss auf die Zensurengebung des Lehrers. Sympathie- bzw. Antipathieeffekte sind ebenso nachgewiesen wie geschlechtsspezifische Begünstigungen und Benachteiligungen. Es wird von einem bekannten, oft auffälligen Merkmal eines Schülers oder einem vorliegenden Gesamteindruck auf nicht beobachtete oder beobachtbare Merkmale geschlossen. Dieser als Halo-Effekt bekannte Mechanismus ist kaum zu unterscheiden von Übertragungen und Generalisierungen, die der subjektiven Überzeugung des Beurteilenden nach gleichsam logisch sind. Nach dem Motto: „Ein guter Sportler ist auch ...“, oder: „Wer im Turnen schlecht ist, der ist auch ...“ werden bestimmte Merkmale und Eigenschaften schlussfolgernd auf gänzlich andere Bereiche ausgedehnt. Letztlich sind die subjektiven Theorien der Lehrer, in denen ihr pädagogisches Überzeugungs- und Handlungswissen organisiert ist, entscheidend für die Wahrnehmung und Einschätzung der Schülerleistungen. Denn in den subjektiven Theorien der Lehrer sind die Erwartungshaltungen und -maßstäbe eingelagert, die wesentlich ihre Wahrnehmungsprozesse steuern. Der Umstand, dass bevorzugt das wahrgenommen wird, was man erwartet, führt häufig zu Beobachtungsverzerrungen und -einseitigkeiten, die eine ungerechte Bewertung nach sich ziehen. Und nicht selten ist zu beobachten, dass Lehrer tendenziöse Beurteilungsweisen zu stabilen Mustern ausbilden.

Es ist offensichtlich, dass die Praxis der Zensurengebung im Sportunterricht eine Vielzahl von Unzulänglichkeiten aufweist. Überzeugende Lösungen sind kaum in Sicht. Aus diesem ernüchternden Fazit sind einige **Folgerungen** zu ziehen:

- Die Bemühungen um die genaue Klärung der Leistungsanforderungen im Sportunterricht sind intensiv fortzuführen. Allen Verantwortlichen muss daran gelegen sein, sich über die fundamentalen Fertigkeiten und Fähigkeiten, die im Schulsport auszubilden und zu überprüfen sind, zu verständigen. Über die Bestimmung der motorisch-sportlichen Anforderungen hinaus ist ein Konsens darüber zu entwickeln, welche grundlegenden kognitiven, affektiven und sozialen Kompetenzen der Sportunterricht zu vermitteln hat.

- Die Weiterentwicklung und Verbesserung von Instrumenten für die Leistungsmessung und die Lern- und Fähigkeitsdiagnostik sind voranzutreiben. Bei der Optimierung von Mess- und Beurteilungsverfahren sind die besonderen Bedingungen der Schul- und Unterrichtspraxis zu berücksichtigen. Es sind solche Vorschläge zu erarbeiten, die das Verhältnis zwischen Aufwand und Ertrag in eine ausgewogene Balance bringen.

- Die Bewertungspraxis im Schulsport hat sich am Kriterium der Transparenz auszurichten. Es müssen die Prüfungsbedingungen klar, die Anforderungen festgelegt und die Gütemaßstäbe für die Beurteilung offen gelegt sein. Schülern ist nicht nur mitzuteilen, sondern auch verständlich zu machen, was von ihnen verlangt wird (und warum) und nach welchen Kriterien sie beurteilt werden. Darüber hinaus ist nach angemessenen Möglichkeiten zu suchen, sie an der Ermittlung und Festlegung von Zensuren zu beteiligen.

- Sportunterricht muss verstärkt die Selbstbewertungsprozesse fördern. Schülern sind vielfältige Gelegenheiten zu bieten, sich über ihren Leistungsstand und ihre Lernentwicklung selbst Rechenschaft abzulegen und dies zum Ausgangspunkt neuer Anstrengungen machen zu können. In vielen Fällen bringen Schüler aus ihren außerschulischen Sporterfahrungen besondere Kompetenzen mit, die es nahe legen, ihnen vertretbare Mitwirkungsmöglichkeiten bei Rückmeldungs- und Bewertungsprozessen untereinander einzuräumen.

- Über die Leistungsbewertungen in Form von Zensuren und Zeugnissen hinaus sind Schülern ausführliche und differenzierte Berichte über ihr Leistungs- und Lernvermögen zu geben. Die im Schulsport üblichen Benotungsrituale sind eher abzubauen und an deren Stelle pädagogisch motivierte Auswertungs- und Bewertungsrituale einzurichten. Angebracht sind regelmäßige Planungs- und Abschlussbesprechungen, ein rückblickender Austausch über Ziele und Verlauf des Unterrichts und alle Bemühungen, Unterrichtsergebnisse auf verschiedene Weise zu dokumentieren und zu präsentieren.

Die klugen Ratschläge für eine verbesserte Bewertungspraxis können nicht darüber hinwegtäuschen, dass es zu den schwierigsten Aufgaben des Sportlehrers gehört, Schüler gerecht zu bewerten und zu benoten. Die Situation wird für den Sportlehrer – und für seine Schüler – immer ein Stück weit unbefriedigend bleiben.

Die Ausführungen zur Zensurengebung im Sport folgen weitgehend den Überlegungen der beiden Autoren Wolf-Dietrich MIETHLING (1997) und Karlheinz SCHERLER (2000). MIETHLING führt mit seinem Beitrag in den Themenschwerpunkt „Bewerten und Zensieren" des Hefts 4/1997 der Zeitschrift „sportpädagogik" ein. In diesem Heft sind Praxisbeispiele für den Sportunterricht enthalten. SCHERLERS Beitrag liefert eine systematische Übersicht zu den Aufgaben und Problemen des Zensierens und Bewertens im Schulsport.

Literatur

BALZ, E. (1998). Wie wird Sportunterricht ausgewertet? In BIELEFELDER SPORTPÄDAGOGEN, *Methoden im Sportunterricht* (S. 203-217). Schorndorf: Hofmann.

BAMBACH, H., BARTNITZKY, H., ILSEMANN, C. VON & OTTO, G. (Hrsg.). (1996). *Prüfen und Beurteilen. Zwischen Fördern und Zensieren*. Friedrich Jahresheft XIV.

BECKER, G., ILSEMANN, C. VON & SCHRATZ, M. (Hrsg.). (2001). *Qualität entwickeln: evaluieren*. Friedrich Jahresheft XIX.

BIELEFELD, J. (2001). Auswertung. In H. HAAG & A. HUMMEL (Hrsg.), *Handbuch Sportpädagogik* (S. 259-267). Schorndorf: Hofmann.

CRUM, B. J. (1983). Auswerten als Aufgabe des Sportlehrers. *sportpädagogik, 7* (5), 12-18.

EHNI, H. (2000). Planen und Auswerten. In P. WOLTERS et al., *Didaktik des Schulsports* (S. 90-120). Schorndorf: Hofmann.

GRÖBERT, D. (1997). Bewerten, was Kinder können: Ein „Kann-Buch“. *sportpädagogik, 21* (4), 28-30.

KOLB, M. & SIEGMON, H. (1997). Eine Beurteilungskriterienliste für den Sportunterricht. *sportpädagogik, 21* (4), 43-45.

MIETHLING, W.-D. (1997). Bewerten und Zensieren. *sportpädagogik, 21* (4), 20-27.

MIETHLING, W.-D. (1999). Leisten, Bewerten, Zensieren. In W. GÜNZEL & R. LAGING (Hrsg.), *Neues Taschenbuch des Sportunterrichts. Bd. 2* (S. 78-91). Baltmannsweiler: Schneider.

MIETZEL, G. (2001). *Pädagogische Psychologie des Lernens und Lehrens* (6., korrigierte Aufl.). Göttingen: Hogrefe.

SCHERLER, K. (1989). *Elementare Didaktik*. Weinheim: Beltz.

SCHERLER, K. (1995). Sport unterrichten – Anspruch und Wirklichkeit. In A. ZEUNER, G. SENF & S. HOFMANN (Hrsg.), *Sport unterrichten* (S. 7-18). Sankt Augustin: Academia.

SCHERLER, K. (2000). Messen und Bewerten. In P. WOLTERS et al., *Didaktik des Schulsports* (S. 167-186). Schorndorf: Hofmann.

SCHERLER, K. & SCHIERZ, M. (1993). *Sport unterrichten*. Schorndorf: Hofmann.

VOLKAMER, M. (1979). *Messen und Zensieren im Sportunterricht*. Schorndorf: Hofmann.

WENGERT, H. G. (2000). Leistungsbeurteilung in der Schule. In G. BOVET & V. HUWENDIEK (Hrsg.), *Leitfaden Schulpraxis* (S. 240-263). Berlin: Cornelsen.

Lektion 11
Wie kommt die Sportdidaktik zu ihren Erkenntnissen?
Arbeitsweisen und Forschungsmethoden

Sportdidaktisches Wissen basiert zu einem großen Teil auf Forschungsergebnissen. Diese Ergebnisse sind Produkte bestimmter Methoden der Datenerhebung und -auswertung. Nur, wer die Verfahren und Techniken der Erkenntnisgewinnung kennt und beurteilen kann, ob diese korrekt verwendet werden, wird die Ergebnisse der Forschung einschätzen und bewerten können. Aus diesem Grund kommen angehende Sportlehrer in ihrer Ausbildung nicht umhin, sich über das Studium sportdidaktischer Forschungsergebnisse hinaus auch mit den entsprechenden Forschungsmethoden auseinander zu setzen. Dies gilt in gleicher Weise für berufstätige Sportlehrer. Sie werden wesentlich professioneller agieren können, wenn sie sich Forschungsmethoden angeeignet haben und diese Kompetenz gezielt in ihr Berufsfeld einbringen. Nun ist nicht zu erwarten, dass die enge Verknüpfung zwischen forschungsmethodischem Können und sportdidaktischer Praxis für jeden auf Anhieb erkennbar ist. Diesen Zusammenhang verständlich zu machen und an konkreten Beispielen aufzuzeigen, ist die zentrale Absicht der folgenden Lektion.

In einem ersten Schritt ist zu klären, was Forschungsmethoden auszeichnet und wie sie sich prinzipiell unterscheiden. Je nachdem, ob sie sich als quantitative oder qualitative Methoden verstehen, steuern sie jeweils typische Zugänge auf die Erfassung unserer Lebenswirklichkeit an. Vor diesem Hintergrund können dann die einzelnen Verfahren und Techniken entwickelt werden, die sich für die Untersuchung sportdidaktisch relevanter Phänomene, Ereignisse und Vorgänge anbieten. Es versteht sich von selbst, dass die verschiedenen Instrumente nicht in differenzierter Weise erläutert und bewertet werden können. Es sind die Grundideen zu skizzieren und es ist auf die Vielfalt und Unterschiedlichkeit forschungsmethodischen Vorgehens hinzuweisen. Einen ausgesprochenen Königsweg für die systematische Erforschung des Sports in Schule und Unterricht gibt es nicht.

Die Ausführungen in dieser Lektion stehen ganz und gar nicht unter dem Anspruch, systematische Anleitungen für methodisch geregelte Untersuchungen sportdidaktischer Fragestellungen zu geben. Es muss klar sein, dass für jeden, der selbst niveauvoll forschen will, die gründliche Erarbeitung eines methodischen Rüstzeugs unverzichtbare Voraussetzung ist. Gleichwohl ist einem gängigen Missverständnis von vornherein entgegenzutreten. Forschungsaktivitäten sind keineswegs nur der ausgewählten Gruppe etablierter Wissenschaftler vorbehalten, die über eine gesicherte Methodenkompetenz verfügen. Zwar kann Forschen nicht voraussetzungslos gelingen, doch genauso richtig ist: Die notwendigen Qualifikationen kann man sich aneignen. Für Sportstudenten bietet es sich geradezu an, eigene Erkundungen in der Praxis des Schulsports vorzunehmen und dabei einen möglichst überschaubaren Ausschnitt aus der Unterrichtswirklichkeit in den Blick zu nehmen und auf systematisch angelegte Methoden zurückzugreifen. Vier Fragen gliedern die Ausführungen dieser Lektion: Wodurch zeichnen sich Forschungsmethoden aus? Wie unterscheiden sich quantitative und qualitative Zugänge auf die Lebenswirklichkeit? Welche Verfahren bieten sich für Untersuchungen des Schulsports an? Wie kann es gelingen, ein erstes Forschungsvorhaben selbst durchzuführen?

1 Wodurch zeichnen sich Forschungsmethoden aus?

Schüler, die über Jahre regelmäßig am Schulsport teilnehmen, wissen viel darüber, wie ihr Sportunterricht abläuft und was dabei herauskommt. Sportlehrer unterrichten dieses Fach tagtäglich und kennen sich in Sachen Sportunterricht besonders gut aus. Das Wissen der Akteure des Sportunterrichts gründet sich zunächst auf ihre konkreten Erfahrungen, die sie im Verlauf des praktischen Unterrichts machen. Dieses Erfahrungswissen ist geknüpft an ihre subjektiven Wahrnehmungen. Durch die bewusste Zuwendung auf die selbst erlebte Praxis können die Unterrichtsteilnehmer ihre Erfahrungen auswerten und ordnen. Das in dieser Weise entstandene Wissen über Sportunterricht ist jedoch noch kein wissenschaftliches Wissen.

Wissenschaftliche Erkenntnisse unterliegen einem besonderen Anspruch: Es sind dies Daten und Aussagen, die über den Weg ausgewiesener, vorstrukturierter Verfahren gewonnen werden. Eine wissenschaftliche Aussage über den Schulsport ist das Ergebnis eines methodisch angelegten Forschungsprozesses, der anerkannten Regeln und Instrumenten der Erkenntnisgewinnung folgt. Methoden haben die Funktion, die Systematik und Nachvollziehbarkeit des Vorgangs Forschung zu garantieren.

Im Grunde haben wissenschaftliche Methoden ihre Wurzeln in den Alltagstechniken, die alle Menschen dazu nutzen, Erfahrungen zu sammeln und zu sortieren. Die elementaren Vorgehensweisen in der alltäglichen Lebenswelt sind die **Beobachtung** und das **Experiment**. Immer dann, wenn man im Alltag selbst keinen oder nur wenig Einfluss auf das Geschehen (etwa das Verhalten anderer) hat, ist man auf die Position des Beobachters verwiesen. Mein Wahrnehmungsvermögen versetzt mich in die Lage, Signale und Äußerungen meiner Umwelt oder in der eigenen Person zu erfassen und zu verarbeiten. Der Beobachter zeigt eine aufnehmende, rezeptive Haltung und registriert über seine Sinne, was passiert. Der Radfahrer im Straßenverkehr z. B. beobachtet die Verkehrssituation und achtet dabei auf die Bewegungsrichtung und -geschwindigkeit der anderen Verkehrsteilnehmer, vernimmt unterschiedliche Motoren- und Hupgeräusche, schätzt das eigene Vermögen ein, Fahrtempo aufzunehmen und zu kontrollieren.

Immer dann, wenn man im Alltag die Situation selbst herbeiführen oder maßgeblich beeinflussen kann, ist es möglich, die Position des Experimentators einzunehmen. Aus eigenem Antrieb versucht man herauszufinden, was unter bestimmten Voraussetzungen passiert, wie sich die Dinge gegenseitig beeinflussen und mit welchen Ergebnissen bei bestimmten Vorgängen zu rechnen ist. Der Experimentator nimmt eine aktive, steuernde Haltung ein und gewinnt über eigenes Handeln Einblicke in Ursachen- und Wirkungszusammenhänge. So probiert ein Kind selbst aus, wie heiß die Herdplatte tatsächlich ist – und selbst schlechte Erfahrungen in diesem Fall können die prinzipielle Experimentierfreude des Kindes nicht bremsen.

Wissenschaftliche Methoden sind letztlich Fortentwicklungen dieser im Alltag üblichen Methoden des Beobachtens und Experimentierens. In der Wissenschaft sind sie an strenge Kriterien geknüpft und folgen anerkannten Regeln. Zwar sind die beiden Basistechniken des Beobachtens und Experimentierens in allen Forschungsprozessen noch erkennbar, doch im Zuge ihrer Verfeinerung gewinnen sie als ausgewiesene Forschungsmethoden einen mehr oder weniger hohen Grad an Ausdifferenzierung und Strukturiertheit.

> *Der Grundgedanke, dass Forschungsmethoden als Weiterentwicklungen der in der Alltagspraxis üblichen Basisverfahren des Beobachtens und Experimentierens anzusehen sind, stammt von Gerhard KLEINING (1991) und ist in seinem Beitrag „Methodologie und Geschichte qualitativer Sozialforschung" ausführlich entfaltet. Grundlegende Hinweise darauf, was unter Forschungsmethoden zu verstehen ist und worin ihr besonderer Ertrag besteht, finden sich bei Theo HUG (2001a, S. 11-29) und Winfried LÖFFLER (2001, S. 30-50).*

2 Wie unterscheiden sich quantitative und qualitative Methoden?

Mit dem Ziel, den Erkenntnisgewinn zu regeln und zu systematisieren, entfernen sich die Methoden mehr oder weniger stark von ihren ursprünglichen Verwendungszusammenhängen in der unmittelbaren Alltagspraxis. Sie entwickeln sich in der Wissenschaft zu allgemein anerkannten und verbindlichen Verfahrensweisen, die jeder Wissenschaftler bei seiner Arbeit zu befolgen hat. Wissenschaftliche Methoden bauen dann zu den Alltagstechniken eine relativ große Distanz auf. Zwei Grade der Distanzierung sind zu unterscheiden: Auf einer ersten Stufe zunehmender Regelung und Systematisierung finden wir die Verfahren, die (1) **qualitative Zugänge** auf den Untersuchungsgegenstand legen. Sie führen zu inhaltlichen Beschreibungen und Analysen des Forschungsfeldes. Auf einer zweiten Abstraktionsstufe sind die Methoden anzusiedeln, die (2) **quantitative Zugänge** auf das Forschungsfeld erschließen. Sie führen zu Forschungsergebnissen in Form von Zahlen und Messwerten.

(1) Ziel der qualitativen Methoden ist es, unsere alltägliche Lebenswelt gleichsam von innen heraus aus der Sicht der handelnden Menschen zu beschreiben. So gewonnene Erkenntnisse können zu einem besseren Verständnis komplexer Realität beitragen und auf relevante Vorgänge, Deutungen und Strukturen in unserer Lebenswelt aufmerksam machen. Mit dem Ziel, ein möglichst konkretes und plastisches Bild der Alltagswirklichkeit zu zeichnen, bedient sich die qualitative Forschung solcher Verfahren, die noch eine verhältnismäßig große Nähe zu Alltagstechniken aufweisen. Qualitative Verfahren sind wenig vorstrukturiert und können in der Erhebungssituation flexibel gehandhabt werden. Sie sichern auf diese Weise die notwendige Offenheit des methodischen Zugriffs auf den Forschungsgegenstand und berücksichtigen die Vielschichtigkeit und Situationsbezogenheit menschlichen Handelns.

(2) Die quantitativen Methoden zielen auf eine möglichst objektive und eindeutige Erfassung der Realität und eignen sich in besonderer Weise dazu, vorhandenes Wissen zu überprüfen und gegebenenfalls zu korrigieren. Die Verfahren sind durch ein hohes Maß an Standardisierung gekennzeichnet. Auf diesem Wege können repräsentativ angelegte Verteilungsdaten gewonnen werden, die eine vergleichend-statistische Auswertung ermöglichen. Dazu ist das Forschungsfeld von vornherein auf überschaubare Zusammenhänge zu reduzieren. Die weitestgehende Reduzierung einer komplexen Wirklichkeit erfolgt dann, wenn die Beschreibung dieser Wirklichkeit auf die denkbar

einfachste Weise geschieht: nämlich in Form einer Zahlenangabe. Die Erfassung und Darstellung eines Untersuchungsgegenstandes in Form von Zahlen ist aber nicht nur die einfachste Form, mit der Quantifizierung der Angaben ist auch die denkbar höchste Abstraktionsstufe einer Aussage erreicht.

Falsch ist die Auffassung, dass erst mit der Verwendung quantitativer Verfahren die „eigentlichen" wissenschaftlichen Erkenntnisse zu gewinnen seien. Qualitative und quantitative Methoden sind gleichermaßen geeignet, sportdidaktische Forschungsvorhaben anzulegen. Beide Methodenkonzepte haben ihre je eigenen Stärken. Eine gegenüberstellende Diskussion findet sich bei Thomas BRÜSEMEISTER (2000, bes. S. 21-58).

3 Welche Forschungsmethoden bieten sich in der Sportdidaktik an?

Eine Vielzahl verschiedener Forschungsmethoden ist geeignet, Erscheinungen des Schulsports systematisch zu erfassen und zu deuten: Sportdidaktische Erkenntnisse liegen in Form von Texten vor. Diese schriftlichen Zeugnisse über die Realität des Sports in Schule und Unterricht sind das Ergebnis des Denkens und Arbeitens von Wissenschaftlern, aber auch von anderen Personen wie Lehrern, Schülern, Eltern, Schriftstellern oder Journalisten. Die wissenschaftlichen Arbeitsweisen, die sich auf Texte beziehen, sind die Methoden der **Hermeneutik**. In ihnen sind die Regeln für die Interpretation der Texte niedergelegt. Geschehnisse des Schulsports, die von Außenstehenden wahrnehmbar sind, können über Beobachtungsverfahren ermittelt und festgehalten werden. Für eine **Beobachtung** bieten sich vor allem die Aktivitäten und Verhaltensweisen der Unterrichtsteilnehmer an. Die dem Verhalten zugrunde liegenden Handlungsabsichten und Motive können allerdings aus Beobachtungsdaten nur erschlossen werden. Auskünfte über die Gründe und Hintergründe des individuellen Handelns sind bei den Akteuren selbst einzuholen. Hierzu eignet sich die **Befragung**. Exakte Erkenntnisse über die Möglichkeiten und Auswirkungen des Schulsports sind über **experimentelle Verfahren** zu gewinnen. Bei konstanten Versuchsanordnungen werden unterschiedliche Vorgehensweisen ausprobiert, sodass am Ende unterschiedliche Ergebnisse und Auswirkungen auf systematische Veränderungen der Vorgehensweisen zurückgeführt werden können. Um sich ein genaues Bild von den Voraussetzungen und Ergebnissen des Sportunterrichts zu machen, bieten sich **Tests** an. Es liegen mittlerweile umfangreiche Materialien und Dokumente zum Schulsport vor. Wer diese unter bestimmten Fragestellungen sammeln, sichten und auswerten will, kann sich der Methode der **Inhaltsanalyse** bedienen.

Die Hermeneutik: Die Sportdidaktik verdankt einen großen Teil ihrer Erkenntnisse hermeneutischen Verfahren. Das Wort Hermeneutik kommt aus dem Griechischen und bedeutet so viel wie *Auslegung*. Hermeneutik ist die Kunst der Auslegung von Texten. Ging es der Hermeneutik zunächst ausschließlich um das Auslegen von Texten, um die Bedeutung der Aussagen zu erfassen, zielt sie heute in einer erweiterten Fassung auf alle Lebensäußerungen in der Absicht, den Sinn und die Bedeutung menschlichen Handelns zu verstehen. Die Auslegung und Interpretation von Texten stellen aber nach wie vor den Kern der hermeneutischen Vorgehensweise dar. Worum geht es? Das Kernstück hermeneutischer Arbeitsweise ist der Prozess des Verstehens. Die konkrete gedankliche Tätigkeit orientiert sich am Modell des *hermeneutischen Zirkels*. Danach sind zwei Aspekte von Bedeutung, wenn ein Verstehensprozess regelgeleitet erfolgt.

Die erste Dimension betrifft die Frage des *Vorverständnisses*: Niemand geht voraussetzungslos an das Verstehen eines Textes heran. Wer einen Text liest und nachvollzieht, bringt immer schon ein bestimmtes Vorverständnis mit ein. Ein Sportstudent zum Beispiel, der die Disziplinprobleme im Schulsport untersucht, war selbst einmal Schüler und hat entsprechende Erfahrungen im Sportunterricht gemacht. Liest er einen einschlägigen Text, erweitert und vertieft er seine bisherigen Vorkenntnisse zu dem dargestellten Sachverhalt. Mit diesen neuen Erkenntnissen geht er wiederum an den Text heran (an denselben oder an andere Texte) und kann sich mithilfe der veränderten Ausgangskenntnisse ein weiter gehendes Verständnis erarbeiten. In einer Art Kreisverkehr entwickelt sich der Erkenntniszugewinn über ein jeweils verändertes eigenes Vorverständnis immer weiter in Richtung eines erweiterten und vertieften Textverstehens.

Eine zweite Dimension des hermeneutischen Zirkels bezieht sich auf den Tatbestand, dass sich *Einzelelemente eines Textes* nur aus dem gesamten Text erschließen lassen sowie umgekehrt *das Ganze eines Textes* nur auf der Grundlage der einzelnen Elemente zu verstehen ist. So lassen sich beispielsweise einzelne, wichtige Begriffe nur aus dem Textganzen erschließen, während das vollständige Verstehen des Gesamttextes das Verstehen eben dieser Begriffe zur Voraussetzung hat. Die hermeneutische Spirale besteht also auch darin, dass ein Teil des Textes vom Ganzen her verstanden, modifiziert und erweitert wird und sich umgekehrt das Ganze des Textes von den Teilen her bestimmt. Aus beiden Dimensionen des hermeneutischen Zirkels folgt: Hermeneutisches Verstehen hat weder einen eindeutigen Anfang noch einen endgültigen Abschluss. Das Verstehen als das Ziel hermeneutischer Bemühungen ist dem Charakter nach ein spiralförmig aufsteigender Prozess.

Mithilfe hermeneutischer Verfahren kann es gelingen, die Bedeutung bestimmter Situationen und Vorkommnisse im Sportunterricht zu erfassen und die Sinnhaftigkeit des Geschehens zu erschließen. Sportstudenten bedienen sich hermeneutischer Verfahren, wenn sie die schriftliche Ausarbeitung einer sportdidaktischen Themenstellung als Literaturstudie anlegen. Wissenschaftler tun dies, wenn sie zu einer anstehenden Forschungsfrage den aktuellen wissenschaftlichen Erkenntnisstand auf der Grundlage der vorliegenden Literatur darstellen oder ihre Daten und Dokumente interpretieren.

Die Beobachtung: Das Prinzip der Beobachtung besteht darin, sinnlich wahrnehmbare Sachverhalte in der Umwelt (Fremdbeobachtung) oder in der eigenen Person (Selbstbeobachtung) planmäßig zu erfassen. Die systematische Beobachtung menschlicher Handlungen, sprachlicher Äußerungen, nonverbaler Reaktionen (Mimik, Gestik, Körpersprache) und besonderer sozialer Merkmale (Kleidung, Symbole, Rituale, Ausstattungen) zielt darauf ab, individuelles und soziales Verhalten zu ermitteln.

Der entscheidende Vorteil besteht darin, dass das Verhalten zum Zeitpunkt des tatsächlichen Geschehens festgehalten wird. Die Beobachtung kann unabhängig von der Bereitschaft und Fähigkeit der beobachteten Person, sich mündlich oder schriftlich mitzuteilen, durchgeführt werden. Die Beobachtung ist allerdings räumlich, zeitlich und durch den Gegenstand selbst begrenzt: räumlich, da die Reichweite der menschlichen Wahrnehmungsfähigkeit eingeschränkt ist, zeitlich, da zu bestimmten Zeitpunkten immer nur Ausschnitte des Verhaltens erfasst werden können, und vom Gegenstand her, da lediglich die Verhaltensweisen selbst beobachtbar sind und sich die dahinter liegenden Phänomene wie Einstellungen und Gefühle nur indirekt erschließen lassen.

Für die Untersuchung des Schulsports bieten sich, je nach Fragestellung und praktischen Möglichkeiten, verschiedene Beobachtungsarten an. Sowohl die teilnehmende als auch die nichtteilnehmende Beobachtung können wertvolle Daten liefern. Im ersten Fall beobachtet der Lehrer selbst unter bestimmten Perspektiven den Unterricht oder der beobachtende Wissenschaftler übernimmt in der Phase der Datenerhebung die Rolle des unterrichtenden Lehrers. Im zweiten Falle werden die Unterrichtsakteure von Außenstehenden – offen oder verdeckt – beobachtet.

Die Beobachtung kann unstrukturiert oder strukturiert, d. h. mit einem definierten Kategoriensystem, erfolgen. Für die sportdidaktische Praxis bietet sich vor allem die unstrukturierte Beobachtung in möglichst realitätsnahen Unterrichtssituationen an, wie es zumeist bei Unterrichtshospitationen versucht wird. Unterrichtsanfängern vermitteln sich auf diesem Wege erste Eindrücke über das Unterrichtsgeschehen. Mit zunehmender Kompetenz können die Beobachtungsverfahren dann immer systematischer eingesetzt werden, um Unterrichtshandlungen und -ereignisse kontrolliert zu erfassen und gründlich auszuwerten. In der Sportlehreraus- und -weiterbildung ist es zweckmäßig, die gewonnenen Beobachtungsdaten zu konservieren (z. B. audiovisuelle Unterrichtsdokumentationen, verschriftete Unterrichtsprotokolle). Damit stehen sie einer wiederholten Verwendung zur Verfügung.

Die Befragung: Das Prinzip der Befragung besteht darin, ausgewählte Personen durch eine Reihe gezielter Fragen oder Stimuli zu veranlassen, Auskünfte und Informationen zu geben. Mit dieser Methode erfasst man im Unterschied zur Beobachtung nicht unmittelbar erkennbares Verhalten, sondern mündliche oder schriftliche Äußerungen. Dazu gehören Meinungen, Einstellungen, Überzeugungen, Wertorientierungen, Wissensbestände, Motive und Sinndeutungen. Die Befragungsmethode geht von der Vorstellung aus, dass die Antworten auf eine geregelte Abfolge von Fragen Aufschluss über eine Realität geben können, wie sie in der subjektiven Sichtweise des Befragten vorliegt.

Der Vorteil der Befragung besteht darin, dass sie Tatbestände zu ermitteln vermag, die der sinnlichen Wahrnehmung eines Beobachters zunächst nicht zugänglich sind. Außerdem können Informationen gewonnen werden, die sich über das tatsächliche Handlungsgeschehen hinaus auf Vergangenes (Lebensgeschichte, kritische Lebensereignisse, biographisch bedeutsame Erfahrungen), Gegenwärtiges (typische Gewohnheiten, aktuelle Bewertungen und Bedeutungszuschreibungen, gängige Handlungsmuster und -strategien, grundlegende Motive und Sinndeutungen) und Zukünftiges (Handlungs- und Entscheidungsabsichten, Lebensplanungen und -entwürfe, Karriere- und Entwicklungsvorstellungen) beziehen. Komplexe Handlungssituationen, die zunächst als unzugänglich erscheinen, sind über Befragungstechniken erschließbar und relativ alltagsnah zu ermitteln.

Die Informationen, die man über Befragungsverfahren erhält, sind allerdings durch die besonderen Umstände der Befragungssituation auch begrenzt. Es ist nur schwer zu überprüfen, inwiefern die Inhalte und die Qualität der Auskünfte durch die Erhebungssituation und besondere Fragestellungen provoziert und beeinflusst sind. Wie sich die Befragten tatsächlich verhalten, bleibt unbekannt. Und es fällt schwer zu prüfen, ob die erhaltenen Aussagen ehrlich und wahrheitsgemäß sind.

In der sportdidaktischen Forschung sind Befragungen weit verbreitet. Über Fragebogenuntersuchungen werden die Interessen und Wünsche der Schüler erfasst, über Interviews ihre Schlüsselerlebnisse und problematischen Erfahrungen im Sportunterricht ermittelt oder das Alltagsbewusstsein, Handlungsorientierungen und Berufsbelastungen von Sportlehrern erforscht. In der konkreten Praxis des Sportunterrichts können sowohl schriftliche als auch mündliche Befragungen sinnvoll sein. Ein Sportlehrer, der eine Klasse neu übernimmt, kann über eine Fragebogenerhebung wichtige Informationen über die Vorerfahrungen seiner Schüler im Schulsport und im außerschulischen Sport (Vereinsmitgliedschaften, Einschätzungen eigener Leistungsfähigkeiten, Interessen und Erwartungen an den Schulsport etc.) erhalten. Ein Fragebogen erlaubt es, dass er von den Schülern zu Hause ausgefüllt wird, und er gibt dem Lehrer die Gelegenheit, die Daten ohne Zeitdruck gründlich auszuwerten. Gezielte mündliche Befragungen sind wertvolle Informationsquellen und bieten sich an vielen Stellen des Unterrichts an. Vor allem zu Beginn und am Ende von Unterrichtseinheiten ergeben sich Situationen, in denen mit den Schülern zusammen Erfahrungen und Ergebnisse ermittelt und ausgewertet werden können.

Das Experiment: Das Grundmuster eines Experiments ist es, unter kontrollierten Bedingungen einen systematischen Vergleich zwischen zwei Vorgängen anzustellen, wobei in einen der Vorgänge bewusst ein neues Element (Stimulus) eingebracht wird. Auf diese Weise können die Wirkungen ermittelt werden, die ein Stimulus ausgelöst hat. Wer also daran interessiert ist, was aus welchen Gründen in welchen Situationen passiert, kann auf experimentelle Untersuchungsverfahren zurückgreifen. In überschaubaren Situationen und unter stark vereinheitlichten Bedingungen kann es gelingen, Ursache-Wirkungs-Zusammenhänge zu prüfen. Denn wenn im Prinzip bis auf den Stimulus alle Bedingungen konstant gehalten werden, kann davon ausgegangen werden, dass feststellbare Wirkungen auf eben diesen Stimulus zurückzuführen sind.

Ein Beispiel aus dem Sportunterricht: Bei der Vermittlung von Bewegungsfertigkeiten beobachten Sportlehrer die ersten Versuche ihrer Schüler und geben Verbesserungshinweise. Offensichtlich gehen sie davon aus, dass es auf dem Wege zu guten Lernergebnissen förderlich ist, die Fehler der Schüler zu korrigieren. Trifft es zu, dass die motorischen Lernleistungen der Schüler durch die Korrekturmaßnahmen des Lehrers beeinflusst sind? Und falls ein positiver Zusammenhang besteht, was genau löst die Effekte aus? Die Häufigkeit der Korrekturen, die zeitliche Nähe der Rückmeldung zur Bewegungsaktivität, die Form und Qualität der Anweisungen? Für die Beantwortung vergleichbarer Fragen bieten sich experimentelle Vorgehensweisen an.

Die Vorzüge experimenteller Verfahren liegen auf der Hand: Der Forscher beschränkt sich nicht darauf, nur nachzuschauen, wie die Wirklichkeit gestaltet ist. Vielmehr übernimmt er eine aktive Rolle. Durch seinen gezielten Einfluss auf den Untersuchungsgang provoziert er Ergebnisse, die zur Klärung der Zusammenhänge notwendig sind. Allerdings können Experimente nur zur Überprüfung einfacher Ursache-Wirkungs-Beziehungen eingesetzt werden und ihre Verwendung ist auf die Untersuchung solcher Wirkungen beschränkt, die sich kurzfristig auf einen Stimulus hin einstellen und nicht erst nach einem längeren Zeitraum.

Soll die experimentelle Ausrichtung der Untersuchung nicht auf Kosten der Realitätsnähe gehen, müssen die komplexen Strukturen des Untersuchungsfeldes möglichst so, wie sie tatsächlich sind, aufgenommen sein und nicht künstlich zugeschnitten, vereinfacht und standardisiert. Feldexperimente leisten dieses, sie finden in der Realität selbst statt. Einige Beispiele für sportdidaktische Anwendungsbereiche: Modellhafte Unterrichtsmaßnahmen können auf ihre erhofften Wirkungen hin untersucht werden; es kann abgeklärt werden, welche Handlungsstrategien für Sportlehrer bei der Bewältigung ihrer Aufgaben und Probleme Erfolg versprechen; Einflüsse außerschulischer Sporterfahrungen der Schüler auf ihre Lern- und Leistungsfähigkeit im Unterricht können sondiert werden.

Die mittlerweile als Evaluationsverfahren bekannten Strategien, mit deren Hilfe die Qualität pädagogischer Maßnahmen in Schule und Unterricht überprüft und gesichert werden sollen, orientieren sich im Grunde alle an der Kernidee des Experiments. Für die Überprüfung einer Maßnahme sind mindestens zwei Erhebungen durchzuführen: eine vor Beginn und eine am Ende der Maßnahme. Verlässliche Auskünfte über die Erfolgsaussichten einer Maßnahme sind zu erwarten, wenn zwei Gruppen miteinander verglichen werden, die sich dadurch unterscheiden, dass in der einen Gruppe die Maßnahme eingeführt wird und in der anderen Gruppe nicht.

Der Test: Das Grundanliegen eines Tests besteht darin, Daten im Zuge eines hochstandardisierten Verfahrens zu gewinnen. Die untersuchten Personen werden in einer genau definierten Situation dazu aufgefordert, festgelegte Aufgaben zu bewältigen. Die Art der Aufgabenbewältigung wird dann als Kennzeichen für jene Fähigkeiten und Eigenschaften genommen, die gemessen werden sollen. Im Ergebnis ermitteln Testverfahren also Daten über Eigenschaften und Ausprägungen von Personen mit dem Ziel, exakte und vergleichbare Aussagen treffen zu können.

Da jede Form standardisierter Datenerhebung als Test ausgelegt werden kann, handelt es sich bei diesem Verfahren im Grunde nicht um eine weitere Erhebungstechnik zusätzlich zu den schon behandelten der Beobachtung oder Befragung. Fitness- und Motoriktests sind im Prinzip Beobachtungsverfahren, Persönlichkeitstests operieren mit Befragungstechniken. Zwischen experimentellen Anordnungen und Testverfahren bestehen besondere Zusammenhänge. Denn im Rahmen experimenteller Untersuchungen können Tests zentrale Bestandteile der Versuchsanordnung sein. So können bei der Datenerhebung *vor* der experimentell untersuchten Maßnahme durch Vortests und *danach* zur Kontrolle der experimentellen Ergebnisse durch Nachtests die entsprechenden Informationen ermittelt werden.

Die Inhaltsanalyse: Ein Zugewinn an sportdidaktischen Erkenntnissen ist nicht immer davon abhängig, dass Wissenschaftler zu Forschungszwecken eigene Daten erheben. Ebenso gut ist es möglich, mit bereits vorhandenem Material zu arbeiten und dieses inhaltlich auszuwerten. Die verschiedensten Quellen und Dokumente eignen sich für solche Inhaltsanalysen: Erfahrungsberichte, Beobachtungsprotokolle, Tagebücher, Aufsätze, biographische Erzählungen, Tonband- und Videoaufzeichnungen, Zeitungs- und Zeitschriftenartikel, Reportagen, Hörfunk- und Fernsehsendungen, literarische Texte wie Romane, Novellen und Gedichte ebenso wie programmatische Texte von Vereinigungen, Verbänden, Parteien, Kirchen und Gewerkschaften bis hin zu Graffitis, Sprüchen, Werbetexten, Grafiken und Fotos.

Einige Beispiele: Wer an einer Übersicht über die typischen Themen des Sportunterrichts interessiert ist, könnte die Klassenbucheintragungen von Sportlehrern zur Basis umfangreicher Analysen machen. Die Auswertung von Schülertagebüchern kann dazu dienen, ihre besonderen Erlebnisse und Erfahrungen im Sportunterricht zu ermitteln. Die Untersuchung von Planungsskizzen, die Referendare zur Vorbereitung auf ihren Sportunterricht machen, und die Bearbeitung der Beobachtungsprotokolle und Notizen von Dozenten,

Fachleitern und Mentoren, die angehende Sportlehrer betreuen, lassen aufschlussreiche Einblicke in die sportdidaktischen Grundorientierungen bei der Ausbildung zu. Unterrichtsmitschnitte und Videodokumente können dazu genutzt werden, die Sprache des Sportlehrers zu analysieren, die unter Schülern üblichen Interaktions- und Kommunikationsformen zu untersuchen oder Unterrichtsprobleme und -störungen aufzudecken und inhaltlich auszuwerten. Diese Beispiele ließen sich um ein Vielfaches erweitern, wenn die Analyse nicht nur auf bereits vorliegendes Material beschränkt bleibt, sondern – was im Rahmen dieses Verfahrens durchaus üblich ist – im Zuschnitt auf die besondere Untersuchungsfrage neues Material erhoben wird.

Einen Einblick in die verschiedenen Forschungsmethoden gibt Band 2 der von Theo HUG (2001b) herausgegebenen Reihe mit dem Titel „Wie kommt Wissenschaft zu Wissen?“. Eine Einführung in Forschungsmethoden, Untersuchungspläne und Techniken der Datenerhebung für die Sportwissenschaft findet sich in dem von Bernd STRAUSS und Herbert HAAG (1994) herausgegebenen Band II der Reihe „Grundlagen zum Studium der Sportwissenschaft“. Einen Überblick über die Forschungsmethodologie in der Sportpädagogik liefern Volker SCHEID und Manfred WEGNER (2001) im „Handbuch Sportpädagogik“.

4 Wie kann ein eigenes Forschungsvorhaben angelegt werden?

Eine eigene Untersuchung muss konzipiert und durchgeführt werden. Die gedankliche Arbeit konzentriert sich darauf, bestimmte Fragen aufzuwerfen und begründet zu entscheiden. Die praktische Durchführung ist durch das methodisch geleitete Handeln im Untersuchungsfeld bestimmt. Das gesamte Vorhaben ist durch eine strukturierte Schrittfolge gekennzeichnet:

(1) **Auswahl des Themas:** Wer sich eine eigene Untersuchung vornimmt, wird an einem bestimmten Thema interessiert sein, über das er etwas Besonderes in Erfahrung bringen will. Was kann das sein? Die unterschiedlichen Interessen und Vorlieben von Jungen und Mädchen? Unterrichtsstörungen und Disziplinprobleme? Unterrichtsthemen und deren Beliebtheit bei den Schülern? Motivationsstrategien der Sportlehrer? Theorievermittlung im Sportunterricht?

Wer keine Ideen hat, muss danach suchen. Drei Wege sind aussichtsreich: (1) Ausgangspunkt für die Suche können alltägliche Erfahrungen sein, die man selbst gemacht hat oder von anderen berichtet werden. Wer seine eigene Schülerbiographie zurückverfolgt, wird mit großer Wahrscheinlichkeit auf Erlebnisse stoßen, die wertvolle Hinweise auf ein interessantes Thema liefern. (2) Ein zweiter Ausgangspunkt kann die Überlegung sein, welche Untersuchungsfelder und Informationsquellen zugänglich sind. Verfügt man über gute Kontakte zu seinen ehemaligen Sportlehrern, können mit deren Unterstützung Unterrichtsbeobachtungen organisiert werden. Wer als Jugendtrainer im Sportverein tätig ist, wird keine Schwierigkeiten haben, mit seinen Jugendlichen Interviewtermine zu vereinbaren. Wer eine hochwertige Videokamera besitzt, kann prüfen, ob er die Bewegungsaktivitäten von Schülern während der Unterrichtspausen aufnehmen und die Dokumente auswerten will. (3) Ein dritter Ausgangspunkt für die Suche nach geeigneten Themen ergibt sich aus den verschiedenen Studienangeboten während der Ausbildung. In den sportpraktischen und sportwissenschaftlichen Lehrveranstaltungen werden eine Fülle von Informationen gegeben, Probleme erörtert und Fragen diskutiert, die Denkanstöße für die inhaltliche Ausrichtung einer eigenen Studie liefern. Besondere Anlässe ergeben sich dann, wenn die behandelten Themen Unvollständigkeiten, Ungenauigkeiten oder Widersprüchlichkeiten aufweisen, wenn die dargestellten Sachverhalte eher Fragen provozieren, als dass sie zu überzeugen vermögen, wenn sich Verknüpfungen von Sachverhalten anbieten, die man bisher voneinander getrennt betrachtet hatte und nun versuchsweise in eine inhaltliche Beziehung zueinander gebracht werden („Wie können im Sportunterricht Trainingseffekte erzielt werden?").

Der Auswahl des Themas wird eine Literaturrecherche folgen. Im Zuge der Aufarbeitung des aktuellen Forschungsstandes zum Thema ist zu prüfen, mit welcher eingegrenzten Problem- und Fragestellung an die bisher vorliegenden Erkenntnisse anzuknüpfen ist.

(2) **Formulierung der Fragestellung:** Nachdem man in einem ersten Schritt das Thema eingekreist hat, ist die Erarbeitung und Festlegung einer präzisen Fragestellung der wesentliche Schritt. Denn für eine wissenschaftliche Untersuchung reicht es nicht aus, sich für ein Themengebiet zu entscheiden, etwa: „Ich mache etwas über Unterrichtsstörungen". Die Untersuchung braucht eine eindeutige Problemstellung. Um diese zu finden, ist es zweckmäßig, das Thema in eine Frageform zu bringen. Die Frage für das Thema Unterrichtsstörungen könnte zum Beispiel sein: „Wer stört wen wodurch?" Oft kann die spezielle Problem-

stellung auch sichtbar werden, wenn eine These formuliert wird, beispielsweise: „Jungen stören Sportunterricht häufiger (vielfältiger, intensiver, gezielter) ...“. Die Auswahl der richtigen Fragestellung fällt nicht leicht. In der Regel neigt man dazu, sich zu viel vorzunehmen. Und in der Tat ist es ja so, dass bei der gedanklichen Beschäftigung mit der Fragestellung deutlich wird, wie eng alles mit allem zusammenhängt.

Wie soll man sich entscheiden? So banal es klingen mag: Fragen zu stellen, heißt zunächst, sich sehr genau zu überlegen, worauf man eigentlich Antworten sucht. Es ist hilfreich, Was-Fragen, Wie-Fragen und Warum-Fragen zu unterscheiden. (1) Die Frage: „Was sind Unterrichtsstörungen?“, lässt Antworten darauf erwarten, was die Unterrichtsteilnehmer unter Störungen verstehen, was die Merkmale und Kennzeichen von Störungen sind, ob es unterschiedliche und typische Störungen gibt, ob es mehr oder weniger „störende“ Störungen gibt. Haben die Sportlehrer ein einheitliches Verständnis? Wenn nicht, was sind die Unterschiede? Haben Lehrer und Schüler das gleiche Verständnis? Wenn nicht, was sind die Unterschiede? (2) Die Frage nach dem Wie von Unterrichtsstörungen zielt auf Prozesse, Entwicklungen und Veränderungen. Es sind Antworten darauf zu erwarten, wie Unterrichtsstörungen entstehen, ablaufen und enden. Entsprechende Erkenntnisse geben vielleicht sogar Hinweise darauf, wie Störungssituationen beeinflusst und bereinigt werden können. (3) Warum-Fragen beziehen sich auf die Hintergründe und Ursachen von Unterrichtsstörungen. Warum stören Schüler den Unterricht? Warum fühlen sich Sportlehrer gestört? Warum stören Schüler ihre Mitschüler?

W-Fragen können helfen, eine Entscheidung über die spezifische Problemstellung zu treffen. Am Ende ist zu prüfen, ob eine geeignete Fragestellung gefunden ist. Ein wichtiger Gesichtspunkt ist dabei die Relevanz der Fragestellung: Wird vielleicht eine Erkenntnislücke geschlossen? Sind praktische Problemlösungen zu erwarten? Welcher persönliche Nutzen liegt vor? Das entscheidende Kriterium für einen Anfänger ist jedoch die Bearbeitbarkeit der Fragestellung. Aufwand und Erfolgswahrscheinlichkeit sind realistisch einzuschätzen.

(3) **Auswahl der Methode:** Zunächst stellt sich die grundsätzliche Frage: Soll eine theoretische oder eine empirische Arbeit entstehen? Bei einer theoretischen Arbeit geht es darum, auf der Grundlage wissenschaftlicher Texte einen neuen wissenschaftlichen Text zu schreiben, der sich durch eine sachliche und argumentierende Darstellungsweise auszeichnet und es dem Leser erlaubt,

den Gedankengang des Verfassers nachzuvollziehen. Dazu sind die vorliegenden Texte für die spezifische Fragestellung sinnvoll auszuwählen, zu verstehen, zu vergleichen, zu verknüpfen und nach einer gründlichen Auseinandersetzung mit ihnen in den eigenen Gedanken- und Argumentationsgang einzubauen. Zur Nachvollziehbarkeit des Textes sind die verwendeten Quellen eigens anzugeben. Theoretische Arbeiten bedienen sich hermeneutischer Methoden oder inhaltsanalytischer Verfahren.

Bei empirischen Arbeiten geht es darum, eigene Daten aus dem fraglichen Wirklichkeitsausschnitt zu ermitteln und diese auf die spezifische Fragestellung hin auszuwerten. Besondere Fragestellungen legen bereits geeignete Methoden nahe. Will man beispielsweise untersuchen, wie Unterrichtsstörungen ablaufen, bieten sich Beobachtungsverfahren an. Soll der Frage nachgegangen werden, wann und warum sich Sportlehrer im Unterricht gestört fühlen, sind Befragungsverfahren geeignete Mittel. Geht es um die Überprüfung wirkungsvoller Gegenstrategien bei einem gestörten Sportunterricht, liegen experimentelle Untersuchungen nahe.

Theoretische und empirische Arbeiten sind keine Gegensätze. Empirische Untersuchungen beschränken sich nämlich keineswegs auf bloßes, theorieloses Datensammeln. Bei der Entwicklung der Fragestellung, der Aufarbeitung des aktuellen Erkenntnisstandes und der Interpretation der Ergebnisse sind theoretische Leistungen notwendig. Andererseits: Die empirischen Untersuchungsergebnisse, die in einem Literaturbericht aufgearbeitet sind, können nicht angemessen dargestellt und bewertet werden, wenn man von den Verfahren nichts versteht, mit denen die Empirie durchgeführt wurde.

(4) **Datenerhebung:** Bei empirischen Arbeiten werden in einem nächsten Schritt die Untersuchungsbedingungen festgelegt (Wer? Wo? Wann? In welcher Situation?) und die Untersuchung durchgeführt. Da die Untersuchungssituation einen erheblichen Einfluss auf die Art und Qualität der ermittelten Daten nimmt, sind die Untersuchungsbedingungen vorab zu klären und im Untersuchungsverlauf genau zu kontrollieren. In aller Regel sind besondere Schulungsmaßnahmen notwendig, um die Voraussetzungen für den sachgemäßen Einsatz des Verfahrens in der Erhebungssituation zu erwerben. Beobachtungen verlangen besondere Wahrnehmungs- und Konzentrationsfähigkeiten des Beobachters. Mündliche Befragungen erfordern ein kontrolliertes Interviewerverhalten. Unerwartete Schwierigkeiten und Pannen können verhindert werden, wenn vor der Hauptuntersuchung Probedurchläufe stattfinden.

(5) **Auswertung und Interpretation der Daten:** Die Auswertung der erhobenen Daten erfolgt in den drei Teilschritten Datenaufbereitung, Datenverarbeitung und Ergebnisdarstellung. Hieran schließt sich die Interpretation und Diskussion der Befunde an. Es ist zu prüfen, was die Ergebnisse unter Bezug auf die Ausgangsfragestellung inhaltlich aussagen, und darzustellen, ob Widersprüche, Übereinstimmungen und Verknüpfungsmöglichkeiten zu den bisher vorliegenden Erkenntnissen bestehen. Eine kritische Auseinandersetzung mit der eigenen Arbeit, die eine methodenkritische Betrachtung einschließt, rundet die Untersuchung ab.

Diese Schrittfolge kennzeichnet nicht nur die Phasenstruktur eines Forschungsvorhabens – wobei zwischen den einzelnen Phasen wechselseitige Abhängigkeiten bestehen –, sondern sie gibt zugleich die Gliederung für den schriftlichen Bericht über das Projekt ab. Detaillierte Anleitungen für die einzelnen Schritte finden sich bei Jürgen R. NITSCH et al. (1994) und bei Klaus HEINEMANN (1998).

Literatur

BRÜSEMEISTER, T. (2000). *Qualitative Forschung*. Wiesbaden: Westdeutscher Verlag.

EBERSPÄCHER, H. (1990). *Sportpsychologie*. Reinbek: Rowohlt.

GUDJONS, H. (1993). *Erziehungswissenschaft kompakt*. Hamburg: Bergmann & Helbig.

HEINEMANN, K. (1998). *Einführung in Methoden und Techniken empirischer Forschung im Sport*. Schorndorf: Hofmann.

HUG, T. (2001). Erhebung und Auswertung empirischer Daten. In T. HUG (Hrsg.), *Einführung in die Forschungsmethodik und Forschungspraxis* (S. 11-29). Baltmannsweiler: Schneider. (a)

HUG, T. (Hrsg.). (2001). *Wie kommt Wissenschaft zu Wissen? Bd. 2: Einführung in die Forschungsmethodik und Forschungspraxis*. Baltmannsweiler: Schneider. (b)

HUG, T. (Hrsg.). (2001). *Wie kommt Wissenschaft zu Wissen? Bd. 3: Einführung in die Methodologie der Sozial- und Kulturwissenschaften*. Baltmannsweiler: Schneider. (c)

HUSCHKE-RHEIN, R. (1991). *Systematische Pädagogik. Bd. II: Qualitative Forschungsmethoden und Handlungsforschung*. Köln: Rhein.

KLEINING, G. (1991). Methodologie und Geschichte qualitativer Sozialforschung. In U. FLICK et al. (Hrsg.), *Handbuch Qualitative Sozialforschung* (S. 11-22). München: Psychologie Verlag Union.

KRÜGER, H.-H. (1997). *Einführung in die Theorien und Methoden der Erziehungswissenschaft*. Opladen: Leske & Budrich.

KUCKARTZ, U. (1994). Methoden erziehungswissenschaftlicher Forschung 2: Empirische Methoden. In D. LENZEN (Hrsg.), *Erziehungswissenschaft – ein Grundkurs* (S. 543-567). Reinbek: Rowohlt.

LÖFFLER, W. (2001). Methoden theoretischer Forschung. In T. HUG (Hrsg.), *Einführung in die Forschungsmethodik und Forschungspraxis* (S. 30-50). Baltmannsweiler: Schneider.

NITSCH, J. R. et al. (1994). *Der rote Faden: Eine Einführung in die Technik wissenschaftlichen Arbeitens*. Köln: bps.

SCHEID, V. & WEGNER, M. (2001). Forschungsmethodologie in der Sportpädagogik. In H. HAAG & A. HUMMEL (Hrsg.), *Handbuch Sportpädagogik* (S. 105-137). Schorndorf: Hofmann.

STRAUSS, B. & HAAG, H. (Hrsg.). (1994). *Forschungsmethoden – Untersuchungspläne – Techniken der Datenerhebung in der Sportwissenschaft*. Schorndorf: Hofmann.

TENORTH, H.-E. & LÜDERS, C. (1994). Methoden erziehungswissenschaftlicher Forschung 1: Hermeneutische Methoden. In D. LENZEN (Hrsg.), *Erziehungswissenschaft – ein Grundkurs* (S. 519-542). Reinbek: Rowohlt.

Lektion 12
Was ist Sportdidaktik?
Geschichte, Gegenstand und Aufgaben eines sportwissenschaftlichen Arbeitsbereichs

Jede Wissenschaft ist auf die Abgrenzung von Arbeitsgebieten angewiesen. Dies geschieht nicht nur, um nach ihnen Studieninhalte und Prüfungsgebiete zu benennen, Bibliotheken zu ordnen und Dozentenstellen auszuschreiben, sondern vor allem deswegen, weil eine systematisch angelegte Forschung und Lehre auf die Benennung und Eingrenzung ihrer je besonderen Perspektiven angewiesen ist. Welche Probleme die Sportwissenschaft in den Blick nimmt, ist durch ihre Aufgliederung in verschiedene Arbeitsbereiche vorentschieden. Einer dieser sportwissenschaftlichen Arbeitsbereiche ist die Sportdidaktik. Für den, der die vorangegangenen Lektionen bearbeitet hat, wird sich über die Auswahl der behandelten Themen bereits eine Vorstellung davon entwickelt haben, welche Fragen die Sportdidaktik stellt und welche Antworten sie liefert. Das entstandene Bild ist in dieser Lektion aufzunehmen und zu präzisieren. Vier Fragen werden angegangen: Wie kommt der Schulsport zu seinem Namen? Was ist die Sportdidaktik? Welche Aufgabenfelder hat sie zu bearbeiten? Wie sieht die Zukunft aus?

1 Wie kommt der Schulsport zu seinem Namen?

Fragt man heute Schüler danach, welchen Unterricht sie gehabt haben, antworten sie auf unser Fach bezogen: Sport. Die Lehrer, die dieses Fach unterrichten, werden Sportlehrer genannt. Dies war nicht immer so. Das Fach hat in seiner Geschichte eine Vielzahl von verschiedenen Namen gehabt und mit dem Wechsel der Bezeichnungen ist zugleich ein Wandel in der pädagogischen Grundlegung und der Auffassung seiner Unterrichts- und Erziehungsaufgaben angezeigt.

Bereits im antiken Griechenland wird über den Sinn und die Notwendigkeit einer körperlichen Ertüchtigung nachgedacht und in den Ausbildungsstätten – den so genannten Gymnasien – finden mit dem Ziel der körperlichen und staatsbürgerlichen Erziehung der jungen Männer Aktivitäten wie Laufen, Springen, Ringen sowie Speer- und Diskuswerfen statt. Dennoch etablieren sich Körperübungen in den historischen Erziehungseinrichtungen nicht auf Dauer. Über das römische Imperium wird der mehr auf geistig-philosophische Bildung ausgerichtete Charakter der schulischen Erziehung zum Vorbild für die gesamte abendländische Kultur. Daher gerät die körperliche Ertüchtigung bis zur nachreformatorischen Zeit praktisch in Vergessenheit. Pädagogen wie Comenius (1592-1670) fordern eine Wiederaufnahme in den Schulunterricht, können sich aber noch nicht durchsetzen. Erst durch die Philanthropen, die von Rousseau (1712-1778) beeinflussten Pädagogen der Aufklärungszeit, findet die körperliche Ertüchtigung als ein zentrales Erziehungsmoment allmählich Anerkennung.

(1) **Schulische Gymnastik:** Vorreiter und Begründer des schulischen Gymnastikunterrichts ist der Philanthrop Johann C. F. GutsMuths (1759-1839). Mit seinem Buch „Gymnastik für die Jugend“ (1793) schreibt er die erste umfassende pädagogische Arbeit über Aufbau, Funktion und Inhalte unseres Faches. Zur Vorbereitung auf das Erwachsenenalter mit seinen staatsbürgerlichen Verpflichtungen liegt der Zweck der schulischen Gymnastik im Erwerb lebenspraktisch nützlicher Fertigkeiten, in der Erhaltung der Gesundheit und in der sittlichen Erziehung.

(2) **Schulturnen:** Die Idee der Körperertüchtigung gewinnt durch den „Turnvater“ Friedrich Ludwig Jahn (1778-1852) an Akzeptanz und Einfluss. Mit seiner populären Schrift „Die deutsche Turnkunst“ (1816) setzt er sich an die Spitze einer volkstümlichen und deutschnationalen Bewegung, die mit dem Ziel eines geeinten und starken Vaterlandes eine Erziehung zu freien und selbstbewussten Bürgern anstrebt. Jahn vertritt die Auffassung, dass Erziehung ein Gleichmaß von Leib und Seele erfordere. Für dieses Gleichgewicht soll das deutsche Turnen sorgen. Mit der Einrichtung öffentlicher Turnplätze – der Erste wird von Jahn 1811 auf der Berliner „Hasenheide“ gegründet – finden Idee und Programm des deutschen Turnens ihre organisatorischen Voraussetzungen und den Ausgangspunkt für eine allgemeine Verbreitung.

Die Einführung des Turnens in die Schulen ist untrennbar mit dem Namen Adolf Spieß (1810-1858) verbunden. Er wird von der preußischen Kultusbehörde aufgefordert, ein Konzept für das Schulturnen zu erstellen. Das Resultat seiner Arbeit wird den Schulen 1842 in Form eines Turnerlasses vorgegeben. Das Spießsche Konzept ist ein streng gegliedertes und durchorganisiertes System von Turn- und Gymnastikübungen, die zu Körperbeherrschung, Ordnung, Disziplin und Gehorsam erziehen sollen.

Im Gegensatz zum reglementierten deutschen Turnen gründet der englische Sport auf einem anderen Verständnis. Dieser hat – abgeleitet aus „to disport“: sich vergnügen (lateinisch „disportare“) – einen unterhaltenden Akzent, wird als Wettkampf ausgetragen und ist in seinem Erscheinungsbild wesentlich bunter als das Turnen. Trotz der scharfen Gegenwehr der deutschen Turnerschaft, von der Sport als „undeutsch“ abgelehnt wird, verbreitet sich der Sport seit der Mitte des 19. Jahrhunderts weltweit immer stärker und findet im Laufe der Zeit auch Eingang in deutsche Schulen.

(3) **Leibesübungen:** Die praktizierten Formen des Spießschen Schulturnens rufen gegen Ende des 19. Jahrhunderts zunehmend Kritiker auf den Plan. Reformpädagogen bemängeln die Entsinnlichung und Verzweckung der Erziehung und fordern eine Erziehung vom Leibe her. Maßgeblichen Einfluss hat der Ansatz des „natürlichen Turnens“ von Karl Gaulhofer (1885-1941) und Margarete Streicher (1891-1985), die statt einseitiger Verstandesbildung wieder die harmonische Einheit von Leib, Seele und Geist in den Mittelpunkt der Erziehungsbemühungen rücken. Die Kritik der Reformpädagogen und die Tatsache, dass der Sport nach dem Ersten Weltkrieg zu einer Massenbewegung wird, tragen zu einer Reform des Faches bei. Die Leibesübungen in der Weimarer Republik (1919-1933) zeichnen sich durch ihre Vielfalt und Widersprüchlichkeit aus. Es kommt zu einem bunten Nebeneinander von gymnastischen Übungen, traditionellem Turnen, Sport (Leichtathletik, Schwimmen), Spiel und Tanz.

(4) **Körperertüchtigung:** Im Dritten Reich (1933-1945) nehmen Leibesübungen als schulisches Hauptfach – ab 1937 fünfstündig – eine hervorgehobene Stellung ein. Der pädagogische Anspruch wird der nationalsozialistischen Ideologie von Volk, Rasse und Führer unterstellt. Machtpolitische Interessen bestimmen die Forderung nach einer harten, kampfbetonten und soldatischen Erziehung, die zu einer hohen körperlichen Leistungsfähigkeit des deutschen Volkes führen soll. Die politische Leibeserziehung ist ein – vielleicht sogar das – Mittel auf dem Wege zur Erziehung zu Volksgemeinschaft, Rassenbewusstsein, Wehrhaftigkeit, Kraft, Mut, Stärke und Führertum. Letztlich geht es um das Heranzüchten kerngesunder Körper zur Vorbereitung auf militärische Eroberung.

(5) **Leibeserziehung:** In der Nachkriegszeit nimmt die Entwicklung in Ost- und Westdeutschland einen unterschiedlichen Verlauf. In der DDR wird der Sport in den Dienst des sozialistischen Staates gestellt. Der Auftrag der schulischen Körpererziehung besteht darin, über die allseitige körperliche Grundausbildung

an der Entwicklung einer sozialistischen Persönlichkeit mitzuwirken. Hauptziel des Unterrichts ist es, die körperliche Leistungsfähigkeit der Schüler zu steigern. Im Westen Deutschlands bildet sich die Leibeserziehung aus. Auf der Grundlage bildungstheoretischer Überlegungen gelingt es nach und nach, die Leibeserziehung als einen unverzichtbaren Teil der Gesamterziehung auszuweisen. Das Spielen, Gestalten, Leisten und Wettkämpfen sind die zentralen Bildungsgehalte, die im Vollzug der Leibesübungen erfahrbar werden und ihre bildende Kraft entfalten sollen. Die Theorie der Leibeserziehung bestimmt bis in die späten 60er Jahre des 20. Jahrhunderts sowohl das didaktische Denken als auch die Praxis des Unterrichts.

(6) **Sportunterricht.** Die gesellschaftspolitische Bedeutung des Sports nimmt ständig zu, der Freizeit- und Breitensport findet immer mehr Anhänger, der Leistungssport wird für den Vergleich politischer Systeme benutzt und weltweit präsentiert. Der voranschreitende Prozess der Versportlichung unserer Gesellschaft findet Niederschlag in der didaktischen Ausrichtung des Faches. Es wird die Notwendigkeit herausgestellt, junge Menschen zum aktiven und lebenslangen Sporttreiben anzuleiten. Die theoretische Einbindung dieses Anliegens gelingt auf der Grundlage der Anfang der 1970er Jahre entwickelten Curriculumtheorie, die im Kern darauf zielt, die Heranwachsenden für gesellschaftlich relevante Lebenssituationen zu qualifizieren. Die verstärkte Orientierung der Sportdidaktik an der Realität des außerschulischen Sports bleibt nicht folgenlos: Aus der Leibeserziehung wird das Unterrichtsfach Sport.

Wer an einem Studium der historischen Etappen interessiert ist, kann auf die „Einführung in die Sportpädagogik" von Ommo GRUPE & Michael KRÜGER (1997, S. 87-128) und den „Grundriß der Sportpädagogik" von Robert PROHL (1999, S. 25-91) zurückgreifen. Eine genaue Analyse des Übergangs von der bildungstheoretischen Phase der Leibeserziehung zur aktuellen Didaktik unseres Faches hat Dietrich KURZ (1977a, S. 14-57) auf den ersten Seiten seines Buches „Elemente des Schulsports" vorgenommen. In der neueren Zeit ist eine einheitliche Auffassung von den Anliegen und Zielen des Schulsports nicht mehr auszumachen. Verschiedene Positionen haben sich herausgebildet und konkurrieren. Eine knappe Übersicht dazu gibt Eckart BALZ (2001, S. 149-156). Siehe dazu auch die Lektion 5 in diesem Buch.

2 Was ist die Sportdidaktik?

Das Wort Didaktik stammt von dem griechischen Verb *didaskein* ab und kann aktiv als *lehren* oder *unterrichten,* passiv als *lernen* oder *belehrt, unterrichtet werden* und medial als *lernen lassen* oder *sich aneignen* übersetzt werden. Das vom Verb abgeleitete Substantiv bedeutet: Lehre, Unterricht, Unterweisung. Der Begriff Didaktik wird erstmalig im 17. Jahrhundert verwendet und als *Kunst des Lehrens* verstanden.

Die Didaktik ist innerhalb der Erziehungswissenschaft die Teildisziplin, die sich mit Fragen des Lehrens und Lernens beschäftigt und umfassend als Wissenschaft vom Unterrichten in all seinen Spielarten angelegt ist. Neben der allgemeinen Didaktik, die den Unterricht und Lehr-Lern-Prozesse im Grundsatz und unabhängig von einzelnen Fachdisziplinen untersucht, gibt es speziell ausgerichtete Fachdidaktiken. Die Sportdidaktik ist eine solche Fachdidaktik und beschäftigt sich in besonderer Weise mit Fragen des Schulsports.

Als Fachdidaktik weist die Sportdidaktik eine Besonderheit auf, die im Vergleich mit anderen Fächern augenfällig wird. Die Didaktik der Mathematik z. B. gibt an, in welcher Auswahl, Akzentuierung und Vermittlungsweise die Begriffssysteme und Ergebnisse der korrespondierenden Fachwissenschaft, nämlich der Mathematik, an Schüler weiterzugeben sind. Im Sportunterricht geht es jedoch nicht um die Vermittlung von Erkenntnissen und Arbeitsweisen der Sportwissenschaft, sondern um die Anleitung zu sportlicher Aktivität: Sport wird betrieben. Nicht die Sportwissenschaft ist also der Ausgangs- und Bezugspunkt der Sportdidaktik, sondern der Sport als ein bedeutsamer Bereich gesellschaftlicher und kultureller Wirklichkeit und als eine weit verbreitete und für viele Menschen attraktive Betätigungsform. Die Problemstellungen, mit denen sich die Sportdidaktik auseinander setzt, unterscheiden sich somit in Teilen von denen anderer Fachdidaktiken. Sie gehen über Fragen des Unterrichtens und des Lehrens und Lernens hinaus und haben die spezifischen Wirkungen von Sportaktivitäten auf die organisch-körperliche Entwicklung ebenso zu berücksichtigen wie die besonderen Erlebnis- und Erfahrungsqualitäten sportlich-spielerischer Bewegungsweisen, die besondere Erziehungs- und Bildungspotenziale eröffnen.

Die **Sportdidaktik ist ein Teilgebiet der Sportpädagogik**. Diese befasst sich insgesamt mit Sport, Spiel und Bewegung als Gegenstand von Bildung und

Erziehung. Über den Sport hinaus, wie er in seinen geregelten und organisierten Formen gesellschaftliche Realität ist, bezieht die Sportpädagogik das Spiel und die Bewegung in ihre Betrachtungsweise ein: Das Spiel als eine Tätigkeit, die ohne bewusste Zwecksetzung um ihrer selbst willen erfolgt und sich insbesondere durch ihre kreativen Ausgestaltungsmöglichkeiten auszeichnet; die Bewegung als eine grundlegende Dimension menschlicher Tätigkeit, mit deren Hilfe man in aktiver Weise seine Umwelt und zugleich sich selbst erschließen und erfahren kann. Die Sportpädagogik fragt nun danach, in welcher Weise Sport, Spiel und Bewegung die Entwicklung von Heranwachsenden fördern und die Lebensqualität von Erwachsenen bereichern können. Sie tut dies im Querschnitt über alle Handlungsfelder hinweg (Sportverein, Familie, informelle Gleichaltrigengruppe, kommerzielle Sportanbieter) und im Längsschnitt für die gesamte Lebensspanne (Kindheit, Jugend, Erwachsenen- und Seniorenalter).

Innerhalb der Sportpädagogik hat die Sportdidaktik ihren eigenen Arbeitsschwerpunkt: Die **Sportdidaktik konzentriert sich auf den Schulsport**. Sie untersucht die Bildungs- und Erziehungsprozesse im und durch Sport, Spiel und Bewegung, wie sie in der Institution Schule ablaufen. Fragen nach der Legitimation des Schulsports, nach der Auswahl und Begründung von Unterrichtszielen und Lerngegenständen und nach der angemessenen Strukturierung der Lern- und Vermittlungsprozesse stehen im Vordergrund. Dabei sind in spezifischer Weise die Ausgangsvoraussetzungen der Schüler und Lehrer zu berücksichtigen.

Die **Sportdidaktik ist die Theorie des Schulsports**. Ihre theoretischen Bemühungen zielen auf die geordnete Erfassung und Deutung des schulsportlichen Geschehens. Didaktische Theorie ist kein Selbstzweck, sondern ein Mittel zum Zweck, den Schulsport besser zu verstehen und zu gestalten. Zu diesem Zweck gehen die Forschungsaktivitäten in der Sportdidaktik in zwei Richtungen. Als eine normative Disziplin entwickelt die Sportdidaktik praxiserprobte Programmatiken zur didaktischen Konstruktion von Sport, Spiel und Bewegung in Schule und Unterricht. Sie formuliert dann so genannte Sollens-Sätze: „Im Schulsport sollen nach Möglichkeit alle Schüler ...“. Als eine empirisch-analytisch arbeitende Disziplin geht es ihr um die Rekonstruktion von Unterrichtswirklichkeiten und deren Rahmenbedingungen. Sie formuliert dann so genannte Seins-Sätze: „In der Praxis des Schulsports sind die Schüler ...“.

Wenn die Theorie des Schulsports der Praxis des Schulsports zugute kommen soll, muss die Sportdidaktik ihre Erkenntnisse denen vermitteln, die in der

Praxis die Verantwortung tragen. Dies sind die Sportlehrer. Sportdidaktik richtet sich also an angehende und berufstätige Sportlehrer. Somit hat die Sportdidaktik ihren Ausgangspunkt in der üblichen Handlungs- und Entscheidungssituation der Sportlehrer zu suchen und für deren Alltagspraxis Vorschläge zum Handeln und Anregungen zum Nachdenken zu geben. Zugleich hat sie den Auftrag, den Sportlehrern kritische Rückmeldungen zu liefern. Indem die Sportdidaktik eingeschliffene Alltagsroutinen deutlich macht, schlechte Gewohnheiten in Frage stellt und mit einer besseren Praxis konfrontiert, kann sie die qualitative Fortentwicklung des Schulsports anstoßen. Also: Das Berufs- und Aufgabenfeld des Sportlehrers an Schulen ist der Gegenstand der Sportdidaktik und sportdidaktische Erkenntnisse und Empfehlungen zielen auf das Handeln und Entscheiden des Sportlehrers. Daher ist die **Sportdidaktik die Berufswissenschaft des Sportlehrers**.

Die Sportdidaktik als die Theorie des Schulsports aufzufassen, ist eine Position, die u. a. Horst EHNI (2000, S. 9-35) vertritt. In seinem Beitrag „Vom Sinn des Schulsports" begründet er diese Vorstellung und macht differenzierte Angaben dazu, auf welche Weise die Sportdidaktik ihrem Auftrag nachkommen kann, den Sinn des Schulsports zu erörtern.

3 Welche Aufgabenfelder hat die Sportdidaktik zu bearbeiten?

Die spezifische Aufgabe der Sportdidaktik besteht darin, Sportlehrern Entscheidungshilfen für die Gestaltung des Sports unter den besonderen Bedingungen von Schule zu geben. Dazu hat sie der zentralen Frage nachzugehen, welchen Beitrag der Schulsport für die Entwicklung und Erziehung der Heranwachsenden leisten kann und leistet. Entscheidungshilfen für die Gestaltung des Schulsports zu geben heißt, zwei Handlungsfelder in den Blick zu nehmen. Eines davon ist der **Sportunterricht** selbst, für den differenzierte Analysen zu erstellen und systematische Konzepte zu entwickeln, zu erproben und zu evaluieren sind. Ziel dieser Konzepte ist es, für die pädagogische Gestaltung des Unterrichts bestimmte Ziele, Inhalte und Methoden zu empfehlen. Ein zweites Arbeitsfeld ist der **außerunterrichtliche Schulsport** mit den Angebotsformen Pausensport, Sportarbeitsgemeinschaften, Spiel- und Sportfeste, Sportwettkämpfe, Sport, Spiel und Bewegung bei Ausflügen und Klassenfahrten.

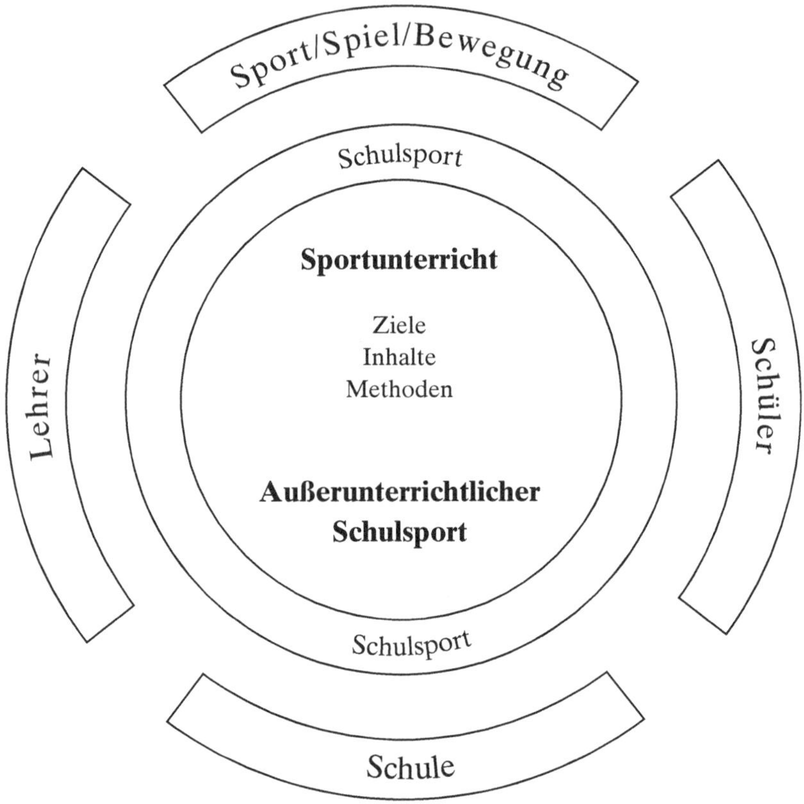

Abb. 9: Aufgabenfelder der Sportdidaktik

Diese Aufgaben können nur hinreichend bearbeitet werden, wenn Daten und Analysen zu mindestens vier Bereichen zur Verfügung stehen (vgl. Abb. 9), nämlich zu

- den Strukturen von Sport, Spiel und Bewegung: Welche Handlungsmöglichkeiten und Anforderungen stellen sich von der Sache her? Welche Erfahrungsdimensionen und Sinnbezüge liefern Sport, Spiel und Bewegung?
- den sport- und bewegungsbezogenen Voraussetzungen der Schüler: Welche körperlich-motorischen, kognitiven, psychischen und sozialen Lernvoraussetzungen bringen sie mit? Wie lernen sie Bewegungen? Welche Interessen und Erwartungen haben sie? Wie sieht ihr außerschulisches Sportengagement aus?

- den organisatorischen und institutionellen Bedingungen der Schule: Welche Aufgaben haben Schule und Schulsport? Welche Möglichkeiten hält die Schule als Institution für den Schulsport bereit? Welche Begrenzungen gibt sie vor?
- den Aufgaben und Möglichkeiten der Lehrer: Welche Sport- und Bewegungsbiographien haben Sportlehrerinnen und Sportlehrer durchlaufen und wie nehmen diese Einfluss auf ihre Sport- und Unterrichtskonzepte? Welche Handlungsorientierungen liegen bei Sportlehrern vor und mit welchen Belastungen und Problemen haben sie sich auseinander zu setzen? Wie arbeiten sie unter Alltagsbedingungen?

Zur Beantwortung einiger Fragen ist die Sportdidaktik auf die Zusammenarbeit mit anderen sportwissenschaftlichen Teildisziplinen angewiesen. Denn diese liefern wertvolle Beiträge zu Fragen, die für die Sportdidaktik von zentraler Bedeutung sind: Die Sportmedizin und Trainingswissenschaft können die gesundheitlichen Effekte des Schulsports für Schüler unterschiedlichen Alters und Geschlechts erfassen. Die Bewegungsforschung kann die Effektivität von Methoden motorischen Lehrens und Lernens untersuchen. Die Sportsoziologie kann die institutionellen Bedingungen des Schulsports mit denen des Vereinssports vergleichen. Die Sportpsychologie kann Verhalten und Motivation von Sportlehrern untersuchen. Die Sportgeschichte kann auch Schulsportgeschichte sein. Die Sportdidaktik kann anschließend zusammenführen, was sie in den anderen sportwissenschaftlichen Arbeitsbereichen an fruchtbaren Analysen und Hinweisen findet. Auf der Grundlage integrativer Begriffe und auf Schule und Unterricht bezogener Systematisierungen ist dann nach didaktischen Kriterien zu prüfen, welche Ratschläge aus den anderen sportwissenschaftlichen Arbeitsbereichen für die Praxis des Schulsports hilfreich sind.

Versuche, das Arbeitsfeld der Sportdidaktik zu bestimmen, fallen durchaus unterschiedlich aus. Es ist auch nicht zu erwarten, dass eine definitorisch scharfe oder gar endgültige Abgrenzung der Aufgaben der Sportdidaktik gelingt. Die hier vorgestellte Auffassung folgt den Überlegungen von Dietrich Kurz *(1977b). In seinem Beitrag „Sportpädagogik und Sportdidaktik – oder: Von der Schwierigkeit, wissenschaftliche Arbeitsbereiche abzugrenzen" entwickelt er die Auffassung von der Sportdidaktik als Berufswissenschaft und sieht das Entscheidungsfeld des Sportlehrers an der Schule als das eigene Arbeitsgebiet der Sportdidaktik vor.*

4 Welche Herausforderungen für die Zukunft zeichnen sich ab?

Sportdidaktische Überlegungen sind auf der programmatischen Ebene so weit voranzutreiben, dass der pädagogische Anspruch des Sports in der Schule erkennbar und mit scharfen Konturen gezeichnet ist. Auf dieser Grundlage muss es der Sportdidaktik gelingen, deutlich zu machen, welchen unverzichtbaren Beitrag der Schulsport für die Bildung und Erziehung der Schüler leistet. Im Sinne einer umfassenden und ganzheitlichen Erziehung ist der Sportunterricht das einzige Fach, das sich der körperlich-sinnlichen Entwicklung der Heranwachsenden zuwendet.

Sportlehrer werden in Zukunft immer mehr damit beschäftigt sein, die besondere Bedeutung und Unverzichtbarkeit ihres Faches sichtbar zu machen. Über ihre eigentliche Unterrichtstätigkeit hinaus wird ihnen die zentrale Aufgabe zufallen, sich – gleichsam in einer schul- und bildungspolitischen Offensive – mit großem Nachdruck für ihr Fach einzusetzen. Sie müssen Eltern, Kollegen, Politiker und ihre Schüler nicht nur tatkräftig, sondern auch mit guten Argumenten davon überzeugen, dass sich Investitionen in den Schulsport auszahlen.

Die Ansprüche des Faches überzeugend zu proklamieren, ist sicherlich eine wichtige Zukunftsaufgabe. Allerdings: In dem Maße, in dem sich die Anforderungen an das Fach erhöhen, steigt zugleich die Notwendigkeit, die behaupteten Wirkungen des Schulsports auch zu belegen. In diesem Zusammenhang sind die Sportwissenschaftler und die Sportlehrer gleichermaßen gefordert. Sportdidaktische Forschungsaktivitäten müssen sich in Zukunft verstärkt um die Analyse und Aufklärung bestehender Schul- und Unterrichtspraxis bemühen. Empirische Untersuchungen über die Wirklichkeit des Schulsports sind nach wie vor Mangelware. Wirkungsforschung zum Schulsport fehlt gänzlich. Wir wissen kaum etwas darüber, welchen Einfluss der Sportunterricht auf die körperlich-motorische Entwicklung der Schüler tatsächlich nimmt. Diese Forschungslücken zu schließen, wird mit erheblichen Anstrengungen verbunden sein.

In die gleiche Richtung werden in Zukunft die Sportlehrer besondere Initiativen zu ergreifen haben. Es werden nicht nur die Ansprüche an die Qualität ihrer Arbeit steigen, sie werden zudem gefordert sein, über die Qualität ihrer Arbeit Rechenschaft abzulegen. In dem Maße, in dem sich Selbständigkeit und Eigenverantwortlichkeit des Lehrerhandelns als Kennzeichen einer professionellen

Berufsausübung erhöhen, und in dem Maße, in dem teilautonome Schulen mehr Verantwortung für die Qualitätssicherung und -entwicklung ihrer Arbeit übernehmen müssen, werden die Sportlehrer mehr und mehr verpflichtet sein, ihre Leistungen in geeigneter Form selbst zu überprüfen und für andere zu dokumentieren.

Es ist abzusehen, dass sich die Sportlehrer verstärkt mit konzeptionellen Weiterentwicklungen von Schule und Schulsport auseinander setzen müssen. Eine deutliche Ausweitung der Ansprüche an den Schulsport wird in den aktuellen Entwürfen zu einer „bewegten Schule“ vorgenommen. Grundidee ist es, die gesamte Schule in Bewegung zu bringen. Das Vorhaben übersteigt die gewohnten Grenzen des Faches Sport und will – aus Gründen der Kompensation einseitiger schulischer Belastungen, in der Absicht einer ganzheitlichen Lern- und Entwicklungsförderung der Schüler und mit dem Ziel der Umgestaltung der Schulen zu einem offenen Erfahrungsraum – Bewegung, Spiel und Sport zu einem tragenden Element des schulischen Lernens und Lebens machen. Mit dieser Idee ist die Vorstellung verbunden, dass sich die Schule als Institution insgesamt weiterentwickelt und ein besonderes pädagogisches Profil erarbeitet.

Zwar wird auch in Zukunft die Kernaufgabe des Sportlehrers darin bestehen, anspruchsvoll zu unterrichten. Doch genauso deutlich zeichnet sich ab: Die Ansprüche an seine Fähigkeiten, bildungspolitisch zu denken und zu handeln, konzeptionell zu arbeiten, Innovationen durchzusetzen und umzusetzen und zudem die Qualität pädagogischer Maßnahmen zu evaluieren, werden in Zukunft steigen.

Einen Einblick in die Herausforderungen für den Schulsport gibt Günter STIBBE (1999, S. 60-76). Die in neuerer Zeit intensiv diskutierten Vorstellungen zu einer „bewegten Schule“ sind bei Ralf LAGING (1999, S. 397-419) nachzulesen.

Literatur

BALZ, E. (2001). Fachdidaktische Entwicklungen. In H. HAAG & A. HUMMEL (Hrsg.), *Handbuch Sportpädagogik* (S. 149-156). Schorndorf: Hofmann.

EHNI, H. (2000). Vom Sinn des Schulsports. In P. WOLTERS et al., *Didaktik des Schulsports* (S. 9-35). Schorndorf: Hofmann.

GRUPE, O. & KRÜGER, M. (1997). *Einführung in die Sportpädagogik*. Schorndorf: Hofmann.

KURZ, D. (1977). *Elemente des Schulsports*. Schorndorf: Hofmann. (a)

KURZ, D. (1977). Sportpädagogik und Sportdidaktik – oder: Von der Schwierigkeit, wissenschaftliche Arbeitsbereiche abzugrenzen. *Zeitschrift für Sportpädagogik, 1* (3), 274-289. (b)

LAGING, R. (1999). Schule als Bewegungsraum – Bewegte Schule. In W. GÜNZEL & R. LAGING (Hrsg.), *Neues Taschenbuch des Sportunterrichts. Bd. 1* (S. 397-419). Baltmannsweiler: Schneider.

PROHL, R. (1999). *Grundriß der Sportpädagogik*. Wiebelsheim: Limpert.

SCHERLER, K. (1995). Sport in der Schule. In J. RODE & H. PHILIPP (Hrsg.), *Sport in Schule, Verein und Betrieb* (S. 43-58). Sankt Augustin: Academia.

STIBBE, G. (1999). Schule auf neuen Wegen – Herausforderungen für den Schulsport. In L. KOTTMANN, H.-J. SCHALLER & G. STIBBE (Hrsg.), *Sportpädagogik zwischen Kontinuität und Innovation* (S. 60-76). Schorndorf: Hofmann.

Manuskript und Vortrag

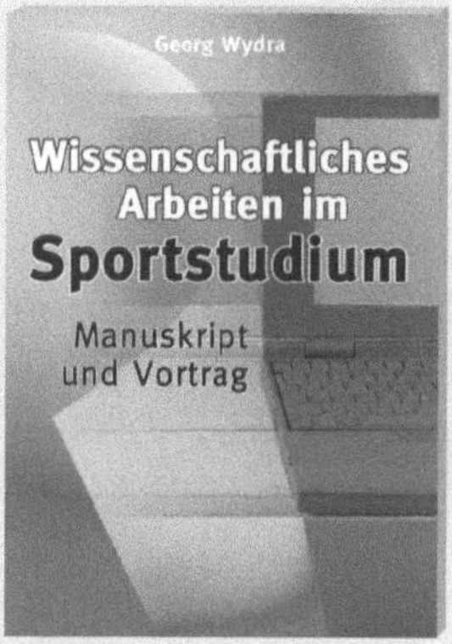

Georg Wydra

Wissenschaftliches Arbeiten im Sportstudium

Dieses Buch ist ein wertvoller Leitfaden für jeden Studierenden der Sportwissenschaft. Es ist eine Anleitung zum formell korrekten Verfassen schriftlicher wissenschaftlicher Arbeiten und dient auch zur Vorbereitung von mündlichen Vorträgen mit optischer Präsentation.

96 Seiten
12 Grafiken, 3 Tabellen
Paperback mit Fadenheftung
14,8 x 21 cm
ISBN 978-3-89124-940-6
€ 12,95 / A 13,40

MEYER & MEYER VERLAG

Möchten Sie noch mehr Informationen über unseren Verlag oder zu weiteren Büchern?

Besuchen Sie uns online:
www.dersportverlag.de

Gerne senden wir Ihnen auch unsere Kataloge zu.

Für Fragen und Bestellungen steht Ihnen unser **Vertrieb** zur Verfügung.

Wählen Sie einfach:
► +49 (0)2 41 - 9 58 10-13

Wir freuen uns auf Ihren Anruf!

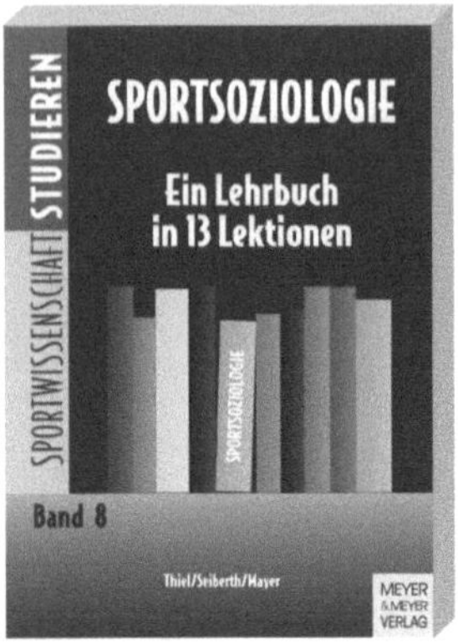

1. AUFLAGE 2014
300 Seiten, s/w, 20 Abb., 1Tab.
Paperback mit Fadenheftung
14,8 x 21 cm
ISBN 978-3-89899-639-6
€ 18,95 / A 19,50

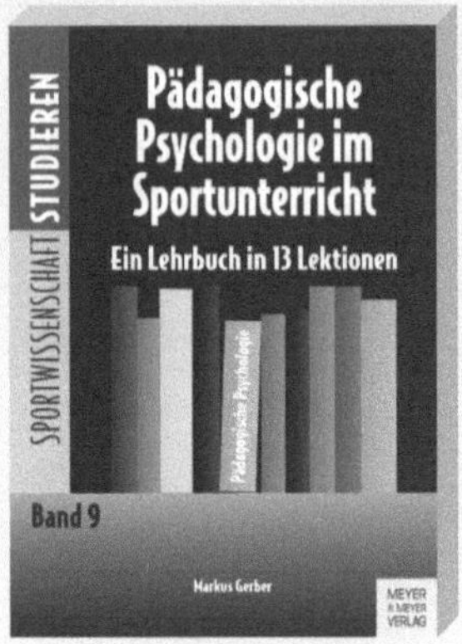

IN VORBEREITUNG FÜR 2015
ca. 250 Seiten, s/w, 30 Abb., Tab.
Paperback mit Fadenheftung
14,8 x 21 cm
ISBN 978-3-89899-890-1
ca. € 24,95 / A 25,70

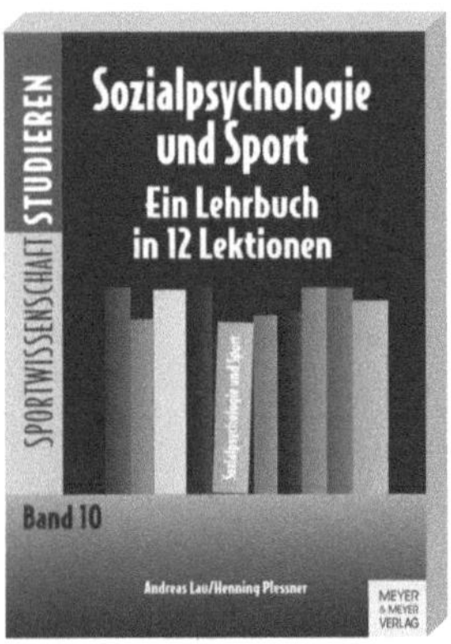

IN VORBEREITUNG FÜR 2015
ca. 250 Seiten, s/w
einige Fotos und Tabellen
Paperback mit Fadenheftung
14,8 x 21 cm
ISBN 978-3-89899-891-8
ca. € 24,95 / A 25,70

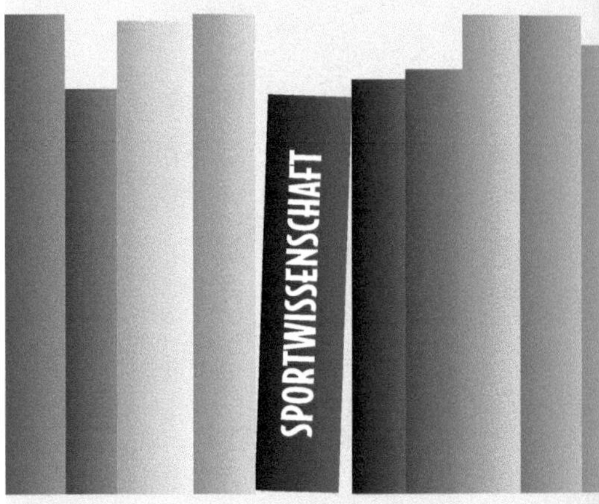

MEYER
& MEYER
VERLAG